中国政法大学法学实验教学中心法学教育丛书

实践性法学教育论丛 第四卷

Journal of Experiential Learning Legal Education

本卷主编◎袁　钢　　丛书主编◎许身健

本卷是北京高等学校青年英才计划项目（Beijing Higher Education Young Elite Teacher Project）"实践性法学教育体系研究"（课题号：YETP1004）的研究成果

 知识产权出版社
全国百佳图书出版单位

图书在版编目（CIP）数据

实践性法学教育论丛. 第四卷 / 袁钢主编. —北京：
知识产权出版社，2015.2

ISBN 978-7-5130-3383-1

Ⅰ. ① 实… Ⅱ. ① 袁… Ⅲ. ① 法学教育-研究-中国
Ⅳ. ① D920.4

中国版本图书馆 CIP 数据核字（2015）第 047666 号

责任编辑：牛洁颖　　　　　　　　　责任校对：谷　洋
特约编辑：王丽莉　　　　　　　　　责任出版：刘译文

实践性法学教育论丛·第四卷
Shijianxing Faxue Jiaoyu Luncong
袁钢　本卷主编　许身健　丛书主编

出版发行：	知识产权出版社 有限责任公司	网　　址：	http：//www.ipph.cn
社　　址：	北京市海淀区马甸南村 1 号	邮　　编：	100088
责编电话：	010-82000860 转 8109	责编邮箱：	niujieying@sina.com
发行电话：	010-82000860 转 8101/8102	发行传真：	010-82000893/82005070/82000270
印　　刷：	北京市凯鑫彩色印刷有限公司	经　　销：	各大网上书店、新华书店及相关专业书店
开　　本：	720mm×960mm　1/16	印　　张：	20
版　　次：	2015 年 2 月第 1 版	印　　次：	2015 年 2 月第 1 次印刷
字　　数：	295 千字	定　　价：	55.00 元

ISBN 978-7-5130-3383-1

法学实践教学（代序）

2000 年，一种发轫于美国的法学教育模式——诊所法律教育被引入中国并生根发芽。2014 年，中国诊所法律教育已经步入第 15 年，中国诊所法律教育已经从学习和草创阶段步入成熟与发展阶段，中国诊所法律教育研究者和实务者也开始回顾中国诊所法律教育过去的成就，探寻中国诊所法律教育未来发展的趋势。其中，诊所法律教育的"本土化"问题和"可持续性发展"问题一直作为诊所法律教育研究和实践中的重要议题反反复复被提出。

自 2011 年以来，教育部、中央政法委员会联合发布《关于实施卓越法律人才教育培养计划的若干意见》（以下简称《意见》），给中国诊所法律教育提出了新的要求。作为国家颁布的第一个关于法学高等教育的专门的指导性文件，《意见》决定在我国实施卓越法律人才教育培养计划，对法学高等教育提出了明确的要求：要适应多样化法律职业要求，坚持厚基础宽口径，强化学生法律职业伦理教育，强化学生法律实务技能培养，提高学生运用法学与其他学科知识方法解决实际法律问题的能力，促进法学教育与法律职业的深度衔接。《意见》特别强调，要"强化法学实践教学环节"，即"加大实践教学比重，确保法学实践环节累计学分（学时）不少于总数的 15%。加强校内实践环节，开发法律方法课程，搞好案例教学，办好模拟法庭、法律诊所等。充分利用法律实务部门的资源条件，建设一批校外法学实践教学基地，积极开展覆盖面广、参与性高、实效性强的专业实习，切实提高学生的法律诠释能力、法律推理能力、法律论证能力以及探知法律事实的能力"。《意见》是对中国诊所法律教育的本土化建设的认可，对可持续性发展提出了更多期待。

把握《意见》这一法学高等教育发展的重大历史机遇，紧密围绕提升人才培养质量这一核心任务，培养造就一批适应社会主义法治国家建设需要的卓越法律人才，是摆在法学高等教育界面前重要而紧迫的任务。为贯彻落实《意见》，进一步推进诊所法律教育，中国法学教育研究会诊所法律教育专业委员会经自主申报和评审，决定在 2013～2014 学年度建设 15 所法律诊所资源基地，包括北方民族大学、北京大学、复旦大学、海南大学、华东政法大学、清华大学、四川大学、武汉大学、西北政法大学、扬州大学、中国人民大学、中国社会科学院法学研究所、中国政法大学、中南财经政法大学及中山大学。

2014 年中国诊所法律教育研究和实践中，"卓越法律人才教育培养"成为关键词和热门词汇：北京大学诊所式法律实验教学于 4 月 12 日举行了"高校学生法律实践与诊所法律教育发展"研讨会；中国政法大学于 6 月 14～15 日举行了"成就与挑战：中国法律诊所教育学术研讨会暨师资培训"；中国法学教育研究会诊所法律教育专业委员会于 8 月 30～31 日举办了"法律诊所教师能力建设与经验分享交流会"，于 12 月 20～21 日举办了"2014 年中国诊所法律教育年会暨卓越法律人才培养计划与诊所法律教育论坛"；另有 15 家法律诊所资源基地举行了研讨和培训。

为培养出适应中国特色社会主义法治国家建设与经济社会发展需要的高素质法律人才，落实"卓越法律人才教育培养"计划，中国法学高等教育应当将法学实践教学作为培养应用型、复合型法律职业人才的核心环节。法学实践教学环节可以培养学生的法律职业素养，训练学生的法律职业素质。法学高等教育必须转变办学观念，切实完善法学实践教学。法学教育实践教学是关系到能否实现法学教育设置初衷以及培养目标的重大问题，也是涉及中国法学高等教育以及法学院校长远发展和社会影响的重要组成部分。因此，针对中国法学实践教学进行系统、全面、专门研究具有深刻的现实意义。

《实践性法学教育论丛》第四卷秉承《意见》基本精神，深入研讨了中国诊所法律教育的本土化和可持续性发展问题。王晨光、张超评述了中国诊所法律教育的现状，认为中国诊所法律教育在理念上存在明显的不足和错位，在运行上面临难以积极健康发展的困境，需要在教育主体、客观条件、教育方法等方面发展和改进，明确和提高评价的要求和原则、评价模式和机制。袁钢利用事实和数字，从理论、实践、模式等方面客观反映了中国法学实践教学的状况。韩桂君作为中国诊所法律教育的经历者，对美国诊所法律教育和诊所法律的本土化提出了个人见解；刘莉分析了中国诊所法律教育的可持续性发展问题。刘晓东认为，诊所法律教育作为一种实践性法学教育的方法论，将其独特的教学方法灵活运用于法学各门课程的教学过程之中。原新利审视了澳大利亚法律诊所教育的经验，认为法律诊所教育是一种"整体功能性"的教育模式——集知识、人格、能力多方面的人才培养于一体。陈巍分析指出，中国诊所教育仍不能动摇传统理论课程的基础地位，但作为一种先进的学习理念和方式已浸润于法学教育体系。王惠静站在历史分析的角度，建议法律教育模式选择应与推动法律职业化相结合。李红勃、史正保等分别论述了非主流法学院校和地方院校开办法律诊所的经验。刘瑛与郑璇玉、金英杰、赵天红、郑晓静、董艳锋、程滔分别介绍了知识产权法律诊所、劳动法律诊所、刑事法律诊所、调解法律诊所、控烟法律诊所、校外法律诊所的运作经验。

诊所法律教育作为秉承创新、实践法学教育理念和实践教学观念的教学方式，需要在教学方法、教学内容、考核评估中更加践行实践理念。作为论丛主编，希望能将中国诊所法律教育的本土化问题和可持续性发展问题的研究深入下去，在"卓越法律人才教育培养"计划中更加重视以诊所法律教育为代表的实践法学教育；更加深入地探究实践法学教学的自身理论，认识自身地位：法学实践教学不应该是传统法学教育的配角、补充，法学实践教学有其自身理论体系和实践作用，需要法学教育人士以全新的角度加以真正认知。

本论丛继续致力于实践性法学教育研究，更坚信"理论没有实践就没有生命，实践没有理论就没有灵魂"。诊所法律教育的本土化进程和可持续性发展必然是理论与实践、中国国情与先进经验紧密结合、相辅相成的过程。本论丛既是实践性法学教育研究的舞台，也是横跨理论与实践的桥梁，愿与学界同仁一起，为中国的实践性法学教育的繁荣发展而努力。

袁 钢

2015 年 1 月 10 日

目　录

中国诊所法律教育运行现状与可持续发展

王晨光* 张 超**

摘 要： 诊所法律教育的引进是中国法学教育改革的有益尝试，产生了良好的社会效应，给身陷困境的中国法学教育注入了新鲜活力。诊所法律教育模式正在引起越来越多人士的重视，在法律院校快速发展，但是还远不能说已经普及，因为理念上存在明显的不足和错位，运行上面临难以积极健康发展的困境。理念上，需要认清诊所法律教育和我国法律教育人才培养目标及二者的一致性，然后做好诊所法律教育模式的本土选择。运行上，需要对诊所法律教育实施链条中的不足和局限及其产生的衍生问题进行分析归纳，把运行的支撑和保障、运行的过程及成果的评价作为重点着手建设；建立健全法律支撑和制度保障，在教育主体、客观条件、教育方法等方面发展和改进；推进诊所法律教育的评价机制，明确和提高评价的要求和原则、评价模式和机制。

关键词： 法学教育 诊所法律教育 运行现状 可持续发展

国际上颇具影响力的高校诊所法律教育作为崭新的法学教育模式走入中国，步履沉重而艰难，既带来了机遇，也带来了挑战。❶高校诊所法

---

* 王晨光，清华大学法学院教授，法学博士，曾任中国诊所法律教育专业委员会主任、清华大学法学院院长。

** 张超，河南警察学院副教授，法学博士，治安系副主任，法律诊所副所长，警察法治研究所副所长。参见陈煜儒："走在边缘地带的中国'诊所法律教育'"，载《法制日报》2006 年 6 月 15 日，第 11 版；项焱、李庆明："诊所式法律教育的起源和本土化"，载《人民法院报》2005 年 1 月 14 日。

❶ 蔡彦敏："诊所法律教育"，载《环球法律评论》2005 年第 3 期。

律教育虽然一定程度上完成了从理念突破到实践操作的破冰之旅，❶ 但作为一种实践性极强的法学教育模式，其意义远不只是对传统法学教育的冲击，而是促使我们对高等教育的改革和发展作更为深刻的思考。同时，面对昂贵的教育成本、现行高校的评估体系、师资与经费来源等难题，诊所法律教育在中国究竟能走多远？任何舶来品在寻找与中国传统的契合之路时都必须面对制度化的探索，中国诊所法律教育期待收获，但目前显然还不是真正收获的季节。

弹指一挥已 10 余年，其运行现状如何？面临怎样的困境？怎样实现积极健康可持续发展？诸如此类疑问成为诊所法律教育者关注和探讨的热点和焦点问题。

一、中国诊所法律教育运行现状

法律诊所是让无力者有力。正如联合国《公民权利和政治权利国际公约》第 14 条规定："凡受刑事控告者，应出席受审并亲自替自己辩护或经由他自己所选择的法律援助进行辩护；如果他没有法律援助，要通知他享有这种权利；在司法利益有此需要的案件中，为他指定法律援助，而在他没有足够能力偿付法律援助的案件中，不要他自己付费。"所以，诊所法律教育的选题和考虑的要素，借用我国学习科学发展观常用的语式说，就是选取群众最期盼、最迫切、最亟须解决的民生问题为着眼点，从解决学生最关心、最直接、最现实的法律问题入手，把学生最期盼、最迫切、最亟须解决的法律问题作为加强和改进诊所法律教育工作的切入点、着力点，积极探索诊所法律教育工作及其服务为民一举两得的新方法、新途径。

饱含这一积极使命的中国诊所法律教育对我国传统法律教育的唤醒、改革和取得的成绩是积极有效的，但是和参与者美好期望的差距是明显的。虽然现实在渴求，前途是光明的，但是，运行现状是严峻的、不容乐观的，发展道路是艰难曲折的。

第一，从最明显的现实直观感受——诊所法律教育的总体实施效果

---

❶ 叶莎莎、柴葳："中国诊所法律教育：光荣的荆棘路"，载《中国教育报》2005 年 7 月 17 日，第 3 版。

和影响来看，用创意和爱心锻造"法律之剑"❶是中国法学教育改革的一次有益尝试，产生了良好的社会效应，给身陷困境的中国法学教育注入了新的活力。❷ 其丰富了教育内容，学生用学到的法律知识为前来寻求法律援助的群众服务，为老百姓提供了法律援助，提高了学生的法律实务能力❸，体现了能力本位的教育观，促进了学生法律职业道德素质的养成和提高，在一定程度上体现出法律诊所的价值，学生由传统的被动受教地位转变为教学主体，个性化教育特征明显，有助于学生创新能力的培养，部分缓解了法律援助的供需矛盾及填补了制度空白。❹

第二，从最明显的观察参考量——法律诊所机构的数量来看，法律诊所教学模式正在引起越来越多人的重视，在法律院校快速发展，但是还远不能说已经普及。截至本文截稿时，中国法学会法学教育研究会诊所法律教育专业委员会的单位会员只有 141 所高校，而全国高等法律院校有 600 多所，建立了法律诊所的高等院校只占到总数的 1/5，而且一半以上的法律诊所是近两年来才成立的。❺

第三，从课程体系结构和实施要素等教育体制设计来看，诊所法律教育基本上还处于尚待筹划和探索的空白或明显初级阶段。现有法学本科核心课程中没有设置诊所教育课程，法学教学大纲中也没有规定诊所教育的地位。现有的诊所教师几乎都是从原有法学教师队伍中产生的。这些教师需要投入相当多的时间和精力从事诊所教育，还要为评职称而兼授其他的传统法律课程和进行相关研究，如果得不到制度上的有效回报，那么诊所教师的积极性由何而来？因此，教师对于担任这一非主流课程往往采取回避态度。对于学生来说，认同诊所教育的积极作用，但

---

❶ 顾磊："用创意和爱心锻造'法律之剑'——高校'法律诊所'为困难者提供法律援助"，载《人民政协报》2008 年 11 月 4 日，第 B04 版。

❷ 戴德生："诊所法律教育探析"，载《行政与法》2005 年第 12 期。

❸ 柯昌万、秦明："'法律诊所'提升学生实践能力"，载《中国教育报》2007 年 6 月 2 日，第 2 版。

❹ 任凡、胡玉霞："法学'滞销'的应对策略——论高校法律诊所的建立"，载《黑龙江高教研究》2007 年第 12 期。

❺ 参见中国诊所法律教育网站（http：//www.cliniclaw.cn/），最后访问日期：2011 年 2 月 20 日。

修满总分的压力往往会迫使其选择学分多的其他非诊所课程。

第四，从各方面对诊所法律教育课程的总体评价来看，是正面的，有相当大的潜力可挖。学生认为，学习该课程可以给自己带来很大的收获，有利于培养其法律职业道德和社会责任感。教师认为，虽然诊所法律教育还未达到很完善、很高级的水平，但这是法学教学改革的新模式，是实现实用型法律人才培养目标的有效举措。教学管理部门评价诊所法律教育是法学教学改革的一项新模式、新举措，应给予充分的肯定、大力的支持，应该大胆探索，走出有借鉴意义的新路子。诊所法律教育很受群众的欢迎，其走进社区，为建设平安、和谐社会发挥了积极作用。司法行政部门认为，法律诊所走进社会，可以为法治开展、普法宣传、和谐社会建设作出积极贡献。各方面的热情、积极性、主动性、奉献精神和支持帮助都是开展诊所法律教育所必需的，❶预示着诊所法律教育有比较丰富的资源潜力。

第五，在理念上，对诊所法律教育的认识需要深化。诊所法律教育在我国的发展具有明显的局限性。这些局限性有诊所法律教育自身确实存在的问题，更多的是需要加深认识进行分析和提高认识予以解决的问题。这些问题主要有：一是在中国，对诊所法律教育总体认识上的模糊定位。如诊所教育是教育模式还是教育方法？是正义教育还是技巧教育？二是在与传统法学教育的关系上，相当多的人认为诊所法律教育是对某些传统教育模式进行革新的结果，类似于"中体西用"的观点。三是中国法律文化环境制约而形成的局限性，由于世界各国法律文化环境的不同，诊所法律教育可以在美国广泛推行，并不理所当然地可以断定它就普遍适合于中国高校的法律教育教学。四是为诊所学生从事真实案件代理担忧，认为当前司法系统的诸多不正之风有可能对学生带来消极影响。❷

---

❶　陈训敬："诊所式法律教育一门深受学生青睐和欢迎的法学课程——来自福州大学阳光学院诊所式法律教育的报告"，载《高等教育研究》2009年第3期。

❷　雷兰："试论诊所式法律教育的本土化途径"，载《教育理论与实践》2007年第10期；张如海："普及诊所式法律教育的思考"，载《党史博采》2005年第12期；胡晓萌："高校法律诊所教育法律援助新视角"，载《法制日报》2004年12月16日；张传、穆治平："试论在JM培养模式中引入法律诊所教育的可行性"，载《学位与研究生教育》2004年第5期；蔡彦敏、黄巧燕、赵彤："法学教育模式改革探索——来自中山大学法律诊所的经验"，载《中山大学法学论坛》2002年第10期；等等。

第六，在外部环境和条件上，存在明显制约诊所法律教育实施的环境，缺乏顺利有效开展的条件。这主要表现在：一是中国的高等教育体制与现状制约形成局限性。二是立法不健全，诊所学生在法律实践中存在身份认定问题，缺乏一种相对独立的资格。三是政府、司法部门、社会、学校存在支持和配合问题。❶

第七，在实施上，诊所法律教育实施链条中表现出明显的不足和局限。实施链条可以划分为实施前提和准备、实施过程、实施结果及其评价三个方面，当然，这三个阶段是不能截然分开的。❷

在实施前提和准备方面，主要存在五个不足：一是关于师资，师资严重缺乏是严峻现实。诊所法律教育对师资的要求是极其严格的，任课教师必须具有较高的法学理论水平和实践能力。法律实践是极其专业化的工作，没有接受过专业训练的人往往无从入手。二是关于学生。主要问题表现在三个方面：以什么标准和怎样选择学生作为试点对象；多数学生的选择动力不足；在实践中案件的处理时间长，课程结束而案件还没有结束，学生人员不固定，衔接存在问题。三是关于案源。社会对法律诊所学生代理的态度、法律诊所和实践部门的衔接、案件具体情况等原因所造成的案源不足在法律诊所教育中普遍存在。四是关于物质条件。法律诊所进行教育所需要的办公、教学等场所、设备、运行经费等条件严重不能满足需要，有些学校对得到中国诊所法律教育委员会资助的经费不仅没有配套经费，甚至还要收取管理费。五是关于教学时间。诊所法律教育课程受学习阶段设置和时间周期的限制。

在实施过程方面，主要存在三个问题：一是现行的法律诊所教学仍采用传统的教学模式，与法律援助脱节。二是教学内容上，关于教哪些内容议论纷纷。如，对于课堂上教师是否给出答案或发表对某个问题的

---

❶ 雷兰："试论诊所式法律教育的本土化途径"，载《教育理论与实践》2007年第10期；张如海："普及诊所式法律教育的思考"，载《党史博采》2005年第12期；胡晓萌："高校法律诊所教育法律援助新视角"，载《法制日报》2004年12月16日；张传、穆治平："试论在JM培养模式中引人法律诊所教育的可行性"，载《学位与研究生教育》2004年第5期；蔡彦敏、黄巧燕、赵彤："法学教育模式改革探索——来自中山大学法律诊所的经验"，载《中山大学法学论坛》2002年第10期；等等。

❷ 在实施上运行现状分析归纳时的参考文献资料同上。

看法、在教育中如何安排技能教育等问题，到目前为止仍存有争论。三是在教学方法上，对于可以采取哪些教学方法，以及基本和主要的教学方法应该采用什么、如何采用等问题的认识有明显区别。

在实施结果及其评价方面，主要存在两个问题：一是教育效果不够理想，教师、学生等方面都有比较多的意见。二是教育效果如何考评的问题，虽然多数法律诊所都在探索适合于诊所法律教育的评价体系，但是，现行不适合于诊所法律教育的教育评价体系依然是诊所法律教育效果的主要评价标准，其对诊所教师和学生的不利影响是主要方面。

第八，在实施产生的衍生问题上需要分析归纳，建立法律制度保障和解决机制。律师、政法机关工作人员在处理案件中遇到的问题以及案件处理衍生的问题，在学生处理案件的实践中都会不同程度地遇到，甚至会更为棘手。如对当事人造成损害的责任等问题。这些问题的处理都缺少法律制度作为依据和保障。

第九，存在诊所法律教育异化的表现。一是将诊所法律教育异化为案例教学。二是将诊所法律教育异化为单纯的技能训练。三是诊所法律教育的泛化与虚置。

二、中国诊所法律教育面临的困境

从诊所法律教育的运行现状分析，可以看到：诊所法律教育是中国法学教育急切需要的美好前景，但展现在我们面前的是相当多、相当严峻的难题所形成的困境。我国的诊所法律教育面临的难题可能要比认识到的多，而获得的机遇可能也会比认识到的多。❶

关于我国诊所法律教育面临的困境，可以从理念和运行两个层面进行梳理和归纳。思想是行动的先导，意识决定行动，所以，本文首先从理念层面分析我国诊所法律教育所面临的困境。

（一）理　念

在理念上形成的困境，主要是存在几个认识上有难度、尚未比较圆

---

❶　沈颖："法律诊所让无力者有力"，载《南方周末》2003 年 11 月 13 日，"城市专题"。

满回答的问题：一是我国法学教育的人才培养目标是什么；二是诊所法律教育的人才培养目标是什么；三是法学教育和诊所法律教育在人才培养目标上是什么关系。这些问题的存在和难以解决，有对诊所法律教育是"舶来品"这一来源的成见，有认识能力的问题，也有教育文化、法律文化等中国文化积累形成的制约等原因。

第一个问题：对法学教育的人才培养目标定位存在偏见。中国的法律教育至今仍然没有一个明确的定位，既有的法律教育模式主要是法学学科教育，这种学科教育并不针对法律职业的复合要求，而只是强调法学理论的系统化教育。按照国内学者的意见，学历教育、素质教育是教学的主体内容，实践技能的培养是辅助性的教学工作。以此而论，"大学本科教育只可能为高级人才的培养提供毛坯，高等本科教育只能是一种素质型教育，而非职业教育"❶。这也代表了人们对职业教育的一种偏见。在许多人看来，职业教育就是"工匠式"的教育，将法学教育定位为职业教育似乎就是法学教育的降格。

第二个问题：对诊所法律教育的人才培养目标的认识有误。诊所法律教育是法学院将法律知识的学习、法律人职业技能和职业道德的培育相结合的课程，是一种不同于传统单向模式的、互动的法律教育方法和教育模式。它以学生为主体，以角色模拟、单独指导、小组讨论、实案代理等方式，贯彻从实践中学习的尝试。诊所法律教育通常以法律援助为手段，为当事人提供无偿法律援助，❷即诊所法律教育具有明显的公益性。❸由此，人们将诊所法律教育的这种正义性扩大化，认为诊所法律教育就是或主要是公益教育，所以，诊所法律教育不能大范围扩展普及，也不具有普及的可行性。这成为诊所法律教育普及的认识障碍。因此，对我国诊所法律教育的价值需要进行反思。❹

---

❶　吴汉东："21 世纪中国高等法学教育的走向"，转引自中国人民大学法学院编：《走向世界的中国法学教育论文集》，2001 年 6 月印行，第 337 页。

❷　蔡彦敏："诊所法律教育"，载《环球法律评论》2005 年第 3 期。

❸　李傲："诊所法律教育的公益性"，载《法学研究》2006 年第 6 期。

❹　周峙文、梁灯："我国诊所式法律教育的价值反思"，载《华南理工大学学报（社会科学版）》2006 年第 5 期。

第三个问题：对诊所法律教育和我国法学教育的关系及其价值需要进一步加深认识。在二者的关系上，存在法学教育意识形态领域大一统的现实困难，存在明显法律制度文化的碰撞，❶ 在诊所法律教育移植过程中易出现排异反应。很多人认为，诊所法律教育仅仅是众多国外法律实践教育模式或方法中的一种，它的引入不会也不可能对当代中国高等法律教育形成重大影响，❷只是我国传统实践教育的补充与修正，不能完全代替我国高校传统实践教学形式。这是因为：第一，诊所教育在培养法律技能上具有局限性：诊所教育通过学生对案件的代理，培养的是律师的思维，而不是法官、检察官的思维，增强的是学生对社会法律问题和法律需求的理解，而不是对司法审判的理解。❸诊所教育的这种局限性，恰恰可以在专业实习等传统实践教学模式中得以弥补。因为现行专业实习在法院、检察院进行，学生跟随法官、检察官学习，有利于培养学生的法官、检察官思维。第二，学生在诊所教育中获得的指导有局限性：诊所式教学属于校内实践课程，主要由校内教师对学生进行指导和监督；而专业实习属于校外实践课程，学生可获得校外司法实务人员的直接指导，同时也不脱离校内教师的监管，在一定程度上获得校内专业教师的指导。这也是其他任何校内实践形式所不具备的优势。❹一些人士认为，法律教学实践只是雕虫小技，理论教学才是正经事，因此从心底不接受诊所法律教学。❺这无疑给诊所法律教育的发展增加了困难。

（二）运　行

运行中面临的诸多难题所形成的困境可以归纳为两个方面：一是校

---

❶　胡日亮、徐晓玲："诊所式法律教育模式本土化探析"，载《江西社会科学》2007 年第 6 期。

❷　黄龙："'法律诊所教育'及其局限性"，载《广西警官高等专科学校学报》2006 年第 1 期。

❸　苏力："法官素质与法学院的教育"，载《法商研究》2004 年第 3 期。

❹　邓海娟："我国高校法学实践教学的困境与发展——从'专业实习'的缺陷与'法律诊所'的优势谈起"，载《荆门职业技术学院学报·教育学刊》2008 年第 7 期。

❺　黄秋丽："'诊所'法律教育亟需社会支持"，载《光明日报》2001 年 7 月 3 日，第 C02 版。

外运行环境。这个环境是诊所法律教育的实践环境，是法律诊所顺利开展教育的前提及其有效运行的积极辅助条件，包括法律、政府、社会的支撑和支持等。二是校内运行条件，这是学校提供的诊所教育运行的支撑和保障，包括教师、学生、制度、物质条件等。目前这两个方面都存在明显的不足，构成诊所法律教育运行的障碍。当然，这两个方面在很多内容上是结合在一起的，更是不能截然分开的。❶

1. 校外运行环境

在我国，校外运行的国家法律制度、社会文化等环境与诊所法律教育创立成长起来的环境具有多方面的区别，存在多方面的不协调，由此形成的困境主要表现在以下方面。

第一，学生在代理案件进行法律活动中，其法律援助志愿者的身份缺少法律的支撑，存在诊所法律教育实施过程中的合法性问题，缺少法律保障，往往得不到其他部门的认可。在美国，各州对于法学院的法律诊所学生承办案件的代理资格规定为"准律师"，这就为诊所学生参加具体案件的代理提供了法律依据。而我国现行法律还没有这一方面的规定，这使得诊所学生在办案过程中的身份很难确定，困难重重，在法律活动中权利义务或者没法确定，或者搞不清，代理活动往往就没法顺利有效开展。根据我国《中华人民共和国律师法》（以下简称《律师法》）以及有关法律法规的规定，诊所学生显然不能以律师身份来办理案件，不能像律师一样拥有广泛的诉讼权利并受法律保护，在诊所实践中会面临很多困难和障碍，尤其在办理刑事案件方面。现在诊所法律教育中开展比

---

❶ 因此，对本部分内容所包含的两个方面进行分析时的参考文献大部分是重合的，这里予以列出：参见杨继慧、牛玉璞："法律诊所式教学与法律援助"，载《辽宁行政学院学报》2009 年第 2 期；王永胜、孟晓燕："本土化视野中的诊所法律教育"，载《经济与社会发展》2007 年第 7 期；李勇："诊所法律教育中国化的思考"，载《中南大学学报（社会科学版）》2006 年第 3 期；蔡彦敏："诊所法律教育在中国制度化建设中亟待解决的问题"，载《环球法律评论》2005 年第 3 期；王菊英："'诊所式法律教育'本土化的思考"，载《河北法学》2005 年第 3 期；浦纯钰："'法律诊所'教育若干问题探讨"，载《社会科学家》2005 年第 6 期；朱磊："探索法学教育的新亮点"，载《法制日报》2003 年 12 月 18 日；练琪、欧阳梅、陈建军："大学生法律援助中心与法科学生实践能力的培养"，载《高教论坛》2003 年第 5 期；等等。

较顺利有效的，往往是和学校、诊所、教师、学生等的人脉关系分不开的，而不是明确依据法律赋予的资格所具有的权利义务进行的。

第二，我国和美国等国家的司法制度不同，司法制度对学生培养模式的矛盾影响导致适应我国司法制度的法律诊所体系及其教育是很困难的。诊所法律教育是美国大学的法学院创设的，美国的司法制度决定了美国的法学院培养的主要是律师，而非其他从业人员。这样，美国的法学院就可按律师模式培养学生。然而我国法学院的学生毕业后可直接有多种职业选择，既可能是律师，也可能是法官、检察官，也就是说，法学院培养的学生将会从事多种职业，而不是单一的职业。因此，在我国的法学院仅办一个诊所去培养律师是远远不够的。

第三，我国和美国等国家的审判制度区别明显，判例裁判等制度环境中产生的诊所法律教育及其形成的教育模式和方法在我国本土化过程中产生了明显的不协调。美国属英美法系国家，法律以判例为主，这就要求学生必须收集掌握大量的案例，通过分析，从中找出规律性的东西以应对当前发生的案件。而我国法律以法典为主，学生在诊所式法学教学中最终落实在对法律的理解、解释和运用上，也即对法学教育的理论基础和法律学习有很强的依赖性。

第四，诊所案例来源不足。我国需要得到法律援助的案件每年有 70 多万件，但是，在具有如此庞大的案源市场的情况下，进行诊所法律教育时得不到足够的案源却是很多法律诊所共同的苦恼。这成为诊所法律教育的主要障碍之一。

第五，关于法律教育培养目标的观念滞后甚至异化。前面提到的两个困境的产生和难以解决，主要原因之一就是在理念上对于法律教育培养目标存在明显的认识不清、滞后甚至异化。这也正是多年来各界一直反复讨论呼吁但进展缓慢、收效有限的教育理念与观念的更新问题。

第六，社会不正之风及挫折的影响。诊所法律教育的一个主要价值和目标是培养具有高度法律职业伦理和道德的高素质法律人才，但不可否认的是，在实践中面对复杂多样的社会不正之风，初出茅庐牛犊的稚嫩和冲动容易产生各种挫折，在中国人溺爱、护犊子等心理影响下，学生容易不能正确认识社会不正之风及其挫折的影响，反而容易产生扩大化认识，这容易成为诊所法律教育理论联系实际的障碍。

2. 校内运行条件

学校提供的教师、学生、制度、物质等进行诊所法律教育的支撑和保障条件存在不足和局限，主要表现在以下方面。

第一，师资方面，最明显的就是师资缺乏和教学方法欠缺。在美国大多数大学的法学院，从事诊所教育的教师大多是中年以上、具有诊所教育经历和丰富律师执业经验的律师，他们是法学院教师队伍的组成部分。一般情况下，担任诊所课程的教师不再担任其他课程的教学，以保证诊所教育的质量和学生承办案件的质量。而我国大部分法律院系师资匮乏，从事诊所法律教育的多是青年教师，勇于创新，敢闯敢干，但是工作量大，工作经验严重不足，难以达到诊所法律教育的要求，这势必会影响诊所教学的效果。因此，我国迫切需要培养一批又一批拥有熟练的律师技能、拥有法律工作者的职业道德、拥有社会责任感和公益心的优秀诊所法律教育教师。没有公益心的法律人，不可能成为也不应该成为法律诊所教师。诊所教育所需的专门师资缺乏，自然会连带产生与教育效果直接相关的教育方法的欠缺。

第二，学生方面，学生存在多方面的不适应，明显满足不了诊所法律教育的需要。这主要是：学生的兴趣波动性较大；自身准备不足；对社会的认识不够深入；学生办案面临毕业、就业的压力，流动性较大，办案过程可能出现衔接不顺利的问题。

第三，在管理人员方面，直接表现为专门从事法律诊所管理人员的巨大缺口。法律诊所是法律诊所课程依托的必要基地，是一个类似于律师事务所的实体。在诊所运作中，案件的安排，档案和资料的管理，学生与老师、与客户之间的联络与安排，财务管理，办公设备维护等，均会产生大量的行政管理工作。而诊所教师同时又都担负其他课程的教学任务和相应的科研任务，不可能也不应该承担诊所的全部行政管理工作。然而在诊所教育中，没有行之有效的行政管理，有条不紊的项目运作是不可想象的。聘请专职的法律诊所行政管理人员存在酬金、编制等问题，基金会的资助一般都不足以解决聘请专职行政管理人员的全部酬金，编制问题则更是外来资金无能为力的中国特有问题，而这均需要大学内部的直接支持。

第四，在制度方面，制度缺乏是问题，制度的执行力度更是问题。这一系列问题主要是：在法律诊所课程的设置上，诊所法律教育成为法学院的一门专业课程存在阻碍；教学内容不确定；学生缺乏相应的时间保障；学生自主性和教师权威性冲突的问题；学生管理问题；学习利益和援助对象利益的矛盾冲突问题；课程管理及工作量计算问题；缺乏有效的教学评估手段；等等。

大家争议最多的是教学评价体系所面临的问题。合理的教学评价体系是诊所持续发展的动力。目前投身于诊所教育的教师基本上都是兼职身份，要在正常的授课和研究任务之外承担诊所教育的责任。诊所建立初期，教师可以出于热情而不计回报地投入到诊所教育之中，但现在，在诊所教育持续深入发展而需要大量教师的情况下，如何吸引更多的教师参与其中是非常关键的问题。我们不能要求教师长期发扬宝贵的奉献精神来维系法律诊所，必须有新的机制和因素来吸引教师并使他们获得公正的回报，这实际上是相当棘手的资源分配问题，还需要学校领导的大力支持。从目前已建设诊所法律教育项目的学校来看，建立怎样的诊所教师评价机制是维系诊所项目建设及其运作质量的保障，而对固有教学评价体系的忽视和轻视是不可否认的现实。作为诊所法律教育发源地和发达地的美国，法律规定法律院校均必须开设某种形式的法律诊所教育课程。我国不但没有相关法规，现有教学评价体系也未能作出应有的调整，这使得相关主体的积极性受到压抑，甚至对引入诊所教育采取抵制态度。我国诊所教师队伍以较年轻教师为主，大部分还面对申请晋升或聘任高一级职称的现实，这使得他们受诊所传统评价机制的牵制，同时关注该课程工作量的计算。与其他教师相比，诊所教师一方面超负荷地工作，另一方面在传统的业绩评价体系中却处于劣势，这已影响乃至挫伤了教师进行诊所教育的积极性和持久性。

第五，物质条件不足以支撑诊所法律教育的顺利开展。诊所法律课程需要自己的办公场所、办公设施等物质支撑。学生需要花相当多时间在法律诊所接待客户、准备文件、代理谈判、进行仲裁或诉讼，教师需要针对学生承办的案件在整个办案过程中进行有针对性的指导，师生比要比传统课堂高得多。设备、设施、运行经费等物质条件和诊所法律教育的关系就好像经济基础决定上层建筑一样，基础不牢就会地动山摇，教学资源与运转经费的不足在相当大程度上制约了诊所法律教育活动的开展。在美国，法律援助的经费是有充分保障的，诊所式法学教学本身就是法律援助中一个基本的组成部分。诊所式法学教学费用较高，我国高校几乎没有专门的经费直接用于诊所教育，提供的办公场所也很有限。美国诊所法律教育是一种极其昂贵的法律教育模式，所有进入诊所的学员都要交一笔费用，用作运作经费。而在中国，现在除了某些基金会的阶段性赞助外，几乎没有稳定的资金支持，由此形成了诊所教育高成本与学生广泛需求的冲突。

三、中国诊所法律教育的可持续发展

2010 年中国诊所法律教育专业委员会制定了《法律诊所课程基本规范（指南）》，这是对我国诊所法律教育的有力推进。同时，我们应该清醒地提高认识，诊所法律教育在我国的运行现状和所面临的困境告诉我们：对于进入中国 10 余年的诊所法律教育及其带来的机遇和挑战，要做好"编码——解码"的程序，实现本土化战略❶，积极健康可持续发展，则"解铃还须系铃人"，需要针对其"水土不服"的症状及其成因"寻医施药"，争取最大限度地对理念和运行层面存在的问题釜底抽薪。运行层面主要包括运行模式的选择、运行的支撑和保障。在运行的支撑和保障中，运行过程及其效果的评价是一个更为复杂和深刻的问题，应该予以单列讨论。

有鉴于此，本文从理念的发展、运行模式的选择、运行的支撑和保障、运行的过程及其成果的评价这四个问题着手，为我国诊所法律教育

---

❶ 英国文化研究派的代表人物霍尔的"编码—解码"理论："事物本身并没有意义，而是存在这么一些表征系统，通过概念和符号构成了意义。意义生产依靠于诊释的实践，而诊释又靠我们积极使用符码——编码，将事物编入符号以及靠另一端的人们对意义进行翻译或解码来维持。"参见［英］斯图亚特·霍尔："编码，解码"，王广州译，转引自罗钢、刘象愚主编：《文化研究读本》，中国社会科学出版社 2000 年 9 月版。

可持续发展战略的探讨进一丝绵薄之言。

（一）理念的发展

"法学教育是在特定的文化环境中形成的，具有一定的必然性。如果对这些问题和背景的把握和理解不足，就会影响这一新试点的实施，削弱其应起到的效果和意义，弄不好还会导致新瓶装旧酒，甚至东施效颦式的后果。"❶扩展而言，正如苏力所说，任何法律都不是非背景化的普适制度，任何国家法治都不是没有本土资源差异的。❷在这些背景中，有些理念的发展就是诊所法律教育的直接需要，有些是对诊所法律教育具有直接影响力的理念形成的原因，也是诊所法律教育理念的需要。

在我国，一定程度上，实用主义哲学观和现实主义法学观奠定了诊所法律教育的哲学和思想基础，普通法传统为诊所法律教育的开展提供了司法基础，法律职业教育理念的论争为其产生做了理论准备，社会的普遍认同确立了其社会基础。❸对于这些理念，需要进一步厘清诊所法律教育的实质和我国法学教育的需要，树立诊所法律教育的地位，根据诊所法律教育的需要，结合我国的本土实际，推进理念的发展，引导其直接服务于诊所法律教育建设。

第一，我国法律人才培养目标的定位。

法律人才是法学教育的人才培养目标，法学是立足于社会现实的科学，不是纯粹的规范科学，是为了培养合格的法官、检察官、警官和律师等法律人才，其实质是高等职业教育。❹"法学教育基本上是一种职业教育，法学人才的培养目标应基本上定位为应用型的"❺，换句话说，是

---

❶ 王晨光："理论与实践：困扰法学教育的难题之一"，载《中外法学》1998年第6期。

❷ 苏力：《法治及其本土资源》（修订版），中国政法大学出版社2004年3月版。

❸ 毛清芳："基础与条件：美国法律诊所教育探析"，载《人大研究》2008年第6期。

❹ 胡玉鸿："国家司法考试与法学教育模式的转轨"，载《法学》2001年第9期。

❺ 曾令良："21世纪法律服务贸易的发展趋势与中国法学人才培养的应有改革"，转引自中国人民大学法学院编：《走向世界的中国法学教育论文集》，2001年6月印行，第262页。

"让学生获得从事多种法律职业都必须具备的能力","大学本科法律教育的定位只能是职业教育",认为通过法学本科教育能够培养出法学大师的建议,是"从来不能实现的梦想"❶。对职业素质与职业能力的重视已成为主流认识,奠定了推行诊所法律教育的理论基础与制度根基。恢复法学教育以来,改革不断,其核心都是培养学生的职业意识、职业能力与职业责任,其基本理念与基本目标与诊所法律教育相吻合,可以为全面实施诊所法律教育提供现实依据。诊所法律教育取得的积极成效证明了其必要性、重要性和可行性。法律专业硕士学位教育和高职高专院校法律教育更要从单纯的法律专业教育向法律职业教育转化,以适应社会对法律专业学生的需求。

第二,诊所法律教育的理论基础和人才培养目标。

我国学者归纳和认可的诊所法律教育的理论基础主要有生成性理论、自组织理论、认知学习理论、法律职业的开放性理论、法学教育的多元性理论、行动导向学习理论等。它们共通的红线是,诊所法律教育追求促进学生个人知识与理智的发展以及个性的完善,实现其积极的人才培养作用的成效;帮助学生掌握法律职业技巧,提高合作技能,拓宽视野,加深对法学理论、法律业务的理解和运用;缓解法律援助社会资源的不足;帮助学生了解社会存在的某些不公正和人们的疾苦,思考和养成法律正义信念;培养学生确认并解决道德困境的能力,形成良好的职业道德;通过考察和评价人权法律及其对穷弱群体的影响以及分析法律体制与实现正义的关系,发现法治中的问题与症结;促进法律制度和社会的完善。❷

美国法学院协会(AALS)委员会在《校内诊所的未来》中根据诊

---

❶ 方流芳:"中国法学教育观察",转引自贺卫方主编:《中国法学教育之路》,中国政法大学出版社 1997 年 12 月版,第 33 页。

❷ 陈红梅:"南非诊所式法律教育及其对中国的启示",载《西亚非洲》2008年第 9 期;刘东华:"西方诊所法律教育的形成与发展",载《国外社会科学》2007年第 6 期;任丹凤:"论诊所法律教育体现的自组织机制",载《法治论丛》2007 年第 6 期;等等。

所式教育的任务确定了诊所法律教育的九项目标❶，从中可以看出其包含的内容：律师从业技能的学习，法律知识的传授与学习能力的锻炼，法律职业道德教育，法律思维能力的培养，社会服务意识的培育。这正是诊所法律教育的价值：让学生在实际处理案件的法律服务中，自觉地把理论知识与实际操作结合起来，学习法律实务技巧，培养自觉的理论联系实际的法律思维，并在此过程中塑造法律职业道德品格。

第三，诊所法律教育与我国法律人才培养目标一致。

诊所法律教育是当今世界法学教育的一种趋势。虽然传统的法学教育模式与诊所法律教育在师生关系、法学核心职业技能及法律职业伦理的培养等方面存在差异，但诊所法律教育与我国法律人才培养目标是一致的，诊所法律教育与传统教学并不矛盾，完全可以"无缝"对接，二者应该是兼容和结合的。要认清这一点，关键是认清和摆正两个关系：一是摆正理论教学与实践教学的关系，二是都应该强调对学生的法律知识、适用能力和职业道德三大素质的培养和提高。

对于法学教育中理论和实践的关系，我国曾追求所谓"高素质"、"复合型"等大而失当的目标作为定位，强调知识灌输而忽视素质和能力的培养。然而推行诊所法律教育也不能矫枉过正，将理论教学视为可有可无的东西。"法律实用能力，是一种问题思维能力和经验分析推理能力，其培养离不开艰苦的理论学习和材料积累。法律教育学生要成为一个实用的人才，首先要受到严格的法律理论和方法训练，学习法律规则背后的精深原理，学习法律规则创造性应用的方法，学习法律发展演化的历史以及法律与社会的互动关系，等等。在理论训练基础上，才有法

---

❶ 九项目标是：① 发现上诉案件中的处理情况不同，确定未经处理的案件的计划与分析模式；② 在诸如会见、咨询和事实调查的必要领域进行职业技能的指导；③ 教授学习经验的方法；④ 通过学习，使学生亲身接触职业律师的习俗来培养他们的职业责任感；⑤ 告诉学生做律师的要求以及工作方法；⑥ 提供合作学习的机会；⑦ 告诉学生为当事人提供服务的义务、如何进行代理的信息和有关法律制度对穷人的影响的知识；⑧ 检验原则在实际生活中的作用的机会，提供一个学生和教职员能在其中研究法律的特别领域的实验室；⑨ 批判地看待律师和法律体系的优点和不足。参见徐立："试论法学教育目的与诊所式法律教育培养目标的一致性"，载《湖北社会科学》2007 年第 2 期，第 140 页。

律实用而言，不认识这一条，中国法律教育将永远没有希望。"❶表面来看，这似乎是一种迂回式的折中，其实不然。无论是理论教学还是实践教学，都是法学教育所必须具备的，任何一种重此轻彼的行为都必然带来法学教育的不足。用一个简单而生动的比喻来说，在诊所法律教育中，理论和实践及二者之间的亲密关系以及需要进行的模式协调设计，相当于人的两条腿。

对于法学教育中知识、能力和道德的关系，诊所法律教育非常强调对学生的法律知识、法律能力和职业道德三大素质的培养和提高。诊所法律教育作为一种实践教育，特殊性不仅仅在于其与传统的法律教育方法不同，更在于其从根本上改变了法学教育的模式。❷不过，其与我国法律教育人才培养的基本目标是一致的。诊所法律教育诞生于法律职业的价值和法律工作的道德层面受到强烈关注的 20 世纪六七十年代，因而在诊所法律教育中，"法律和职业责任问题首先是其核心内容"，基本观念就是"道德问题来自我们和我们学生的工作，出现在我们客户案件的真实事实和背景中，也因此应通过磨炼判断力予以解决"❸。学生对所作的选择负责，这种选择是实案教育的内容。这种教育方式将学生置于道德主体的角度，体现了成年人对自己行为负责、对社会负责的社会期望。❹所以，美国诊所法律教育的目的是："其一，职业技能训练；其二，职业道德训练；其三，促进社会正义。"❺我国法学教育应树立技能教育与人

---

❶　龙卫球："美国实用法律教育的基础"，转引自《北大法律评论》（第 4 卷第 1 辑），法律出版社 2001 年版，第 213 页。

❷　潘志学、石贤平："高职政法类专业引进诊所式法律教育的可行性"，载《黑龙江省政法管理干部学院学报》2003 年第 4 期。

❸　[美] 杰伊·波顿格尔："现代法学教育中的'诊所'概念"，转引自中国人民大学法学院编：《走向世界的中国法学教育论文集》，2001 年 6 月印行，第 712 页。

❹　[美] 诺尔曼·雷德里希："实案法学教育的道德价值"，转引自 [美] 维吉尼亚·赫尔德等：《律师之道》，袁岳译，中国政法大学出版社 1992 年版，第 88 页、第 132 页。

❺　Jon C. Dubin, Clinical Design for Social Justice, Imperatives, 51SMUL. Rev. 1461, 1463—1478 (1998)，转引自左卫民、兰荣杰："诊所法律教育若干基本问题研究"，载《环球法律评论》2005 年第 3 期。

文教育并重的创新目标，包括培训法律职业实务技能；加强法学理论素养，锻炼批判性的思辨能力；培育价值判断能力；完善学生判断是非的法律思维方式；培育法律职业道德和社会责任感；通过法律援助服务，提高社会责任和公共服务的参与精神。❶其应该起到法制宣传教育、法律认知深化、法律观念导向、法治精神激励和社会调解稳定等功能。❷这些目标和功能与诊所法律教育是一致的，再加上对诊所法律教育、法律职业以及中国法治的前景，采取务实和谨慎乐观的姿态，最大限度地挖掘可利用资源，就能够破解目标障碍。

（二）运行模式的选择

确立了诊所法律教育的人才培养目标和地位，接下来是做好实现这一目标、体现其地位的路径选择。诊所法律教育在中国要推广普及，追求效能最大化，必须结合地域特点和学校实力走独具特色的本土化之路，实现具体模式多样化。

诊所法律教育的模式及其选择主要是涉及密切结合的三个关键内容，也是诊所法律教育模式的主要表征：一是诊所法律教育的组织载体，主要是法律诊所的设置，包括机构设置及其定位，与其他机构的合作关系及其建构方式，这决定着诊所法律教育活动开展的主要场所。二是诊所法律教育的教育主体，即教师和教育对象的选择。三是诊所法律教育的内容，包括理论内容和案源选择。

1. 诊所法律教育的组织载体

组织载体可以因校制宜，借鉴美国做法。在美国，由律师协会认可的法律院校必须开设诊所法律教育课程，其法律诊所设置分类情况如下：一是从实施的场地而言，可以分为内设式诊所、外置式诊所。前者开设在大学校园之内，主要是与法学院的法律援助机构相联系，学生在教学

---

❶　王恒："论我国'法律诊所'法学教育模式的目标定位"，载《学校党建与思想教育》2005 年第 10 期。

❷　郭天武："关于诊所式法律教育模式的思考"，载《高教探索》2008 年第 1 期。

人员的督导下为当事人提供直接的代理。❶后者是将学生安排在法学院之外，在校外教学人员的督导下从事法律工作，地点一般是在律师事务所。二是从诊所法律教育的训练形式来看，包括经验性、实践性和主动性训练。经验性训练是通过教师传授、观摩律师行为，取得办理案件的实践经验；实践性训练是通过参加法律援助等具体法律事务的办理，实际参加法律活动；主动性训练是通过社会调查等积极主动地了解法律的运作情况，为明确司法运作程序提供第一手素材。

与法律援助机构、法律援助制度的关系建构是诊所法律教育组织载体及其整体模式选择中讨论最集中的一个议题，促进二者合作、构建和谐关系是基本共识和现实选择。关于诊所法律教育与法律援助的整合模式，分为两种类型：一是法律诊所和法律援助中心都是学校内部机构；二是法律诊所是学校机构，法律援助中心是校外机构。

对于第一种类型，选择整合模式分为三种情形：

第一种情形，法律诊所是虚设机构，即法律诊所没有独立的办公场所、机构设置，也没有专职人员配置。法律诊所依托于法律援助机构，充分利用法律援助机构的现成资源达到实践教学的目的。这种模式的优点在于节约资金，便于管理，比较适合已建立法律援助中心、法律诊所课程刚刚起步的院校选择。

第二种情形，法律诊所是独立的或者相对独立的机构，即诊所法律教育和法律援助各有其独立的办公场所、机构设置和管理制度，法律诊

---

❶ 美国学者奥格利特里以哈佛大学的刑事审判研究所为例，分析了内设式诊所运行情况：刑事审判研究所是内设式、包含真实当事人的诊所项目，完成了作为选课要求的审判辩护和证据课程的学生可以在从机动车违法到武装抢劫和袭击的各种案件中代理贫困的少年犯和成年被告。学生律师每学期代理 5 至 6 个当事人，包括从受案到宣判等刑事诉讼程序各个阶段，负责调查案件、起草动议、出庭抗辩并参加审理。刑事审判研究所为学生提供了亲身体验法律的操作，为贫困当事人提供了优秀的代理，为减轻国家资助的法律援助服务机构的负担提供了帮助，并且将为贫困被告辩护作为切实高尚的职业选择展现给法律职业市场的人。美国法律院校认为，这种师生共同工作的校园准律师事务所是学生获得学习机会的最好场所。参见［美］刘小提："亟待完善的中国法律教育"，转引自中国人民大学法学院编：《走向世界的中国法学教育论文集》，2001 年 6 月印行，第 767 页。

所至少配有专职人员。学生经过严格系统的律师技巧训练，可以弥补法律援助人力资源的不足，缓解法律援助供求关系。法律援助机构从接待、咨询、审查到参与代理等为诊所学生提供了全方位实践的机会，充裕的各类案源可以满足诊所选择合适案件的需要，法律援助中心的固定工作人员协助处理学期间断、学生换届时诊所案件出现的临时问题。二者各自独立，互相协作和促进，互为补充。这种模式有发展前景，但两套机构运行成本较高，当前不太适宜。

第三种情形，法律援助中心是虚设机构，或者尚未建立法律援助中心。对此，应该建立独立或者相对独立的法律诊所，同时或及时成立法律援助中心，依附于法律诊所。同时，不能忘记大学生社团及其社会公益活动，推进其与诊所法律教育活动的结合。这种模式节约资金，便于管理，更是首先符合培养高层次法律应用人才这一高等法学教育人才培养目标的基本要求。

对于第二种类型，因为法律援助中心是校外机构，在确定诊所法律教育模式时，需要首先建立实践基地。❶对此，在高校开设诊所课程，在校外设立诊所实践基地。该模式在美国广为流行，它沿袭了过去行会中学徒制的指导方式。法学院与法律实务部门、大众传媒机构建立联系，将其作为学校法律诊所延伸向社会的一个广阔实践场地。这既满足了高校诊所法律教育的需要，又能解决法律援助人员短缺的问题，拓展了法律援助活动，并且不影响学校与援助机构各自的核心工作，应是值得推广的模式。所以，如何通过法律援助进行诊所法律教育以及借助诊所法律教育促进法律援助事业，在我国法律援助事业发展还很不完善、诊所法律教育才刚刚起步的情况下，还值得我们进一步深思。❷

---

❶ 需要说明的是，"社区法律诊所"等政府或社会组织设立而非高校设立的法律诊所，在我国已经开始有崭露头角之势，这些诊所可以作为高校法律诊所的实践教育基地进行合作，虽然都叫"法律诊所"，但不能把二者混为一谈。

❷ 陈滨生、田志荣："也谈中国高校的'诊所'法律教育"，载《黑龙江省政法管理干部学院学报》2004年第6期；李傲、许炎："法律援助与法律诊所之甄别与整合"，载《法学杂志》2003年第11期；等等。

2. 诊所法律教育的教育主体

在诊所法律教育主体的确定上，主要讨论的是受教育对象，因为诊所教师没有专门的准入门槛，不存在高校教师资格基础之上的资质认证，只是需要组织培训提高其组织诊所教育的能力。最大限度教育对象是高年级的本专科生和硕士研究生。对于高职高专学生是否适合开展诊所法律教育，曾经有过一些讨论和争议。笔者认为，高职高专院校的设立初衷及其人才培养目标的基本要求就已经决定了高职高专执法人才教育本身就应选择诊所法律教育。本科阶段的法学教育存废之争由来已久，如此追溯，现在针对本科高年级学生开展诊所法律教育似乎也有"无源之水，无本之木"的嫌疑。包括一些行业院校的法学教育，都是适合开展诊所法律教育的，应发现和发挥其行业特色，扬长避短，实现诊所法律教育在普通院校体现不出、实现不了的教育效果。❶所以，本文讨论诊所法律教育的逻辑前提：在不讨论教育体制改革时，就仅立足于现在教育体制框架内讨论。

这里谈的教育对象主要涉及两个问题：一是诊所法律教育是精英教育还是大众教育；二是大学后继续教育是否适合诊所法律教育。

关于第一个问题，从长远来看，其应该是大众普及教育；而从我国目前来看，其只能局限于精英教育。因为相当长一段时期内，我国缺乏推广诊所法律教育的实力，包括教师教育的软实力和物质客观条件的硬实力。目前，诊所法律教育在一定程度上弥补了现有法学教育的缺陷，但不可能取代现有法学教育，而只能成为其补充，职业教育和专业教育相结合，实施精英式教育模式。❷

关于第二个问题，应该认为继续教育更适合开展诊所式法律教育。这里所说的继续教育是职业人员的成人教育，而不是中学毕业生直接接

---

❶　课题组："公安院校诊所法律教育模式研究"，载《云南警官学院学报》2008 年第 6 期；高峰、王册："公安法学教育改革与实践性教育模式——论诊所式教学法在公安法学教学中的运用"，载《辽宁公安司法管理干部学院学报》2006 年第 3 期。

❷　范利平、孙晓萍："传统法律教育方式的修正——诊所式法律教育"，载《广东外语外贸大学学报》2005 年第 2 期。

受的成人学历教育。这些学生往往在其工作领域有工作经验，对本行业相当熟悉。教师可以挑选案件，按照学生的工作领域分配案件。诊所法律教育符合成人教育的特点和要求，应该结合我国国情进行合理改造，使学生真正从中获益。司法研修是各国后大学法律教育之范式，是一个契合法律职业特质的法律职业者必经的职业技能培训阶段。诊所法律教育是一种职业化法律教育的典型模式，此二者在性质、培养目标和基础上皆有类似之处。中国法律教育需要职业化，现实法制基础决定了其实现途径，即不能另起炉灶而应建立一套全新的司法研修机构，应对诊所法律教育模式进行改造，使之成为中国式的司法研修制度。❶

　　3. 诊所法律教育的内容

　　在诊所法律教育内容的确定上，比较一致的意见是：根据需要和案源的情况，选择公益案件、符合法律援助条件的案件作为案源，或者二者均可。❷争论比较多的一个问题是：明显有助于提高学生法律职业技能的典型案件，但不是公益案件，也不符合法律援助条件，是否可以作为教育的案源？实际上，必须考虑案源是否同时具备两个条件：一是培养学生的法律职业技能；二是培养学生的高尚情操、职业道德和社会公德。从应然和长远角度来讲，应尽可能选择二者兼备的案件作为案源。但是，从实然角度考察，案源明显不足是诊所教育工作者罗列的几个局限诊所法律教育发展的主要因素之一。❸ 所以，在尽力丰富案源的同时，对于教学时间内对学生有教育意义的案件，不苛求其必须同时达到这两个条件。

　　在与诊所教育内容相关的诊所教育模式问题上，学者主要争论中国

---

❶　胡田野："初任法官培养与诊所式法律教育"，载《河南省政法管理干部学院学报》2008 年第 3 期；彭锡华、麻昌华、张红："司法研修与诊所法律教育——兼论中国法律教育职业化之途径"，载《环球法律评论》2005 年第 3 期。

❷　邹杨："从法律诊所教育模式看高校法学本科教育"，载《现代教育科学》2007 年第 1 期。

❸　高跃先："法学院诊所法律援助资源的分析与研究"，载《中国司法》2007 年第 11 期。

的诊所法律教育要不要分工。❶实际上，应该讨论的不是中国诊所法律教育要不要分工，而是可不可以分工，因为要不要分工的问题要放在一个高校进行法律诊所设置的操作层面才是有必要讨论和解决的问题。从总体上讲，包括中国在内的法律诊所的设置都是可以进行分工的，这是一个无须证明的命题。具体到一个高校设立法律诊所时要不要分工，也就是说，是建立一个笼统的法律诊所，还是建立一个或若干个劳动法律诊所、婚姻法律诊所等目的和功能明晰的法律诊所？要解决这个问题，主要考虑三个因素：一是教师的专业教育领域特长和特色；二是学生的学习兴趣；三是案源的案件性质。如果没有明显的专业教育特长和特色，学生学习兴趣没有明显的个性需求，可以得到的案源不是局限或集中于某个具体领域，就不需要建立专门的专业法律诊所，否则，就应根据特长特色等因素建立专业法律诊所，根据其教授的内容和法律诊所的专业特色进行课程安排，开展教育。

在教学内容上，当然还可以打破传统的学科体系，打破课程界限，精心设计教学实践内容，打破单个课程进行实践教学的界限，实现一体化教学实践体系。

（三）运行支撑和保障

1. 法律支持和制度保障

诊所法律教育最需要的法律支持是对法律诊所的学生承办案件的资格给予明确的立法规定，即在立法上确立诊所学生的"准律师"、"准法官"、"准检察官"、"准公证员"、"准警察"等法律职业资格，或者直接扩充到对高校法律专业学生承办案件的法律资格予以明确立法规定。对于法律诊所，可以考虑立法赋予其法人资格。诊所法律教育的制度保障，一方面是和法律支持相衔接，细化学生承办案件的制度；另一方面是包括法律诊所设立、运行、评价等各个方面的制度。

目前，短时间内改变法律诊所学生在诉讼中的公民代理身份较难，

---

❶ 王立民："诊所教育：法律实践新接口"，载《社会科学报》2002 年 3 月 28 日，第 5 版。

但应努力争取立法、执法和司法部门，律师协会对诊所法律教育的认同。在我国，与诊所法律教育密切相关的现行法律法规是《律师法》和《法律援助条例》。

一是可通过修改《律师法》，让参加法律诊所的学生具有"准律师"的临时身份，但这有待法学教育界和法律实务界的不懈努力。采用与法律服务单位合作的方式开展诊所法律教育应该是一个不错的选择。目前一些法学院系与各界已成立各有特色的合作形式，通过签订合作协议、共建或其他方式与地方政府、司法行政机关、检察院、法律援助中心、律师协会、警察机关、消费者协会、工会、社区等部门和机构建立了密切联系。

二是《法律援助条例》，其条文中虽然规定了"国家支持和鼓励社会团体、事业单位等社会组织利用自身资源为经济困难的公民提供法律援助"、"法律援助机构也可以根据其他社会组织的要求，安排其所属人员办理法律援助案件"，但规定比较笼统，缺乏可操作性。对于高校学生承办案件的资格认定，美国一些州制定了具体的学生实践规则，值得我国立法借鉴。

法律赋予法律诊所法人资格可以更好地实现法律诊所的教育功能和社会功能。法律诊所的设立条件应类似于律师事务所。法律诊所可以法律诊所的全部资产对其债务承担责任，这有利于诊所师生全面地参与法律服务，更好地为法学教育和法律援助服务。

2. 教育主体

中国人民大学刑事法律诊所总结认为："从事诊所教育的教师除具备一般法学教师必备的法律专业知识、办案实践经验、课堂授课技巧和丰富的人生阅历外，还必须具有充分的想象力、创造力和表现力，富有十足的爱心、细心和耐心，懂得心理学、社会学及法律相关学科的基础知识，同时还要有号召力、感染力和激情。"❶因此，要提高教师素质，使其能够真正适应诊所法律教育的要求。教师的教育是全方位的，而为人

---

❶ 甄贞："略论诊所法律课程的教学方法"，转引自中国人民大学法学院编：《走向世界的中国法学教育论文集》，2001年6月印行，第725页。

师表的角色要求也必然对教师素质提出较高的要求。

面对我国法学师资的现状，毋庸讳言的是，要实施诊所法律教育，还缺乏既有法律理论功底又有法律实践经验的师资力量，这就必然使诊所法律教育捉襟见肘、难以应付。对此，应当根据教育部有关职业教育的精神，大力培养"双师型"教学队伍。也就是说，诊所教师不仅仅是普通专业教师，也是合格的律师、法官、检察官、警察或公证员，即便没有这些法律实务部门从业人员的法律职业资格和岗位。此外，还可以聘请律师、法官、检察官、警官和公证员做诊所兼职教师，尽量避免"常常因缺乏教师或财政原因而失败"❶。

在学生方面，必须考虑实际情况：一方面，我国的法学教育不是像美国那样的高起点教育，本专科学生是诊所教育的主要生源。本专科学生主要是中学毕业后入学的，人文知识、社会阅历等方面还相当欠缺，因此，只能在高年级开设诊所法律教育课程。另一方面，诊所法律教育主要是亲自办理案件，针对有关案件的难易程度和学生本身的适应力应当有明确的安排，以避免出现学生压力过重的情况。总之，法学教育改革并非一蹴而就的事业，它需要长时期的积累与摸索，应当在试点学校积累经验的基础上加以提炼、总结，使诊所法律教育模式能够取得应有的成效。

3. 客观条件

（1）课程设置等校内教学软条件。

在课程设置上，应把诊所法律教育内容作为专门课程进行设置，确立其实践课地位，设置规模适宜的实践内容。编制实践教学大纲和教材，作为实践教学的依据，确保实践教学的实施条件。在计划上，调整教学大纲和教学计划的制定，虽然诊所法律教育教学内容的不确定性决定了其没有固定的教科书，但这并不等于不需要制定教学大纲和教学计划。需要根据诊所案件的不同和多样性对教学计划进行调整，教学大纲则应

---

❶ ［美］罗伯斯·斯蒂文斯：《法学院：19世纪50年代到20世纪80年代的美国法学教育》，阎亚林、李新成、付欣译，中国政法大学出版社2003年9月版，第387页。

相对固定。改造的整体思路是加强法律教育基础技能训练，把诊所法律教育作为一个重要组成部分。教育内容应包括演讲、逻辑运用、写作、法律调查、辩论、综合模拟、办理真实案件等。对此，可考虑将诊所课程纳入必修课范畴，与毕业实习合并。同时，尽可能配备专职行政管理和服务人员。

（2）经费等校内教学硬条件。

经费问题是制约诊所法律教育开展的重要因素。在当前条件下，可通过多渠道进行努力：一是对大学内部教育资源的重新配置。对现在教学方案的重新整合，如将模拟法庭、毕业实习、社会调查与相关实务课程都围绕诊所教育进行整合，可解决诊所教育所需的学时问题；同时，学校为促进教育改革，也须拿出一定经费作支撑。二是争取社会支持。在实施诊所教育时，加强对诊所学生的职业道德教育，法律服务做好了，在社会上树立了品牌，并通过一定方式做好宣传，会得到社会各界的支持。三是法律允许从事诊所法律教育的法律人在办理非援助案件时，可以收取一定费用。四是适当提高诊所法律学生的学费，这也是法律教育必须付出的成本。五是寻求政府和相关司法部门的支持，得到政策上的优惠和工作上的便利。也就是说，争取得到政府的支持、社会的资助和学校的认可，由政府、社会和高校共同出资，以保证诊所法律教育的支出，也使案件当事人的权利得到最大程度的保障。

（3）案源等校外教学条件。

法律诊所应积极同法律援助机构、律师机构、政府和司法部门交流联系，建立实践教学基地，签订合作协议配合教学，多聘请法律各界人士参与诊所法律教育，逐渐使当地法律各界对学生参与代理真实案件的身份予以认可和配合，争取把高校的法律诊所办成得到国家认可、有权参与法律服务和提供法律援助的教学、科研和服务机构，使诊所学生能获得办案身份。在法律实践的方式上，先尽量选择咨询、调解、代写法律文书等非直接诉讼方式；可以进行一系列的模拟训练，如会见当事人、提供咨询、询问证人与制作调查记录、谈判、法庭辩论等项目。

4. 教学方法

诊所法律教育的课程由课堂教学和实务操作两部分组成。课堂教学要求老师"下台"、学生"上台";课堂教学的关键是让学生动起来,成为真正的主体。实务操作在法律诊所要求:通过"平等对话"指导学生独立"做";通过典型案例指导学生正确地"做",教师采取开放的态度对学生进行指导和开展讨论;利用疑难案例指导学生"做"的技巧。

将引进的诊所教育手段作为思考的起点,纠正法律教育中的一些问题,如习惯解构法律而不是建构法律、习惯批判而不是理解和服从现行法律等,进而论述作为法律职业者或法律共同体的思维方式,从而为我国现行的法律职业教育摸索具有可重复性和模式化的科学教育体制和教学方法。将我国传统的案例教学等方法与诊所式教学法进行整合,以克服诊所式教学法的功能缺陷。在教学方法上,学者们从多个层面、多个角度进行了分析归纳,总结出丰富多彩的教学法名称,主要有:苏格拉底教学法、对谈式教学法、角色模拟教学法(即模拟虚拟案例)、模拟法庭教学法、真实案件代理教学法、提问式教学法、指导式教学法、合作式教学法、模拟训练教学法、个案分析教学法、案例教学法、讨论式教学法、单独指导教学法、直面案件法(即亲自动手办理真实案件)、反馈式教学法、评价式教学法、阅读式教学法、素质拓展训练、法律实务讲坛、参观见习、网上教学法、"五位一体、诊所互动"的实践教学、心理训练法等。

无须对这些方法的名称及其具体运用进行深入研究就可以看出,诊所法律教育方法的原则,即自始至终贯穿于其中的红线和要求是:以学生为主体设计、搭建实训教学平台,以学生"自诊"为主导,以"病理"为学习知识的起点和依据,以"他诊"为辅助,提高学生的素质和动手能力。

(四)评估机制建设

诊所法律教育的关键薄弱环节就是诊所教育的评价体系,应该建立诊所法律教育课程质量评价体系,否则,这个与看得见摸得着的物质条件相比于不够直接显眼的软环节就会成为诊所法律教育可持续发展的软肋,时间长了会比物质匮乏出现的窘境更难改变和扭转。

1. 评估要求和原则

科学地计算诊所教师教学工作量,建立特殊的职称晋升标准,增加诊所课程的学分数，合理安排实践教学时间，确保教师和学生全心投入诊所教育，是保障诊所法律教育健康发展的基本要求。

质量监控和评估的主要内容：一是诊所法律教育模式的培养目标；二是诊所法律教育模式的教学计划和活动方案；三是确立诊所法律教育模式的质量监控与评价主体、指标、分析及计算方法。

构建诊所法律教育质量监控及评价体系的基本原则主要是：权威性原则、公正性原则、科学性原则、简易性原则和经常性原则。

2. 评估模式和机制

作为诊所法律教育发源地的美国，其几十年经验教训总结的评估模式具有明显的借鉴价值，应给予充分重视和认识分析。其他一些国家的评估模式和机制也可以充分适用"拿来主义"，从而积极构建中国诊所法律教育的评估体系。

美国诊所法律教育评估具有代表性的模式有三种❶：

一是由唐纳德·斯堪（Donald Schon）创设的，主要贡献是将学习这一行为同各种各样的职业教育目标结合起来。在此基础上，迈克尔·迈斯纳（Michael. Meltsner）、詹姆士·娄恩（James V. Rowan）和丹尼尔·既温博（Daniel J. Givelber）提出了评估的三个阶段。第一阶段评估；第二阶段讨论，学生对自己的优缺点、目标、能力进行自我评估，然后学生在这个基础上与指导者通过磋商订立计划；在第三阶段，指导者和学生为了纠正错误而作出的对计划的任何改动都要标注出来。

二是由肯尼斯·克瑞林（Kenneth Kreiling）建立的，自我评估的第一步是对自己的行为进行评估。其主张建立更正式的教学和评估体系，即六个阶段指导体系：首次商讨、采取行动前的讨论或计划性的讨论、观察、分析并出台对策、采取行动后的讨论评估和总结。学生按顺序陈述每项任务的目标和策略。评估的最终质量取决于学生与指导者之间联系的广泛性，而这种广泛性反过来又会促成指导反馈的有效性。

三是由理查德·纽曼（Richard Neumann）提出的，相信批判是诊

---

❶ 关于美国诊所法律教育模式介绍，参见杨欣欣主编：《法学教育与诊所式教学方法》，法律出版社 2002 年版，第 222～225 页。

所式教育的最基本手段。他认为诊所式教育是教授学生技能的过程，更重要的目标是发展创造力、培养职业道德。这个过程分为三个阶段：首先是预备阶段，列出批判提纲；其次是解释阶段，讨论学生的表现；最后是交流阶段，由老师或学生总结全过程，确定今后的目标。

从美国的诊所法律教师队伍来看，其构成基本上是从法学院原有的教师队伍之外另行聘请有丰富实务经验并热爱法学教育的律师，而且大部分诊所教师是专职的，无须承担诊所法律课程之外的课程，在职称晋升上也有不同于法学院其他教师晋升的评价指标。❶

在印度，唐·彼德斯（Don Peters）认为评估学生的诊所行为是一门艺术，是一种指导性的对话，比单纯重复学生的选择是否有效更加复杂，应该根据学生和案件的具体情况将以下三个组成部分统一起来，即询问、资料共享和评述。询问是对学生行为的各个方面提出问题，涉及质疑和评论。资料共享是指评估者应该尽可能准确地记载学生所做的准备工作及其表现，这些资料应该直接来源于观察。评述是老师对收集的信息进行评述。老师一般根据学生的行为目标和理论来评估其行为的有效性，并对以后如何提高这一有效性作出计划。将老师的评述与观察依据和行为理论相联系是为了加强学习的效果，把评述建立在具体的依据上，为实践中的学生提供一个从实践中学习应力求准确的榜样。❷

在瑞典，胡森（T. Husen）认为教育研究存在两种范式："一是模仿自然科学，强调适合于用数学工具来分析的经验的可量化的观察。研究的任务在于确定因果关系，并作出解释。另一种范式是从人文学科推衍出来的，所注重的是整体和定性的信息，以及说明的方法。"❸前一种范式称为实证化评估方法，后一种范式称为人文化评价方法。实证化评估方法具有准确、高效、广泛的适应性、可移植性强、说服力强等优点；但它重结果轻过程，缺乏灵活性，也有着忽视评价者与被评价者人际关

---

❶ 蔡彦敏："诊所法律教育在中国制度化建设中亟待解决的问题"，载《环球法律评论》2005 年第 3 期。

❷ 甄贞主编：《诊所法律教育在中国》，法律出版社 2002 年 8 月版，第 282 页。

❸ 翟葆奎：《教育学文集 教育研究方法》，人民教育出版社 1988 年版，第 197 页。

系的交流、易造成评价信息的失真等缺点。人文化评估方法具有重视过程评估、强调评估过程中人与人的交流、方法灵活、针对性强、重视评估中多种因素的交互作用等优势，但也存在总体效益较低、主观性强、对评估者个体依赖性较大、易受干扰等缺点。❶鉴于诊所法律教育的特点，其评价方法应当以人文化评价方法为主，以实证化评价方法为辅。

改革我国法学教学实践的评价模式，应该做到：一是切实树立实践育人的理念；二是改革评价对象；三是以法律职业人为标准，改革评价内容；四是改革评价方法。❷有学者提出实行综合考核体系的评价制度，采用以考核基本理论、基本知识、基本技能为基础，以综合运用能力为重点，以学习态度为参考的综合考核的量化指标体系，使考核更加规范化、全面化；❸建立合适的教学效果评价机制，形成和完善有效的激励机制、督导机制、约束机制和信息反馈机制。

一些高校已经开始课程体系设置和教师晋级标准的改革，明确了诊所教师的地位和保障措施，激活了诊所师生的工作积极性。如，把诊所法律课程列入实践性必修课范围，学生选择该课程可得到若干学分，不需要再参加其他实习活动；教师可得到数十个课时的工作量，在评定职称方面也采取了有别于其他教师标准的绿色通道。

我国已经建立法律诊所并开展诊所法律教育的高校，大多已经在摸索中建立了自己的评价体系，因此可以考虑设立项目，进行专项收集汇总和整理对比分析研究，这会对我国诊所法律教育评价体系的进一步科学化、规范化起到明显的积极作用。

---

❶ 刘尧军：“关于教育评价方法论的思考”，载《教育研究》1997 年第 11 期。
❷ 马永梅：“法律诊所教育与法学教学实践评价模式的改革研究”，载《民主与法制》2007 年第 2 期。
❸ 周建平：“互联网背景下诊所法律教育的思考”，载《科技咨询导报》2007年第 17 期。

中国法学实践教学发展状况研究（2013）

袁　钢[*]

摘　要： 全面反思传统法学教育与实践需求的情况，中国法学教育应当面向未来和面向职业进行转变，并且明确法学实践教学的内涵，从基本教学方法、基本教学课程、基本教学理念、基本教学目标等来构建中国法学实践教学的基础理论。本文采用实证研究的方式，从实践教学的组织状况、师资状况、培养计划、课程设置、规章制度对中国法学实践教学情况进行全面梳理，并且建议中国法学实践教学需要在吸收、借鉴英美法系法学实践教学的成功经验基础上，结合大陆法系、中国实际，构建出符合新时期要求，有着特殊的内在结构的教学范式。

关键词： 法学教育　诊所法律教育　体验性学习　实证研究

成也萧何，败也萧何。中国法学教育在成为高等教育大跃进先头部队之后，当下也沦为沉疴积弊的高等教育的诟病对象。模糊不清的人才培养目标定位、缺失薄弱的法学实践教学导致高等法学院校的产品——法科毕业生的知识储备和职业技能远远不能满足社会需要。我国高等法学教育还不能完全适应社会主义法治国家建设的需要，社会主义法治理念教育还不够深入，培养模式相对单一，学生实践能力不强，应用型、复合型法律职业人才培养不足。提高法律人才培养质量成为我国高等法学教育改革发展

---

　* 袁钢，中国政法大学副教授、法学博士、硕士生导师，中国政法大学法律实践教学教研室主任、法律职业伦理教研室副主任，中国政法大学行政法律诊所负责人。本文是北京高等学校青年英才计划项目（Beijing Higher Education Young Elite Teacher Project）"实践性法学教育体系研究"（课题号：YETP1004）的研究成果。本文调研写作过程中得到众多高校从事教学一线工作的教师的帮助。他们提供了大量资料。可以说，没有他们的协助，本文是无法完稿的，在此一并致谢。

最核心、最紧迫的任务。高等法学教育严重供大于求，2012届法学本科生毕业半年后的就业率最低，2011年至2013年法学本科连续3年成为红牌警告专业。❶ 中国法学教育整体办学水平不高是个不争的事实。❷

10余年来，我国法学教育界对于实践教学独特的教育价值和重要地位基本上取得了共识。应对目前高等法学教育存在的只重视"法律工匠"式的人才培养模式、法学教育与社会实践脱节、法律人才呈现结构性过剩等问题，有必要系统调研我国法学教育中实践教学开展的情况。❸ 国内外的学者非常关注中国高等法学教育的实践教学，并就此开展了研究。应当说，国内研究在概念上对于"什么是中国法学实践教学"尚存在争议，在内容上对于"中国法学实践教学是什么"尚有空白，亟待研究。

一、中国法学实践教学的基础理论

（一）全面反思的传统法学教育

面向21世纪的中国法学教育，面对社会发展的要求，传统法学教育日益凸显以下问题：现行的法学教育模式偏重于向学生传授必要的法学原理和基于现行规范的法律知识，忽视了对学生实践能力和操作能力的培养，课堂教学亦多囿于知识的系统性而割裂了文本与实际的联系，忽略了对学生实际运用法律能力的训练。因此，无论是司法实务界，还是法学教育界，都愈加重视和加强实践教学，并将培养学生的实践能力和创新能力作为中国高校法学教育教学改革的主题和重心。

中国法学院逐步认识到传统法学教育模式中存在的割裂理论与实务之间的联系等弊病。法学本科教育被首先定位为素质教育。❹ 而面对统

---

❶ 麦可思研究院：《2013年中国大学生就业报告》，社会科学文献出版社2013年版，第5页。

❷ 叶永禄："构想与建议：对完善我国法学实践教学的思考——有感于教育部'卓越法律人才教育培养计划'"，载《黑龙江政法管理干部学院学报》2013年第2期。

❸ 限于篇幅，本文仅就法学本科实践教学情况开展调研，不涉及研究生教育阶段的实践教学。

❹ 曾宪义、张文显："法学本科教育属于素质教育——关于我国现阶段法学本科教育之属性和功能的认识"，载《法学家》2003年6月。

一司法考试对法学教育带来的冲击时，有学者建议将法学教育分为学历教育和职业教育两个阶段完成，其中法学学历教育由普通高校承担，法律职业教育由国家法官学院和国家检察官学院来完成。❶ 中国法学本科教育定位一直就存在"通识教育"与"职业教育"的分歧，并且这成为法学教育的一个最突出的问题。❷

就普通法学教育规模迅速扩张的同时所遇到的学生就业率低下、轻视职业技能训练的情况，徐显明教授和郑永流教授提出了"4＋2"的六年制模式，即可通过四年基础学习和两年应用学习两个阶段，获得法学本科和法律硕士两个学位。❸ 季卫东教授提出了"三三制"，即在法学本科教育第三年结束之后，从第四年开始分流，选拔少数适才适性者连续接受三年的高层次法律职业教育，最终获得硕士学位。❹

王晨光教授认为，法学教育从问世之初就陷入两难境地，即职业培训性和学术研究性的二重对立，他回顾了历史上各种法学教育——中国历史上的"以吏为师"模式、西方从私相授受的学徒式到大学教育、我国法学教育的学科化和学院化，特别指出美国法学教育中的变革即从案例教学到诊所式等实践型课程，明确阐明了法学教育的演变。❺ 王晨光等旗帜鲜明地建议引入实践性法律教学。❻ 而王立民教授则进一步明确了诊所法学教育与传统法学教育等的区别。❼

---

❶　曾令良："统一司法考试与我国法学教育发展的定位——我国多层次兴办法学教育的反思"，载《法学评论》2002 年第 1 期。

❷　关于法学本科教育定位的争论，主要观点参见霍宪丹：《中国法学教育反思》，中国人民大学出版社 2007 年版；贺卫方：《中国法律教育之路》，中国政法大学出版社 1998 年版。

❸　徐显明、郑永流："回归本位经国济世——六年制法学教育模式改革论纲"，转引自《六年制法学教育模式改革》，中国法制出版社 2009 年版，第 5 页。

❹　季卫东："上海交大'三三制'改革设想"，载《法制日报》2009 年 5 月 20 日。

❺　王晨光："法学教育的宗旨——兼论案例教学模式和实践性法律教学模式在法学教育中的地位、作用和关系"，载《法制与社会发展》2002 年第 6 期。

❻　王晨光、陈建民："实践性法律教学与法学教育改革"，载《法学》2001 年第 7 期。

❼　王立民："诊所法律教育与相关法律教育关系论纲"，载《华东政法学院学报》2002 年第 5 期。

　　我国法学教育界也开始探索法学教育模式的新途径，把诊所法学教育引入法学实践教学中，意在重塑法学教育模式。诊所法律教育，又称法律诊所教育，借鉴了医学院临床实习模式，让学生在一个真实的法律诊所中，在教师的指导下为处于困境的真实当事人提供咨询，诊断他们的法律问题，开出处方，提供解决问题的方法。诊所法学教育在 20 世纪 60 年代兴起于美国各法学院。目前，美国律师协会认可的各法学院均开设了诊所法学教育。自 2009 年 9 月起，在美国福特基金会的大力支持下，中国人民大学、北京大学、清华大学等 7 所大学法学院开设了不同类型的法律诊所。截至 2013 年 11 月 18 日，共有 167 所法学院校成为中国法学教育研究会诊所法律教育专业委员会（The Committee of Chinese Clinical Legal Educators under China Association for Legal Education，CCCLE，以下简称诊所委员会）单位会员。❶

　　我国多数法学院陆续采用了法律诊所教育。无论是从法律诊所与法律援助的区别❷，还是从诊所法学教育的目标和特点❸，从诊所法学教育的特点、意义、运作模式❹，从培养学生的职业素质❺，从法律诊所的设立过程❻，从法律诊所运作背景的角度❼来看，法律诊所教育都完全不同于传统法学教育。这种实践法学教育模式的引入不是单纯教学方法的引入，更是一种全新的教育观念的更新，也是对传统法学教育模式的挑战。

---

❶　http://www.cliniclaw.cn/article/? 611.html.

❷　李傲、许炎："法律援助与法律诊所之甄别与整合"，载《法学杂志》2003 年第 6 期。

❸　潘文军："诊所法律教育的目标和特点"，载《中国职业技术教育》2004 年第 8 期。

❹　曲相霏："法学教育改革的有益尝试——借鉴诊所式法律教育模式"，载《山东大学学报（哲学社会科学版）》2001 年第 6 期。

❺　王立民："诊所法律教育与培养学生的律师职业素质"，载《中国律师》2002 年第 7 期。

❻　徐芳宁："法律人的社会责任——从公益法律诊所的设立谈起"，载《环球法律评论》2005 年第 3 期。

❼　左卫民、兰荣杰："诊所法律教育若干基本问题研究"，载《环球法律评论》2005 年第 3 期。

（二）面向未来的法学实践教学

根据 1998 年教育部高教司颁布的《普通高等学校本科专业目录和专业介绍》及其他相关文件的规定，法学专业四年期间的主要课程包括公共课、专业必修课、专业选修课及实践性课程，其中公共课和专业课（主要是理论知识）的学习几乎占了四年学分的 95% 以上，而实践课程所占学分的比例不足 5%。实践性课程主要包括社会调查及实践、见习、毕业论文等内容和形式，一般不少于 20 周。

实践教学是提高学生综合素质的关键环节，对于如何加强实践性教学，教育部《关于普通高等学校修订本科专业教学计划的原则意见》（教高〔1998〕2 号）曾明确规定：要处理好理论教学与实践教学的关系，加强理论联系实际，明确实践教学目标，加强教学、科研和社会实践的有机结合，丰富实践教学内容、方式和途径。

2005 年 1 月 7 日，教育部下发《关于进一步加强高等学校本科教学工作的若干意见》（教高〔2005〕1 号）规定，高等学校本科教学工作的主要任务和要求是："着眼于国家现代化建设和人的全面发展需要，加大教学投入，强化教学管理，深化教学改革，坚持传授知识、培养能力、提高素质协调发展，更加注重能力培养，着力提高大学生的学习能力、实践能力和创新能力，全面推进素质教育。"因此，构建素质教育模式、提升学生的实践能力和创新能力是高等学校本科教学工作的主要任务。该意见更加强调大力加强实践教学，切实提高大学生的实践能力。高等学校要强化实践育人的意识，区别不同学科对实践教学的要求，合理制定实践教学方案，完善实践教学体系。此外，教育部等四部门还联合下发了《关于进一步加强和改进大学生社会实践的意见》（中青联发〔2005〕3 号），对开展多种形式的实践教学提出了要求。

为应对社会生活的深刻变化，高等教育进行了一系列的变革，素质教育语境下的创新精神和实践技能已经成为高等教育人才培养的新目标。2007 年年初，以国家为主导的"本科教学质量与教学改革工程"启动，实践教学的改革创新被列为其中一项重要的建设内容。法学教育作为高等教育的重要组成部分，同样在不断发展和完善。

2011 年 12 月 23 日，教育部、中央政法委员会联合发布了《关于实施卓越法律人才教育培养计划的若干意见》（以下简称《意见》），决定在我国实施卓越法律人才教育培养计划。这是教育部为贯彻落实全国教育工作会议的精神和国家中长期教育改革和发展规划纲要的精神而颁布的第一个关于法学高等教育的专门的指导性文件，也是教育部在社会科学领域最先实施的卓越人才培养计划。其中，创新"应用型、复合型法律人才教育培养模式"就是三种法律人才分类培养模式之一。《意见》明确指出：培养应用型、复合型法律职业人才，是实施卓越法律人才教育培养计划的重点。为此，《意见》还对法学高等教育提出了明确的要求：要适应多样化法律职业要求，坚持厚基础、宽口径，强化学生法律职业伦理教育、强化学生法律实务技能培养，提高学生运用法学与其他学科知识方法解决实际法律问题的能力，促进法学教育与法律职业的深度衔接。

如何把握《意见》这一法学高等教育发展的重大历史机遇，紧密围绕提升人才培养质量这一核心任务，培养造就一批适应社会主义法治国家建设需要的卓越法律人才，是摆在法学高等教育界面前重要而紧迫的任务。❶ 法学实践教学是培养应用型、复合型法律职业人才的核心环节。法学实践教学环节可以培养学生的法律职业素养，训练学生的法律职业技能，是将法学教育与法律职业衔接的必要环节。

因此，为培养出适应中国特色社会主义法治国家建设与经济社会发展需要的高素质法律人才，法学高等教育必须转变办学观念，切实完善法学实践教学。法学实践教学是关系到能否实现法学教育设置初衷以及培养目标的重大问题，也是涉及相关法学院校长远发展和社会影响的重要组成部分。因此，对中国法学实践教学进行系统、全面、专门研究具有深刻的现实意义。

（三）面向职业的法学实践教学

我国台湾地区法学家王泽鉴先生认为：法学教育的基本目的在于使

---

❶ 黄进："以提升人才培养质量为核心悉力培育造就卓越法律人才"，载《中国高等教育》2012 年第 5 期。

法律人能够认识法律，具有法律思维和解决争议的能力。● 法律职业已经日渐成为一种高度专业化的职业，在长期的发展过程中形成了一整套包括法律思想、学术流派、价值标准和各种制度规定在内的法律知识体系，以及从事法律职业所必须具备的高度专门化的法律思维、法律意识、法律语言、法律方法、法律解释、法律推理、法律信仰和法律伦理等。❷ 正是法律职业的高度专业化，客观上要求法学教育也应与时俱进，同时需要以社会需求为导向构建法学教育的科学模式。从法学教育问世之初就存在"职业培训性"和"学术研究性"两种不同教学目标设定的争论，即法学教育是应成为培养未来的律师、法官等法律职业者的职业教育学院，还是应成为一种培养国民素质或培养学者和法学专家的通识性教育。❸ 这两种截然对立的理念反映出法学教育内在的二重对立，并因此而形成了不同法学教育理论目标模式下的不同教学内容和教学方法。

无论法学教育理论如何设置，法学教育都应当承担起培养法律专门人才的重任，因此，能否培养出适应社会需要的专业法律人才是衡量法学教育模式选择的重要标准。由于法律关系的多样化和社会生活的复杂化，法律人才本身的结构和功能也发生了变化，单纯的职业教育与素质教育难以适应社会对法律人才的要求。❹

21 世纪的具有竞争力的法律人才必须具有广泛而成熟的知识，具有强烈的人文关怀精神，具有多样化的知识和解决问题的能力，具有创造性的法律思考能力，具备特殊品德和法律伦理。因此，面向职业的法学教育应当具有鲜明的指导理念：第一，职业教育理念。中国法学教育必须融合专业教育和素质教育，并且将根本属性定位为职业教育。传统法学教育对此态度不明，导致暴露出人才培养目标定位不准确、与实务部

---

❶ 王泽鉴：《法律思维与民法实例——请求权基础理论体系》，中国政法大学出版社 2001 年版。

❷ 霍宪丹："法律职业的特征与法学教育的二元结构"，载《法律适用》2002年第 4 期。

❸ 李长江、李德恩："送法下乡：一种法学实践教学模式之有意探索"，载《通化师范学院学报》2008 年第 11 期。

❹ 韩大元："当代法学教育改革趋势"，载《中国大学教育》2003 年第 10 期。

门要求脱节、学生就业率低下等一系列问题。第二，法律伦理理念。这是针对传统法学教育由于缺乏有效的职业道德培养，使得法律职业人才职业道德水平不能符合社会公众预期、不能承担起司法公信力重担的缺陷。第三，法律精英理念。法学教育应当培养的是精英型法律人才。法律职业自古就具有精英职业属性，中国传统法学教育对此偏差较大。在以上理念的指导下，中国法学教育应当形成有特色的务实型法律人才培养模式，能向国际、国内各个法律职业输送专业技术过硬、道德品质优良的法律职业精英人才。

何美欢教授在《论当代中国的普通法教育》中论证了专业法学教育是而且应该是"学术性的""博雅的"（liberal），而中国法学院应该从事这样的专业法学教育。专业法学教育是以培育精英律师为目的的法学专业教育，应该提供智能技能（intellectual skills）的培育，即理论方面（对理论的了解）的传授和技能方面（理解、适用、分析、归纳、评价法律理论）的训练，包括：（1）对实体法的足够知识；（2）认定法律问题和就法律问题构建有效和中肯切题的论证的能力；（3）明智地运用一切资料进行研究的能力；（4）明白任何法律的基础政策以及社会环境的能力；（5）分析和阐明抽象概念的能力；（6）识别简单的逻辑上和统计上的错误的能力；（7）书写和讲述清楚简明的汉语的能力；（8）积极学习的能力；（9）认定和核实任何与法律问题相关的事实的能力；（10）分析事实和就被争议的事实构建或批评某论证的能力；（11）对法律实务和程序的足够知识；（12）有效率地适用法律的能力，即解决问题的能力。❶

何美欢教授认为，律师需要具备的技能可分为智能技能和实务技能。智能技能是指使用符号的能力，是一种程序上的认知（procedural knowledge）。如果说知识（knowledge）是"知道什么"（knowing what），智能技能就是"知道怎样"（knowing how）。英国律师公会于1988年发表的改革报告中列出了24项律师需要掌握的技能。列在首端的12项已在上文列出，其后的12项可称为实务技能，分别如下：（1）草拟法律文件的

---

❶ 何美欢："理想的专业法学教育"，转引自《清华法学》第九辑"法律现代性法学教育研究"专号，清华大学出版社2006年1月版，第5页。

能力；（2）在不同场合发表有力的口头或书面论证的能力；（3）对专业及道德标准有足够的知识；（4）在不同场合与客户进行有效沟通的能力，例如协助客户明白法律以及法律问题，与备受困扰的客户交往，了解客户的不同经济、教育、社会背景，了解少数文化的特殊需要；（5）在引导客户提供资料的同时，与其建立良好关系的能力；（6）协助客户明白可供的选择以便其作出明智的选择的能力；（7）与客户对手或其代表进行有效的谈判的能力；（8）衡量何时应该将客户转介给法律专业以外的专业人士，向客户提出建议而无损于客户对其信心的能力；（9）协助客户控制常常伴随于民事或刑事法律程序的强烈情绪的能力；（10）向客户以非法律术语的语言提出建议，而尽可能避免煽动当事人之间的反感的能力；（11）与牵涉在同一案件或领域的其他专业人士合作的能力；（12）针对有效组织及管理技能的足够知识，包括对现代技术的使用。❶

何美欢教授认为，中国法学教育更重要的是要培育技能，因为技能的培育是专业法学教育的核心，而中国法学教育的严重缺陷就是技能培育的全方位缺失。目前，中国法学院引进了案例教学、诊所教学等课程，将专业法学教育简单地等同于"律师技巧课程"、"案例课程"、诊所教育等，但这些课程并不能培育专业法学教育的核心技能，而法学界似乎还没有意识到这个问题。❷

（四）法学实践教学的内涵

法学实践教学是指以培养应用型、复合型法律职业人才为目标，以培养学生拥有良好的法律伦理素养、熟练的法律实务技能、能够综合运用各学科知识解决实际法律问题为内容的教学体系。对于这一概念，现实中往往在多个层面来使用，内涵具有不确定性，概括起来主要包括以下几种类型。

1. 相对于教师讲授的实践教学"方法"

"实践教学"意指一种学生自主学习的教学法。例如，教育部高等教

---

❶ 何美欢："理想的专业法学教育"，转引自《清华法学》第九辑"法律现代性法学教育研究"专号，清华大学出版社 2006 年 1 月版，第 7 页。

❷ 何美欢："理想的专业法学教育"，转引自《清华法学》第九辑"法律现代性法学教育研究"专号，清华大学出版社 2006 年 1 月版，第 10 页。

育司在 1998 年颁布的《普通高等学校本科专业目录和专业介绍》中规定："主要实践性教学环节包括见习、法律咨询、社会调查、专题辩论、模拟审判、疑案讨论、实习等，一般不少于 20 周。"专题辩论、疑案讨论就其内容来看，可划归理论教学。教育部文件将之作为实践教学形式，是以其与教师讲授法之不同为视角的。❶ 此种观点将"讲授"的教学方法排除在实践教学之外，是有失偏颇的。因为常见的实践教学方法包括观摩教学法、角色扮演教学法、合作教学法、督导式教学法、案件研讨教学法、课堂讲授教学法、头脑风暴教学法、讨论式教学法、录像回放式教学法。❷ 讲授方法是实践教学的组成部分，讲授与实践教学并不相悖。

2. 相对于理论教学的实践教学"环节"

"实践教学"是指直接以培养学生的实践能力为目的的教学环节。教育部《普通高等学校本科教学工作水平评估方案指标内涵说明》❸ 关于实践教学的说明中指出："实践教学与理论教学既有密切联系，又有相对独立性，它对提高创新精神与实践能力有着理论教学不可替代的特殊作用。实践教学的科目设置应符合培养目标的要求，在教学计划中应和相关课程保持协调一致。实践教学包括实验、实习、社会实践、课程设计、学年论文、毕业论文（设计）等。不同类型的实践教学环节在教学计划中的地位、顺序、时间分配等方面要符合培养目标的要求，要和相关课程相匹配。"多数文件、研究是从这个角度来进行理解的。❹ 此种观点是把"实践教学"等同于"实践教学环节"，认为实践教学环节由理论课程中的实践教学内容（如教授理论时穿插相关案例进行分析）、实践性课程（如法律诊所、毕业实习）和其他实践活动（如学生社团）三部分组成。❺ 此种观点过分扩大了实践教学的外延，将实验、毕业论文等也纳

---

❶ 杨征军、鲁玉兰："法学实践教学法探析"，载《北京市政法管理干部学院学报》2004 年第 2 期。

❷ 汪世荣主编：《有效的法学实践教育》，法律出版社 2012 年版，第 56～86 页。

❸ http：//www.sxhlxy.com/shownews.asp？id＝405.

❹ 邓建民、李芽："论法学实践教学形式的完善和更新"，载《西南民族大学学报（人文社科版）》2006 年第 10 期。

❺ 邓和军："地方综合性高校法学实践教学论纲"，载《当代教育理论与实践》2012 第 2 期。

入实践教学的范畴。

3. 相对于课堂教学的实践教学"形式"

"实践教学"是指通过一定的实践教学方法、形式（包括真实的和模拟的）培养学生的实践能力的教学方式。教育部《普通高等学校本科教学工作水平评估指标体系》将教学形式规定为课堂教学和实践教学两种。此种观点把实践教学仅仅局限于课堂外，过分缩小了实践教学的范畴。

笔者认为，实践教学作为以培养学生实践工作能力为主的一种教学模式，既是教学"环节"，又是教学"方法"，并且最终形成一种具有理论性和实践性的教学"形式"。实践教学首先是以学生自我学习为主的教学方法，其次是与理论教学紧密相关、并行不悖的教学环节，最后是同时应用于课堂内外的教学形式。

因此，实践教学具有自己独特的特征：第一，实践教学具有目的性，主要通过一系列有计划、有组织的实践活动来培养法学学科学生具体应用法律基本知识解决实际问题的能力。第二，实践教学具有教学性，应当纳入教学计划之中，在教师的精心安排和指导之下进行，是法学教育不可缺失的一部分。第三，实践教学具有主动性，必须以学生亲身参与实践为主，以教师指导为辅，在实际工作或模拟实践活动中让学生学会主动应用所学知识并结合自身能力解决问题。

二、中国法学实践教学的教学理论

近 10 年来，法学实践教学受到了人们的高度重视，通过加强实践教学来改革和完善法学教育已经成为法律实务部门、教育主管部门及法学界的共识。法学实践教育课程的开设业已成为人们的共识，人们需要抉择的恰恰是开设什么样的法学实践教育课程，而不再仅限于是否开设法学实践教育课程。❶ 因此，非常有必要从基本教学方法、基本教学理念、基本教学目标等方面来构建中国法学实践教学的基础理论。

---

❶ 汪世荣主编：《有效的法学实践教育》，法律出版社 2012 年版，序言、导言第 1 页。

（一）基本教学方法（体验性学习）

法学实践教学有着明确的教育理论的支持，即体验性学习（learning by doing）；实践教学就是采用体验式教学方法的教学活动❶，又称"在做中学""寓学于行"❷。"体验式学习法就是对于人们日常生活经历中简单现象的智力认识。在社会心理学、哲学和认识心理学原则的基础上，体验性学习法是进行毕业的、课堂内外学习的学习。"❸ 体验性学习中，学习者亲身参与现实经历，参加对于现实经历的反思和评价，在评价经历的基础上形成抽象的原理、概念和概括，并在新环境中积极地运用这些原理、概念和概括。体验性学习由美国大卫·科尔博完整提出，他构建了一个体验性学习模型，即"体验式学习圈"，提出有效的学习应从体验开始，进而发表看法，然后进行反思，再总结形成理论，最后将理论应用于实践。❹ 体验性学习方法与传统学习方法的区别如表1所示。

表1　体验性学习方法与传统学习方法的区别

传统学习方法	体验性学习方法
过去的知识	即时的感受
记忆思考	领悟认识
个人学习	团队学习
注重知识技能	注重观念态度
单一刺激	多元体验
以教师为中心	以学员为中心
标准化学习	个性化学习
理论化	实践化
强调学中做	强调做中学
间接学习	直接学习
学习的资源是教师和教材	学习的资源是参加者解决问题的过程
以接受程式化的知识为导向	以分享总结经验、解决问题为导向

---

❶ 汪世荣主编：《有效的法学实践教育》，法律出版社2012年版，第36页。

❷ 甄贞：《诊所法律教育在中国》，法律出版社2002年版，第3页。

❸ 李傲、Pamela N. Phan等编：《实践型法律人才的培养——诊所式法律教育的经验》，法律出版社2005年版，第427～428页。

❹ 李双梅："基于建构主义及人本主义理论的体验式写作研究"，载《中国校外教育》2012年第36期。

在实践教学中常采用的教学方法有提问式教学法、对话式教学法、互动式教学法、模拟教学法和个案分析教学法。这些教学法的使用使得实践教学没有唯一答案可寻。学生必须进行独立的思考，进行集体讨论。实践教学采用开放式的教学模式，采用灵活多变的教学内容，以学生为主体，教师是观察员、引导者，引导学生多角度、多层次地去思考，培养学生多维的思维方式，并且采用独特的评估方法。实践法学教育模式与传统法学教育模式的主要区别包括以下几个方面。

（1）传统法学教育模式主要是对学生灌输某种既定的知识，而实践法学教育模式则是要教会学生如何去学习和运用法律。

（2）传统法学教育模式的基础是被动式学习，而实践法学教育模式则是以主动性学习为基础。

（3）传统法学教育模式把法律分门别类进行教授，有机的法律体系和融为一体的法律实践被人为地分割为相互脱离的板块；而实践法学教育模式打破了这种人为的藩篱，使法学教育更具实战性和真实性。

（4）传统法学教育模式不可能使学生进入真实的角色境界，从而无法使学生真正体验律师应负有的社会责任和应当遵守的职业道德。而实践法学教育模式则使学生成为真实案件中的角色。

（5）传统法学教育模式是一种由上而下的灌输式模式，学生和老师的关系是不平等的；而在实践法学教育模式的课程中，老师和学生的关系是平等的。

（6）传统法学教育力图引导学生达到唯一正确的答案；而实践法学教育模式并不追求唯一正确的答案，引导学生对案件和问题中的各种可变因素进行深入具体的分析，启发学生的思路，从中找出最佳的可行方案是课程要达到的重要目的。

（7）传统法学教育要灌输的是一种既定的、凝固的知识体系；而实践法学教育模式则力图使学生学到各种法律条文以外的实际知识、能力和技巧。

（8）实践法学教育模式的课程对教师提出了更高的要求。实践法学教育非常重视反馈与评价，评价的方式包括指导老师对学生的评价、学生对学生的评价、学生的自我评价、对评价的评价等。评价和反馈可以帮助学生养成审视和反思自己的理论和行为的良好习惯，集中反馈更可以扩大学生的学习机会，是一个再学习和相互学习的过程。评价和反馈使得"体验性学习"的理念得到更好的实现。

（二）基本课程类型（法律诊所、模拟课程和校外实习）

实践教学课程是指把实践教学作为重要和首要的教学方法的课程。在法学院的实践课程中，学生会在担当法律人角色或者在对法律实务进行观察的过程中用他们的亲身体验来指导自己的学习。实践教学通过把学术探讨和实际体验相结合，使理论与实践融为一体。❶ 如，教育部《普通高等学校本科专业目录和专业介绍》规定："主要实践性教学环节包括见习、法律咨询、社会调查、专题辩论、模拟审判、疑案讨论、实习等。"关于实践教学课程，有学者认为，实践教学包括诊所式、司法实习式、法律咨询与调查、模拟法庭式等教学模式；❷ 有学者认为，实践教学包括案例教学、刑事侦查与物证技术试验、庭审观摩、模拟法庭、专业实习（毕业实习）❸；有学者提出五位一体实践性教学法，是指在法学教学过程中实施案例教学、案例分析、审判观摩、模拟审判、法律实习五种各自相对独立又有机结合的一体化的教学方法。❹

结合前述实践教学的内涵，本文认为法学实践教学（又称实践性法学教学）课程包括法律诊所课程、模拟课程以及校外实习三种类型。❺其中，法律诊所课程和模拟课程是法学实践教育最主要的两种课程模式。实际上，法学实践教学中的法律诊所课程和模拟课程之间并非泾渭分明的关系。在法律诊所中经常使用模拟手段，而在模拟中使用的可能是真实的案例。必须特别说明的是，这里与教育部文件中规定的实践教学环

---

❶ 汪世荣主编：《有效的法学实践教育》，法律出版社 2012 年版，第 37 页。

❷ 韩爱琴："美国诊所法学教育的类型与我国法学实践教学模式"，载《科技文汇》2009 年第 6 期。

❸ 赵建敏："我国法学实践教学述评"，载《合作经济与科技》2011 年 第 3 期。

❹ 章程："'五位一体'实践性教学法初探——对法学教学改革的思考"，载《清华大学教育研究》2000 年第 4 期。

❺ 汪世荣主编：《有效的法学实践教育》，法律出版社 2012 年版，第 38～43 页。

节是有差异的，并且本文所指的实践教学并不包含案例教学。❶ 在教学实践中，无论是教师还是教学管理者，都经常会将案例教学视作一种形式的实践教学，甚至认为是实践教学的全部，这是一个必须予以纠正的误区。本文所提到的两类主要实践教学课程的定义如下：

法律诊所课程，即以律师在各类诉讼业务中的流程为根据设计教学单元、进行教学活动的同时，学生在法律援助中心接待真实案件的当事人，在教师的指导和监督下进行接待、咨询和代理，为社会弱势群体提供法律援助的课程。

模拟课程，即教师提出一种与真实情况相一致的假设，或使用案例中的情节，要求学生将自己置身于某一特定角色，完成一项任务，拥有一段完成任务的经历，并从经历中反思和总结，学习法律的实际应用、法律技巧以及法律职业道德。❷ 比较典型的模拟课程包括法庭论辩、模拟调解等。

（三）基本教学理论（问题式教学）

法学实践教育的理论基础是问题式教学理论。问题式教学理论（problem-based learning，PBL），又称"问题本位学习"，即以问题为导向的教学方法，是基于现实中以学生为中心的教学方法。问题式教学法是以问题为基础，以学生为主体，以小组讨论为形式，在辅导教师的参与下，围绕某一专题或者具体案例的处理等问题进行研究的学习过程。❸

问题式教学理论就是把问题解决作为一种新的教学模式，相对于知识的获取和记忆而言，现代学习理论把"问题解决"视为知识的应用。问题式教学理论就是一种以问题驱动学习的学习理论，即在学生学习知识之前，先给他们一个问题。提出问题是为了让学生发现，在解决某个

---

❶ 王晨光："法学教育的宗旨——兼论案例教学模式和实践性法律教学模式在法学教育中的地位、作用和关系"，载《法制与社会发展》2002 年 第 6 期。

❷ 汪世荣主编：《有效的法学实践教育》，法律出版社 2012 年版，导言，第 4 页。

❸ 汪世荣主编：《有效的法学实践教育》，法律出版社 2012 年版，第 43 页。

问题之前必须学习一些新知识。❶ 问题本位学习作为一种教学策略，在学生学习知识和发展问题解决能力的过程中，为他们创设有意义的、情境化的、真实世界的情境，并为他们提供资源，给予引导和指导。问题式教学理论强调学习与问题情境的设立，要求学习围绕复杂的真实任务或问题展开，从而激发学生的高水平思维，鼓励学生的自主探究以及对学习内容和过程的反思。

法学实践教育的教学方法以学生为主体的教学理念，法律伦理教育与知识传授、技能训练的统一，凸显学生主体地位，重视经验、体验与认知开放的教学环境，使社会成为法学实践教育的大课堂，从单一课程讲授转向学生自主体验与课堂讲授相结合，从过度依赖教材转向尊重学习体验、重视教师经验。

（四）基本教学目标（职业技能）

著名法学教育家孙晓楼先生曾说过："法律教育的目的，是在培训为社会服务、为国家谋利益的法律人才，这种人才一定要有法律学问，才可以认识并且改善法律；一定要有法律常识，才可以合于时宜地运用法律；一定要有法律道德，才有资格来执行法律。"❷ 实践教学的目的是培养学生的职业道德、职业责任和职业技能，鼓励和支持学生在法律实践中学习法律，在法律实践中获得法律的创造性思维，最终造就既具备法律理论素养、社会责任感，又具备法律实践能力的复合型法律人才。其中，培养法科学生的法律职业技能包括社会认知能力、人际沟通能力和社会适应能力、应用能力和基本操作技能、创新能力。❸

1. 实践教学的理论价值

实践教学往往被误解为仅仅是技能的培训，相对于理论法学教学而言没有学术性、理论性，纯粹是小打小闹的技艺传授。然而需要强调的

---

❶ 伍劲松："PBL教学模式在法学诊所课程改革中的实践探究"，载《中国诊所法律教育10周年庆典暨诊所法律教育论坛论文集》2010年版，第116页。

❷ 孙晓楼：《法律教育》，中国政法大学出版社1997年版，第13页。

❸ 刘慧频："论法学本科实践教学目标体系的构建"，载《湖北民族学院学报（哲学社会科学版）》2010年第2期。

是，实践教学本身具有丰富和完善的理论价值。

（1）实践教学的法学教育应用理论：从单纯模式引进到教学观念引进的转变。实践教学模式，尤其是法律诊所教育模式的引进和发展，是过去10年法学教育改革的一个重要舞台，它作为一项改革举措所带来的对于中国法学教育的反思和冲击，远远超出了一个单纯模式引进的意义。国外法律诊所类型多样，覆盖面广，在引进模式过程中，法科学生需要面对中国的现状和国情。而面对乡土和乡情，我们需要重新审视的是：实践教学不仅是教学方法的引进，更是教学理念和教学内容的全面更新。

（2）实践教学的法学教育主体理论：从传统思维定势到互动主动学习的转变。实践教学是把学生放在教学的主要地位，充分发挥学生的主动性，把理论学习与亲历性的法律实践密切结合在一起，并将学生的学习变被动性的接受为主动性的实践，变学习他人经验为亲力亲为的参与式学习，变分门别类的知识传授为综合素质培养。实践教学能发挥对单纯理论教学的弥补作用，彻底抛弃应试教育，培养学生自主学习能力和主体意识，发展学生的个性需要。实践教学重视实践法学人才的培养，从根本上改变了实践性教学依附于理论教学的传统观念，形成理论教学与实践教学统筹协调的理念和氛围。

（3）实践教学的法学教育目标理论：从培养法学毕业生到塑造高素质的法律职业者。中国法学教育一直在培养"法学家"和"法律工匠"中徘徊不前，目标不明确导致其陷入"两难困境"。而实践教学直接将法学教育培养与社会需求相对接，把法学院的培养目标直接定位于"培养具有高素质的法律职业者"。根据社会及公众对法学教育的期待，法学教育应当适合国家的政治、经济发展需要，应围绕市场经济发展的需求、健全和完善民主和法制的要求、培养应用型法律人才的要求进行。法学院要在开展专业教育的同时，特别注重对学生的素质教育、职业道德和职业责任教育，培养学生的创新精神和实践能力，即培养德才兼备的"准法律人"。

（4）实践教学的法学教育规范理论：实践教学在中国的发展正面临规范化、常态化、规模化、优质化和本土化的"可持续发展"问题。实践教学的规范发展是法学教育的必然归宿，包括教学内容、方法和形式的规范化，教育机构和教育机制的规范化，教学资源的规范化。实践教学只有积极借鉴国外法律诊所教育的经验，结合中国现实规范发展，符合中国法学教育和法治发展的规律，才能培养高素质的法律人才。

2. 实践教学的应用价值

实践教学往往也被认为仅是一种教学方法，与法科学生伦理、价值的培养无关。其实，实践教学具有多样化的实际应用价值。

第一，实践教学中的法律职业伦理教育：从纯粹知识技能传授到潜移默化的法律职业道德素养。实践教学尤其是法律诊所通常与法律援助相结合，为需要法律援助的弱势群体提供法律服务，或是无偿向当事人提供帮助和服务。在此过程中，法科学生会对当事人的遭遇作深入了解而感同身受，同时也会被当事人寄予厚望。法科学生承担着通过努力改变案件的发展方向，甚至改变当事人命运的责任和压力。实际上，良好的职业道德素养甚至要比出色的法律知识技能更重要。因此，实践教学在加强法学在校生对自己未来将要扮演的社会角色的认知，培养学生的法律职业道德、职业责任心和社会正义感、使命感等方面所能起到的积极作用是不容忽视的。

第二，实践教学中的公益价值：从单纯人才培养到服务社会公益。除政府法律援助机构和律师之外，来自高校的法律援助力量，尤其是高等法科院校的学生也发挥着巨大的社会作用。正规化的法律诊所的学生在指导教师的指引下，不仅在教学中成长，而且在教学中服务社会，以其所学知识回馈社会，并且逐步热心于社会公益事业。

第三，实践教学中的综合培养，有计划、有秩序地培养学生的综合素质：从游击队到正规军。目前中国法学教育是以部门法为单位进行的教学，并且是围绕某一部门法进行理论、实践的教学，在预设框架之内传授略显枯燥、抽象的知识。学生综合素质的培养不可能仅仅由一门课程完全担负起来。实践教学课程必须与其他法律课程一起承担这一培养综合素质的任务。特别是在学生能力、技术和道德方面的培养上，实践教学起着突出的作用，引导学生学会了如何把抽象的法律条文应用到具体的实际案件之中，学会了如何像法律人那样思考和处理问题，提高了综合素质。

第四，实践教学中的社会意义，让学生能切实调研、了解、反映社会热点问题：从旁观者到践行者。法科学生可以了解中国广袤土地上正在发生的状况。实践教学的设置与运作提供给学生舞台和机会，从法科学生视角去观察社会问题，从法科学生角色去帮助弱势群体解决法律问题。

三、中国法学实践教学的教学实践

本文通过对中国部分法科院校实践教学模式的考察和分析，研究如何贯彻和实现将高等学校法科学生培养成为法律职业部门需要的具有社会主义法治理念、德才兼备、高层次的复合型、实务型法律人才的目标。

（一）实证研究的基本过程

1. 基础资料来源

本次调研的基础资料来源于三个部分：第一，通过诊所委员会秘书处的协助，以电话、邮件方式对加入诊所委员会的院校负责人进行书面调研，获取了 26 所院校的书面反馈。❶ 第二，根据教育部学位与研究生教育发展中心组织的 2012 年学科评估结果❷，重点对法学专业排名前 30 位的院校的最新四年制法学本科生培养方案进行调研，获取了二十多所院校的法学本科培养方案。❸ 第三，在中国知网（http：//

---

❶ 包括中国人民大学、中国政法大学、清华大学、北京交通大学、北京工商大学、北京林业大学、华南师范大学、吉林大学、四川大学、武汉大学、北京航空航天大学、北京理工大学、大连海事大学、外交学院、华东政法大学、西北政法大学、天津师范大学、北京物资学院、北京邮电大学、东南大学、北京师范大学、哈尔滨理工大学、厦门大学、中央民族大学、中山大学、黑龙江政法管理干部学院。

❷ http：//www. chinadegrees. cn/xwyyjsjyxx/xxsbdxz/index. shtml（中国学位与研究生教育信息网），最后访问日期：2013 年 12 月 21 日。

❸ 包括中国人民大学、北京大学、中国政法大学、武汉大学、清华大学、华东政法大学、西南政法大学、吉林大学、中南财经政法大学、上海交通大学、复旦大学、南京大学、中山大学、苏州大学、四川大学、北京师范大学、南开大学、湘潭大学、西北政法大学、华中科技大学、重庆大学。

www. cnki. net）以"实践教学"为关键字进行检索，经过整理，获得 40 篇重点介绍各校法学实践教学情况的教改论文。❶

2. 基本调研问题

笔者承担教育部高等学校法学类专业教学指导委员会委托研究项目，在本次调研中主要就以下 5 个问题分别对国内主要法科院校进行了实证研究：

（1）如何实施法学实践教学（本科），包括哪些课程、环节。

（2）开展法学实践教学（本科）的基本数据，具体包括选修学生人数、开设课程门数、教师人数等。

（3）制定法学实践教学（本科）计划，包括教学大纲、教学方法、教学团队、教学评估等。

（4）开展法学实践教学（本科）的主导机构。

（5）制定法学实践教学（本科）有关规章制度。

（二）实践教学的组织状况

1. 主导实践教学的机构模式

根据本次调研结果，各校法学实践教学的主导机构往往与法学学科在各校的地位以及学校教学机构的现状相关，呈现出法学院主导、教务部门主导、院系教务共同主导三种机构模式。

（1）法学院主导实践教学机构的模式。

在绝大多数综合类大学或者法学学科相对处于重要地位的传统专门类大学（如理工、师范、财经等）中，往往都设置有单一的法学院，实践教学工作的开展是由法学院主导；教务部门往往处于配合、协助辅助的地位，主要提供学校政策、资金支持。而在法学院系内部，又是通过教学本科指导委员会的集体决策方式进行。如，武汉大学开展实践教学工作的决策机构是法学院教学本科指导委员会，具体执行机构是法学院本科生工作办公室；在学校层面，教务部门的主管机构为本科生实践办公室；法学院负责法学教学方案的制定、执行，向学校部门备案；法学实践教学重大项目的建设由学校统筹，学院负责具体建设。

----

❶ 这些关于实践教学的教改论文多数都是各级省、市、校级教学改革项目的研究成果。

（2）教务部门主导实践教学机构的模式。

在传统政法类大学❶，由于法学专业属于优势学科，往往设立多个法学院，因此本科教学工作是由多个学院共同承担，例如，中国政法大学和华东政法大学分别由 4 所法学院、西南政法大学和西北政法大学分别由 5 所法学院合作承担法学本科教学工作。在政法类大学中，法学实践教学采用学校教务部门主导为主、各法学院为辅的模式。

（3）院系教务共同主导实践教学机构的模式。

在多数专业类学校中，由于法学专业相对处于弱势地位，以及学校并未升级为"大学"，承担法学本科教学的为"系"，因此，此类学校中的法学实践教学往往由法学院系以及学校教务部门共同主导，如北京物资学院、外交学院等。

2. 项目中心引导的实践教学

针对改革法律人才培养模式，结合高校法学院校基础和特色，在教育部以及省市各级教育部门的领导下，法学实践教学呈现出在各级项目（计划）、各类中心引导下推进的模式。

（1）卓越法律人才教育计划。

改革开放以来，我国高校法学教育改革和发展取得了显著成绩，目前我国共有 623 所高校开设法学类本科专业，本科在校生数 29 万多人。"十一五"期间，我国高校法学教育累计培养法学类专业本科毕业生 36 万多人，为国家经济社会发展提供了强有力的智力支持与人才保障。❷ 但是，我国高校法学教育的人才培养工作还存在一些亟待解决的问题，与法律实际工作的联系亟待加强，人才培养模式亟待改革，人才培养质量亟待提高。因此，2011 年 12 月 23 日教育部、中共中央政法委员会颁布了《意见》。

《意见》中规定的五项任务之一就是"强化法学实践教学环节"，具体包括："加大实践教学比重，确保法学实践环节累计学分（学时）不少

---

❶ 包括中国政法大学、西北政法大学、西南政法大学、华东政法大学。中南财经政法大学本科教学由法学院负责，因此属于第一种类型。

❷ "在卓越法律人才教育培养计划启动工作会议上的发言"，载教育部网站（http：//www.moe.gov.cn/publicfiles/business/htmlfiles/moe/s6549/list.html），最后访问日期：2013 年 12 月 22 日。

于总数的 15%。加强校内实践环节，开发法律方法课程，搞好案例教学，办好模拟法庭、法律诊所等。充分利用法律实务部门的资源条例，建设一批校外法学实践教学基地，积极开展覆盖面广、参与性高、实效性强的专业实习，切实提高学生的法律诠释能力、法律推理能力、法律论证能力以及探知法律事实的能力。"卓越法律人才教育培养计划实施周期为 10 年，分期实施，首批为 5 年（2011～2015 年）。首批基地包括 58 个应用型、复合型法律职业人才教育培养基地，23 个涉外法律人才教育培养基地，12 个西部基层法律人才教育培养基地。目前，卓越法律人才教育计划已经成为中国主要法学院校实践教学（本科）最主要的政策依据，并能为实践教学提供资金资助。

在该计划的资助下，各高校也自筹资金对计划的实施予以配套和支持，例如，吉林大学依据教育部拨款额度，每年对"卓越法律人才教育计划"各专业按照 1∶1 配套拨款；在 985 工程中设立"卓越法律人才教育计划"专项基金；加大对项目计划实践教学经费的支持力度，保证学生实习或聘请校外专家实践的资金需要。

（2）国家级实验教学示范中心。

为了进一步推动高等学校实验教学改革，促进优质教学资源整合与共享，加强学生动手能力、实践能力和创新能力的培养，提高高等教育质量，教育部于 2005 年启动了国家级实验教学示范中心建设和评审工作。经过各高校申请、专家评审，截至 2013 年 12 月 31 日，中国人民公安大学、中国政法大学、辽宁大学、华东政法大学、中南财经政法大学、湘潭大学、中山大学、西南政法大学、西北政法大学、四川警察学院 10 所学校成功被评为国家级实验教学中心。❶ 例如，中国政法大学以证据科学（教育部）重点实验室、侦查学实验中心、六大法律诊所和四大模拟法庭为主体建设了法学实验教学中心，学校先后投入 2000 多万元购置先进硬件设备，并保证每年投入 200 万元的教学运行经费，形成集教学、实验、创新、竞赛为一体的集成训练综合平台。

---

❶ 参见 http：//syzx.cers.edu.cn/（高等学校实验教学示范中心网站），最后访问日期：2013 年 12 月 31 日。

以中山大学法学实验教学中心为例，该中心于 2005 年 1 月成立，2009 年 11 月获批为国家级实验教学示范中心（建设单位），目前是华南地区第一个获批为法学国家级实验教学示范中心的建设单位。该中心依托法学院和法医系进行建设，实现了强强联合，构建了集基础理论教学、综合实验教学、创新实践教学三位一体的，融合了法学法医学知识与技能的卓越法律人才培养平台。该中心现有专兼职教师 79 人，其中专职教师 20 人，面向全校法学、法医学等 15 个专业开设了 29 门实验课程，每年承担该校 3000 余名学生的法学实验教学任务。该中心组织结构如图 1 所示。

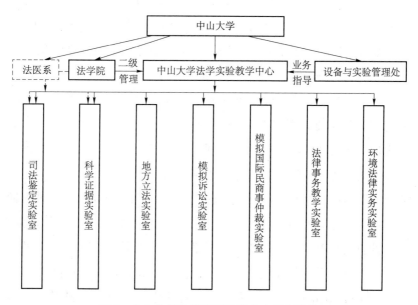

图 1   中山大学法学实验教学中心组织机构

此外，各高校还积极申请省（市）级各类教学改革项目或者计划，组织校级教学改革项目，引进各类基金项目资助（特别是法律诊所项目❶），引导法学实践教学。例如，北京航空航天大学依托中国法律援助

❶ 例如，从 2000 年起，在美国福特基金会的资助下，中国 7 所法学院开设了法律诊所教育课。除了美国福特基金会，各高校曾经以及现在还向各类基金申请项目资助，如中国法律援助基金会、亚洲基金会、美国公益法研究所、中律原咨询、美国律师协会、律师事务所设立基金等。

基金会实施的"中央专项彩票公益金法律援助项目"与诊所委员会的法律诊所教学项目的支持，面向高年级本科生和研究生实施了融公益法律服务与实践教学于一体的实践教学机制，建立了一整套完备的规章制度和教学指导方式，每年有 100 余名高年级本科生和研究生参与公益实践，覆盖了全院 75% 以上的学生，年均承办法律援助案件 150 余件，胜诉率达 90%，实现了社会服务与法学教育的双赢。

（三）实践教学的师资状况

1. 专门实践教学的师资

目前，各法学院校从事法学实践教学的教师从二级学科或者教研室归属来看，基本上都有自己的二级学科归属，如民商法、刑法、诉讼法，隶属于某教研室。对于绝大多数法学教师来说，从事实践教学属于"兼职"，是本专业之外的其他教学工作量。

根据本次调研，中国政法大学和中国人民大学设立了专门的实践教学机构，聘任了专门的实践教学教师，专门负责实践教学工作。2007年，为加强实践教学的专门性，发挥实践教学应有的作用，培养具有理论素养和实践能力的复合型人才，中国政法大学法学院设立了"实践教学教研室"，现有教师 7 人，其中教授 1 人、副教授 6 人，6 人具有博士学位。实践教学教研室以教、学、行、效为培养方式，以立德、强能、求知、践行为培养宗旨，以专职教学队伍、专业教学方式、专责教学组织、专修教学体系为培养支撑，专门承担《法律职业行为规则》、《法律诊所》、《法庭论辩》、《律师学》、《公证法学》、《法律实践基本技能》、《法律写作》、《律师实务》、《非诉讼律师实务》、《司法组织学》、《法律职业行为规则》等课程的教学工作，并且承担中国政法大学法学人才培养模式改革实验班的部分指导工作。中国政法大学自 2010 年起修订了专业技术岗位聘任方案，在高级职称聘任中设立"实践教学"岗位。中国人民大学法学院 2011 年设立了"法律实践教研室"，现有教师 2 人，均为副教授，负责法律诊所、法律谈判、法律文书和模拟法庭的教学工作。

2. 专兼结合的教师队伍

卓越法律人才教育计划中确定了实施高校与实务部门人员互聘"双

千计划"，即选派 1000 名高校法学骨干教师到实务部门挂职 1～2 年，参与法律实务工作；选派 1000 名法律实务部门具有丰富实践经验的专家到高校任教 1～2 年，承担法学专业课程教学任务。

师资队伍建设是实践教学有效实施的根本保障。各法学院系开始逐步建立专兼结合的教师队伍，完善高校与实务部门联合培养机制，特别是在实践教学方面，引入实务部门有较高理论水平和丰富实践经验的专家到高校任教。如聘请兼职教授、聘请实践基地的业务骨干作为实习指导教师等。同时，鼓励支持高校教师到法律实务部门挂职，积累实务教学经验。例如，吉林大学对在"卓越法律人才教育培养计划"中发挥重要作用的教师尤其是青年教师实施特殊的激励政策，如设立教学改革专项资金，鼓励教师进行教学内容和方法的改革，实行研究性学习，推进教学深层次改革；对科研能力和教育教学能力强但司法实践经验不足的教师，有计划地派往法院、检察院等法律实践单位参加实务训练，积累实务经验，提高实务技能，目前已经选派 5 名教师参加"双千计划"，到实务部门挂职锻炼；学校面向司法实务部门聘请高水平或具有丰富实践经验的专家，特别是具有博士学位或具有副高以上（包括副高）专业技术职称的专家，参加本科学生的专业课程教学，指导学生毕业设计、业务实习等。

（四）实践教学的培养计划

在传统的法学专业本科人才培养方案中，存在重理论轻实践的现象：

第一，在课程设计上，法学专业本科培养方案中一般将课程分为通识课、专业必修课与专业选修课。所有实践教学环节中，只有专业实习被列入了专业必修课，而模拟法庭、法律诊所等都为专业选修课。此种课程设计的最终结果是将法学教育变成了通识教育。

第二，在学分设计上，在法学专业本科培养计划学分结构中，实践教学环节的学分一般在 8～16 分，占总学分的 5%～10%[1]，这与卓越法律人才教育培养计划关于实践教学环节不少于 15% 的要求相差

---

[1] 刘蕾："法学实践教学改革与卓越法律人才培养"，载《教育评论》2013 年第 2 期。

甚远。

第三，在课程内容上，专业实习是所有法学专业人才培养方案中都包含的内容，多数法学院校设置了模拟法庭课程，部分设置了法律诊所课程，但是缺乏模拟类课程，如法庭论辩等。甚至有些院校除了专业实习外，再无其他实践教学环节。

第四，在教学实践上，几乎所有高校都把专业实习的时间安排在最后一个学年。学生一方面要面临参加统一司法考试的压力，另一方面又要面临毕业论文写作压力和就业压力，很难全身心地投入实习，这必然使得专业实习流于形式，盖章了事，没有真正起到将法学理论与法律职业衔接的作用。

例如，有学者调研指出，在四川省共有本科院校 30 所，各本科院校法学专业中，拥有法学本科专业的有 17 所院校。在这 17 所院校中，开展了刑事侦查和物证技术试验并有相应的试验室和设备的只有 5 所学校，仅占总体的 29.14%；开展了模拟法庭实践活动的有 16 所学校，占总体的 94%；而设立专门的模拟法庭并具有相应设备的院校有 13 所，占总体的 76.14%。由于投入少、组织方便，所有法学本科院校都组织了法庭观摩活动。而在毕业实习方面，由于学生人数众多，94%的院校都采取学生自己联系和学校安排实习单位相结合的方式进行。❶

由于卓越法律人才教育计划开始于 2011 年，因此本次调研获取了部分院校 2012 级、2013 级法学本科培养方案，其总学分、实践教学环节学分以及二者的比例如表 2 所示。

表 2 中国高校实践教学环节学分比重

学校	总学分	实践教学环节学分	比例（%）
中国人民大学	163	12	7.4
北京大学	140	5	3.6
中国政法大学	160	24	15.0
武汉大学	140	8	5.7

---

❶ 邓建民、李芽："论法学实践教学形式的完善和更新"，载《西南民族大学学报（人文社科版）》2006 年第 10 期。

续表

学校	总学分	实践教学环节学分	比例（%）
清华大学	162	9	5.6
华东政法大学	160	16	10.0
西南政法大学	162	22	13.6
吉林大学	200	18	9.0
中南财经政法大学	175	13	7.4
对外经济贸易大学	145	28	19.3
复旦大学	150	11	7.3
湖南大学	173	19	11.0
华中科技大学	192	36	18.8
南京大学	150	8	5.3
湘潭大学	172.5	15	8.7
浙江大学	169	14	8.3
中央民族大学	150	17	11.3
北京航空航天大学	139	19	13.7
重庆大学	168	31	18.5
河南大学	163	18	11.0

　　由表2可以看出，在实践教学环节占总学分的比重上，只有个别院校法学本科培养方案达到了卓越法律人才教育培养计划中的15%的要求，多数院校还有不小的差距。有部分院校在调整培养计划中整体减少了总学分要求，例如，北京航空航天大学本科生培养计划向完全学分制实现了平稳过渡，学分由原来的165学分降到139学分，课程由原来的纯粹中文授课增加了全英文课程，专业实践课程毕业要求最低为19学分，计4门课12学分，如表3所示。

表3　北京航空航天大学实践教学课程

课程编号	课程名称	学分	性质	学期	备注
	法律研究与法律写作	2		2	
	专业见习	3	必修	二年级暑假（小学期）	
G20D4120	专业实习	3	必修	7	

续表

课程编号	课程名称	学分	性质	学期	备注
	毕业论文（设计）	4	必修	8	
G20D3130	模拟法庭	2	选修	6	
G20D3140	法律诊所	3	选修	5～6	
G20D1210	法学名著导读	2	选修	5	
G20D3230	公法案例研习	2	选修	6	
	刑法案例研习	2		5～6	
	民法案例研习	2		5～6	
	学术交流	2		5～6	
	法律实训	1	选修	3～6	

有的学校大幅提高了实践课程的学分，例如，河北工业大学针对学生的不同阶段，设置了不同的实践课程（见表4），共计36学分。❶

表4 河北工业大学实践教学课程

课程类型	课程性质	课程名称	学分	周数	各学期周数分配							
					第一学年		第二学年		第三学年		第四学年	
实践教学环节	必修	专业感受教育	1	1	1	2	1	2	1	2	1	2
	必修	专业初级辩论赛	1	1		1						
	必修	初级社会法治调查	1	1			1					
	必修	专业高级辩论赛	2	2				2				
	必修	模拟法庭	2	2						2		
	必修	法律诊所	2	2							2	
	必修	高级社会法治调查	2	2								2
	必修	毕业实习	10	10							10	
	必修	毕业设计	15	15								15

各高校结合自身特色，提出各种法学实践教学体系。大连大学提出了建设"三阶段（法律体验、法律技能、毕业实习）、三平台（社会实践平台、校外法律诊所平台、校外实践基地平台）、四年不断线"的实践教

❶ 马兵："'全程全员'实践教学模式研究——以河北工业大学法学专业实践教学改革为视角"，载《邢台学院学报》2013年第3期。

学体系。❶ 北京师范大学创建了以司法实习为中心，以"模拟法庭实验"、"法律诊所"为主干，以其他实践课程和实践教学活动为辅助的多层级实践课程体系。❷ 沈阳师范大学将实践教学分为基本技能型、综合设计型、研究创新型实践三类。关于这三类实践项目所占的比例，本科实践教学以前两者为主，主要加强学生对理论知识的理解和训练理论应用于法律实务的基本能力；另外辅以创新型实践教学，分析和探讨现行法学理论和实践教学体系中存在的问题，培养学生的法律创新思维能力。❸ 江西农业大学提出了建设以"农"为特色的农科院校法学教学实践教学的目标。❹ 福建师范大学法学院提出了"三进互动"（"法官、检察官进课堂"、"法庭进校园"、"学生进社区"）教学模式的创新和实践。❺

（五）实践教学的课程设置

如前文所述，本次调研着重于对法律诊所和模拟课程的实证研究，而不是对全部实践教学环节展开调研。

1. 法律诊所

根据诊所委员会秘书处的统计，截至 2013 年 11 月 17 日，经过申请、考核、批准，共有 167 所法学院校（系）加入该委员会，其中 43 所还没有正式开设了法律诊所课程。目前我国一共有 632 所院校开设了法学专业，因此开设法律诊所的院校只占到目前我国开设法学专业高校的 19.6％。本文根据诊所委员会提供的信息、本次调研收到的 26 份书面回复、检索收录的 25 所高校法学本科培养方案，以及收录于中国知网的教学改革论文，现将我国法律诊所状况统计如下（见表 5）。

---

❶ 何燕侠、姜纪元等："地方性大学法学实践教学模式的改革与创新"，载《实验技术与管理》2011 年第 8 期。

❷ 夏利民："法学实践课程体系建设探索——以北京师范大学法学院的改革为例"，载《中国大学教学》2010 年第 11 期。

❸ 韩涛："法学综合实践教学模式的探索——基于沈阳师范大学法学实践教育改革案例研究"，载《理论前沿》2013 年第 3 期。

❹ 聂志平、徐媛："构建以'农'为特色的农科院校法学实践教学的若干思考"，载《江西农业大学学报（社会科学版）》，2007 年第 9 期。

❺ 林旭霞、杜力夫："论法学本科应用型法律人才的培养机制——以省属高校法学院卓越法律人才教育培养为视角"，载《中国法学教育研究》2012 年第 4 期。

表5　中国高校法律诊所课程开设状况

序号	所在院校	每学期开设诊所数量	专任教师数量	诊所类型	每学期选修诊所的学生数量
1	北京大学	4	5	民事行政、谈判、非政府组织、公益	
2	北京交通大学	3	5	劳动、消费者权益保护、婚姻家庭	30
3	北京林业大学	1	2	民事	20
4	北京农学院	1	4	农村	
5	北京师范大学	1	5	刑事	30
6	北京物资学院	1	2		
7	北京邮电大学	1	2	综合	30
8	河北沧州师范专科学院法	1	4		
9	长春理工大学	2	5	劳动法、立法	
10	大连海事大学	1	3	综合	
11	东北农业大学	2	5	民事、刑事	
12	福州大学阳光学院	1	1		
13	复旦大学	2	5	民事、刑事	
14	广东嘉应学院	1	6	综合	
15	广东商学院	1	4		
16	广西大学	2	4	刑事、综合	
17	桂林电子科技大学	1	1	综合	
18	哈尔滨工程大学	1	3	综合	
19	哈尔滨工业大学	1	2	综合	
20	哈尔滨商业大学	1	4	社区	
21	海南大学	1	6		
22	河北北方学院	1	2		
23	河北工程大学	1	3		
24	河北工业大学城市学院	1	6		

续表

序号	所在院校	每学期开设诊所数量	专任教师数量	诊所类型	每学期选修诊所的学生数量
25	河北工业大学廊坊分校	1	2	妇女权益保护	
26	河北联合大学	1	5		
27	河北政法职业学院	3	2	民事、行政、刑事	
28	黑龙江省政法管理干部学院	1	3		
29	湖南大学	1	5		
30	华北科技学院	1	1		
31	华东政法劳动法诊所	2	3	民事、刑事	
32	华南理工大学	1	6		
33	华南师范大学	1	10	综合	40
34	吉林大学	2	3	刑事、民商	
35	集美大学政	1	4		
36	兰州商学院	1	10		
37	南京大学	1	4	综合	
38	南阳理工学院	1	5		
39	宁夏司法警官职业学院	1	2	综合	
40	青海民族大学	1	5	刑事	
41	清华大学	1	2	综合	
42	中国人民大学	1	6	刑事	
43	山东财经大学	1	4	综合	
44	山东师范大学	1	6		
45	汕头大学	1	1	综合	
46	首都经济贸易大学	1	5		
47	四川大学	1	4	刑事	30
48	天津师范大学	1	5	综合	
49	外交学院	1	2	综合	20

续表

序号	所在院校	每学期开设诊所数量	专任教师数量	诊所类型	每学期选修诊所的学生数量
50	武汉大学	5	7	儿童、性别、行政、刑事、社区	50
51	五邑大学	1	10		
52	北方民族大学	1	8		
53	西北政法大学	4	14	民事、公益、农村社区、刑事	
54	西南科技大学	1	3	民事	
55	西南政法大学	1	3	社区	
56	厦门大学	1	10	综合	
57	新疆喀什师范学院	1	5	综合	
58	新疆大学	1	5	公益	
59	烟台大学	1	4		
60	扬州大学	1	14	婚姻家庭	
61	云南大学	2	2	综合、未成年人犯罪问题	
62	浙江大学	1	5	综合	
63	浙江工商大学	1	5	综合	
64	浙江师范大学	1	9		
65	东南大学	1	4	社区	25
66	中国传媒大学	1	3		
67	中国计量学院	3	3	民事、刑事、知识产权	
68	中国农业大学	1	4	农民权益保护	
69	中国青年政治学院	3	7	刑事、未成年人、消费者权益保护	
70	中国社会科学院法学研究所	1	3	综合	
71	中国政法大学	6	38	行政、知识产权、环境法、刑事、劳动法、青少年越轨	200

续表

序号	所在院校	每学期开设诊所数量	专任教师数量	诊所类型	每学期选修诊所的学生数量
72	中华女子学院	1	3		
73	中南财经政法大学	3	6	人权法、劳动法、环境法	
74	中南民族大学	1	6	少数民族和少数人权益保护	
75	中山大学	2	9	综合、环境法	
76	中央财经大学	2	4	民事、刑事	
77	中央民族大学	2	7	民事、刑事	
78	郑州大学	1	2	行政	
79	江苏警官学院	1	7		
80	河北科技大学	1	5		
81	华北电力大学	1	1		
82	甘肃政法学院	1	7		
83	北京师范大学珠海分校	1	1	综合	
84	上海政法学院	1	5		
85	重庆三峡学院	1	2	农民工维权	
86	兰州大学	1	7		
87	西南民族大学	1	7		
88	西南财经大学	1	6	综合	
89	中国矿业大学	1	2		
90	华中科技大学	1	2	综合	
91	伊犁师范学院	1	5		
92	浙江林学院天目学院	1	6	环境法	
93	黑龙江大学	2	1	民事、行政	
94	广东外语外贸大学	1	2	民事	
95	北京工商大学	1	7		
96	北京理工大学	1	3	综合	30

续表

序号	所在院校	每学期开设诊所数量	专任教师数量	诊所类型	每学期选修诊所的学生数量
97	哈尔滨理工大学	1	5		
98	江西师范大学	1	4		
99	温州大学	1	5		
100	浙江师范大学	2	10	民事、刑事	
101	内蒙古财经学院	2	2	综合、刑事	
102	华南农业大学	1	2		
103	上海交通大学	3	3	劳动、刑事、民事	
104	新疆警官高等专科学校	1	1		
105	陕西警官职业学院	1	2		
106	山东政法学院	1	2		
107	浙江农林大学	1	4		

由以上各表数据可以看出，多数高校只开设 1 个法律诊所课程，开设 2 个以上法律诊所课程的高校占到开设法律诊所课程高校的 21%，只占到开设法学专业高校的 3.6%。调研数据显示，绝大多数法律诊所的学分为 2 学分或者 3 学分，其中，中国政法大学本科生法律诊所为 90 课时、5 学分，并且可以取代专业实习；多数法律诊所设置在本科第三学年，也有个别学校允许第 2 学期开始就可以选修法律诊所课程。调研中笔者还发现，少数院校虽然将法律诊所列入教学计划，但是不能保证每学期开设，往往是一年开课一次。此外，在法学专业培养方案中，即使是传统政法类高校也没有将法律诊所列为专业必修课，只有少数院校将法律诊所列为专业必修课，如新近开设法律诊所课程的东南大学、浙江工业大学等。开设法律诊所的课程类型多集中于综合、民事、劳动、刑事四大类，法律诊所师生比也多数符合不超过 1∶10 的标准。❶ 各高校也会结合自身优

❶ 笔者建议，应当打破传统的部门法的划分，根据领域、地域、问题来设立法律诊所。参见袁钢："以问题为中心的法律诊所教学模式研究"，转引自《朝阳法律评论》（第 8 辑），总第 1360 期，浙江人民出版社 2013 年版。

势开设涉及少数民族、未成年人、公益等类型的法律诊所。

2. 模拟课程

根据调研结果，法学模拟课程的开设情况可以分为以下三类：

（1）民间性质的模拟法庭竞赛。绝大多数法学院校都组织学生参加各类模拟法庭竞赛，一般由教务部门或者团委组织，专业教师负责指导。常见的民间性质的模拟法庭竞赛有：校内模拟法庭，例如，吉林大学校内分春季赛和秋季赛，举行两次模拟法庭比赛；地区性质的院校模拟法庭竞赛，例如，北京地区自 2009 年开设每年一届的由北京市教育委员会主办的北京市大学生模拟法庭竞赛；全国性质的模拟法庭竞赛，如理律杯全国高校模拟法庭竞赛、贸仲杯国际商事仲裁辩论赛、全国大学生模拟法庭竞赛、空间法模拟法庭竞赛、红十字国际人道法模拟法庭竞赛等；国际性质的模拟法庭竞赛，如杰赛普（JESSUP）模拟法庭竞赛、国际刑事法院（ICC）模拟法庭竞赛等。一般来说，民间性质的模拟法庭竞赛不被列入法学专业培养计划。也有学校作出了灵活处理，例如，外交学院每年均组队参加 JESSUP、ICC 国际刑事法院、贸仲杯、红十字会人道法、北京市大学生等模拟法庭活动，每个竞赛设一个实践课程，计 18 课时、1 学分。

（2）列为专业选修课的模拟法庭课程。部分法学院校把模拟法庭课程列入法学本科培养方案中，并列为专业选修课，如北京师范大学、北京航空航天大学。部分院校更是从整体上来安排模拟法庭课程如中山大学（见图 2）。

（3）列为专业必修课的模拟法庭课程。少数法学院校把模拟法庭课程列为专业必修课，如华中科技大学、华中师范大学、湘潭大学、重庆大学。

（4）模拟课程。根据事先设定的事实情境，由学生依其所扮演的角色，运用相关法律规则、法律技能，解决模拟情境所涉的问题，从而达到预定教学目标的模拟教学，是法学实践教育中常见的教学方法。与以课堂讲授为主的传统课程不同，模拟课程关注学生通过亲身体验来指导自己的学习，而非单纯通过教师的讲授来获得相应的知识；关注学生从所扮演角色的身份、职责出发来分析、解决问题，而非仅从旁观或中立角度来看待问题。❶ 常见的模拟课程有法律论辩课程（也称说服性律师

---

❶　汪世荣：《有效的法学实践教育》，法律出版社 2012 年版，第 223 页。

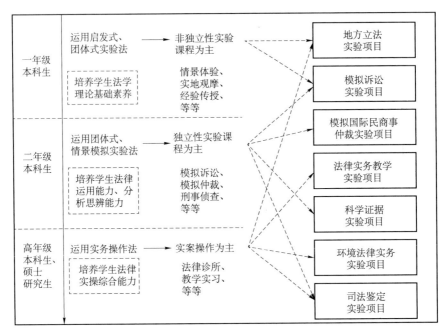

图2 中山大学实践教学课程

技能，persuasive lawyering）、法律谈判课程、法律调解课程等。❶

（六）实践教学的规章制度

完善的、有效的规章制度是开展实践教学的基础。各高校依据自身特点，并学习借鉴教学指导机构、其他院校经验，都制定了比较全面的实践教学规章制度，如武汉大学（见表6）。

表6 武汉大学法学实践教学规章制度

	表名
中心总体工作制度	武汉大学法学实验教学中心工作总则
	武汉大学法学实验教学中心主任岗位职责

---

❶ 模拟课程参见美国国际发展署资助的"法学实践教学教材编写培训项目"丛书，包括：汪世荣：《有效的法学实践教育》，法律出版社2012年版；许身健：《法律实践教学手册》，法律出版社2012年版；刘瑛：《法学传统课程中实践技能训练指南》，法律出版社2012年版。

续表

		表名
中心总体工作制度		武汉大学法学实验教学中心实验类大型精密贵重仪器设备管理暂行办法
		武汉大学法学实验教学中心大型精密贵重仪器设备效益考核暂行规定
		武汉大学法学实验教学中心器材与低值耐用品管理办法
		武汉大学法学实验教学中心仪器设备管理办法
		武汉大学法学实验教学中心用机制度
诊所法律教育实验室	法律诊所教学管理制度	武汉大学法学实验教学中心诊所教学实验室工作人员值班制度
		当事人须知
		诊所工作程序
		诊所管理制度
		诊所学生守则
	法律诊所教学运行制度	案例分析框架
		工作备忘录
		经社文案例分析框架
		评估表
		行动计划表
法庭科学实验室	实践模拟教学实施方案	法学专业模拟法庭教学实施办法
		法学专业仲裁庭教学实施方案
	实践模拟教学管理办法	武汉大学法学院法学实践模拟课程教学参考方法（模式）［参照武汉大学法学院法学专业课程教学参考方法（模式）修改］
		武汉大学法学实验（实训）教学中心模拟法庭（仲裁庭）使用及管理规定

续表

		表名
社会实践及教学实习	暑（寒）假社会实践制度	武汉大学法学院大学生暑（寒）假社会实践管理办法（总则）
		武汉大学法学院大学生寒（暑）假社会实践团队管理办法
		武汉大学法学院大学生寒（暑）假社会实践评审规则
		武汉大学法学院大学生暑（寒）假社会实践组织办法
		武汉大学法学院大学生暑（寒）假社会实践纪律条例
		武汉大学法学院大学生暑（寒）假社会实践团队队员守则
		武汉大学法学院法庭旁听活动管理办法
		武汉大学法学院个人暑（寒）假实践活动管理办法
		武汉大学法学院关于竞标暑期社会实践学院课题的办法
		武汉大学法学院暑（寒）假社会实践策划书（项目申报表）申报办法
		武汉大学法学院暑（寒）假社会实践活动成果总结申报规则
		武汉大学法学院社会实践课程基本规则
		武汉大学法学院社会实践组织实施细则
		武汉大学法学院暑期社会调查活动管理办法
		武汉大学法学院学生参与导师科研项目调研实施方案
		武汉大学法学院学生社会实践指导办法
		武汉大学法学院有关暑（寒）假实践信息发布规则
	法制宣传实践活动办法	武汉大学"4·22"世界环境保护日志愿活动管理办法
		武汉大学法学院"3·15"消费者权益保护法律咨询活动管理办法
		武汉大学法学院"12·4"全国法制宣传日高校联合宣传活动观察协调员规则
		武汉大学法学院"12·4"全国法制宣传日高校联合宣传活动细则
		武汉大学法学院"12·4"全国法制宣传日系列活动项目管理办法
		武汉大学法学院"爱心奉献"活动管理办法

续表

		表名
社会实践及 教学实习	实践成果 奖励制度	武汉大学法学院本科生学术科研表彰奖励办法
	教学实习 管理制度	本科生教学实习及实习基地管理实施方案
刑事侦查 与法医学 实验室	实验人员 管理制度	武汉大学法学实验教学中心"十一五"规划
		武汉大学法学实验教学中心工作总则
		武汉大学法学实验教学中心主任岗位职责
		武汉大学法学实验教学中心实验室主任职责
		武汉大学法学实验教学中心聘请教师管理办法
		武汉大学法学实验教学中心人员培训管理办法
		刑事侦查与法医学实验指导教师职责
		刑事侦查与法医学实验室开放实验项目一览表
		刑事侦查与法医学实验室实验技术人员职责
		刑事侦查与法医学实验室管理人员岗位职责
		刑事侦查与法医学实验室学生实验守则
	实验室运行 管理制度	关于加强法学实验教学中心实验室建设与管理的意见
		武汉大学法学实验中心实验室工作档案管理暂行办法
		武汉大学法学实验教学中心仪器设备管理办法
		武汉大学法学实验教学中心器材与低值耐用品管理办法
		武汉大学法学实验教学中心用机制度
		武汉大学法学实验教学中心实验类大型精密贵重仪器设备管理暂行办法
		武汉大学法学实验教学中心大型精密贵重仪器设备效益考核暂行规定
		刑事侦查与法医学实验室洗相室（暗室）开放管理办法
		刑事侦查与法医学实验室实验课开课程序

续表

		表名
刑事侦查与法医学实验室	实验室运行管理制度	刑事侦查学实验教学办法
		刑事侦查与法医学实验室管理办法
		刑事侦查与法医学实验室开放管理实施细则
		刑事侦查与法医学实验室器材损坏选择赔偿制度
		刑事侦查与法医学实验室痕检、文检实验室开放管理办法
		刑事侦查与法医学实验室学生参加开放实验须知
		刑事侦查与法医学实验室暗室管理制度
		刑事侦查与法医学实验室库房管理制度
		刑事侦查与法医学物证实验耗材领用制度
		刑事侦查与法医学实验室数字图像处理室开放管理办法
	实验室设备、环境与安全制度	武汉大学法学实验教学中心"三废"处理办法
		刑事侦查与法医学实验室安全管理实施细则
		刑事侦查与法医学实验室安全与环境保护暂行条例
		刑事侦查与法医学实验室安全制度
		刑事侦查与法医学实验室防火制度
		刑事侦查与法医学实验室仪器设备借用制度
		刑事侦查与法医学实验室照相器材领用制度
		刑事侦查与法医学物证实验中心实验器材采购制度
	实验设备操作规程	刑事侦查与法医学实验室三维立体显微镜操作规程
		刑事侦查与法医学实验室 XSP 型生物显微镜操作规程
		刑事侦查与法医学实验室 XZB－3 型比较显微镜操作规程
		刑事侦查与法医学实验室 XZB－4 型比较显微镜操作规程
		刑事侦查与法医学实验室体视显微镜操作规程
		刑事侦查与法医学实验室放大机操作规程
		刑事侦查与法医学实验室静电压痕仪操作规程
		刑事侦查与法医学实验室多波段光源操作规程
		刑事侦查与法医学实验室 XQA－Ⅴ型对接重影比较仪操作规程
		刑事侦查与法医学实验室静电压痕仪使用、保养规则
		刑事侦查与法医学实验室紫外翻拍仪操作规程
		刑事侦查与法医学实验室显微镜维护、保养制度

为了方便有关院系开设法律诊所课程，使现有的法律诊所课程更好地规范发展，诊所委员会特制定了《实践法律诊所课程基本规范（指南）》❶，供各法学院校和诊所课程项目参考，该规范也用于对各校开设的法律诊所课程的资助和评议。该规范（指南）由法律诊所课程开设的基本规范（指南）、法律诊所课程中的课堂教学和管理规范（指南）、法律诊所课程中的诊所运行和管理规范（指南）三部分组成。例如，最早开设法律诊所课程之一的西北政法大学就制定了较为完善的法律诊所规章制度，包括《法律诊所监督组评分细则》、《法律诊所班长工作细则》、《法律诊所监督指导制度》、《法律诊所奖惩制度》、《法律诊所日常内务管理制度》、《法律诊所财务管理制度》、《法律诊所日常值班制度》、《法律诊所接案与代理制度》、《法律诊所监督组评分细则》、《法律诊所办案表格》、《法律诊所课堂教学指引（建议稿）》、《法律诊所指导规范》等。❷

四、中国法学实践教学的教学范式

根据美国哲学家托马斯·库恩于 1962 年在其经典著作《科学革命的结构》中提出的范式概念（Paradigm），中国法学实践教学本质上也是一种理论体系。中国法学实践教学需要在吸收、借鉴英美法系法学实践教学的成功经验的基础上，结合大陆法系、中国实际，❸ 构建符合新时期要求、具有特殊的内在结构的教学范式。

（一）掌握实践教学的本质

根据本次调研对不少法律诊所教学管理者、教师的访谈，目前中国法学院系真正重视和了解法律诊所课程、掌握实践教学基本理念和方法的教学管理者、教师并不多。诚如前文所述，多数教师是在"兼职"从事实践教学工作，因此往往会出现两种错误倾向：一种是法律诊所（包

---

❶ 参见 http：//www.cliniclaw.cn/article/? 214. html（中国诊所法律教育网），最后访问日期：2013 年 12 月 21 日。

❷ 参见 http：//www.nwcliniclaw.cn/list.asp? id＝7（西北政法大学法律诊所），最后访问日期：2013 年 12 月 21 日。

❸ 关于英美法系、大陆法系法学实践教学的做法，参见董万程："加强我国法学专业实践教学的思考"，载《海南大学学报（人文社会科学版）》2010 年第 6 期。

括其他实践教学课程）附属化，把法律诊所作为部门法授课的延续，作为部门法教学申报各种教学成果的"噱头"，即把实践教学作为理论教学的附属，没有认识到实践教学与理论教学之间的良性互动关系；另一种是法律诊所案例化，即将讲授案例、学生办案、观摩庭审、模拟法庭混同为法律诊所教学。

本文从概念、外延、方法、理论等多角度、多方位来论述法学实践教学的本质，即以问题式教学为基本内容，以体验性学习为基本方法，强调理论教学与实践教学并重的理念，是"以法律职业活动为对象，以相关的知识、技能和职业责任为内容，设计并实施的课程教学"❶。法学实践教学的根本理念不再是把学生作为被动的知识传授对象，将学生的被动接受变成主动学习.这种根本性的转变，一方面要求学生转变原有被动接受者的角色，成为教学活动中的主体，学会掌握批判性思维方式；另一方面要求教师不能再继续"灌输式"、"填鸭式"的课堂讲授，而要成为教学活动中的引导者，学会鼓励学生参与教学。

传统法学教育中实践性缺乏，新时期法学人才培养的目标已经转向职业教育，法学教育亟须通过实践教学课程的开设适应教育目标的转变。这种转变的前提是必须准确掌握实践教学的实质，特别要纠正三种错误做法：第一，缺乏对法学实践教学的应有重视，只在口头上和文件上重视法学实践教学，并不落在实处。第二，法学实践教学课程化程度低，把各高校传统教学中示例教学（而不是案例教学）、缺乏督导的校外实习、课堂外的模拟法庭、外聘专家的实务传授作为实践教学，而教材、教学大纲、教师、学生、课时、学分都是法学实践课程化的必要条件。❷第三，实践教学课程中仍使用传统的开闭卷考试、论文写作等评估方式，缺乏对法学实践教学课程实效的有效评估。有效的实践教学评估应当具有多样化的评估主体，包括多类型的评估方式，如教师的自我评估、学生的自我评估、教师与学生之间的双向评估。❸

---

❶ 汪世荣主编：《有效的法学实践教育》，法律出版社 2012 年版，第 1 页。

❷ 同上书，第 19 页。

❸ 同上书，第 96～98 页。

无论采用何种模式、方法，法学实践教学都应当是以法律职业化为教学目标，以职业伦理培养为精髓。以法律职业化为教学目标，即法学教育的内容不是纯粹的理论体系或学术体系，而是探讨解决社会问题的理论体系。其法学教育不仅要教授理论知识，更要教授运用法律知识的能力和技巧。法学院培养出来的法律人才不是仅仅会理论的人才，也是能够熟练分析现实案件并提出解决方案的人才。以职业伦理培养为精髓，不应忽视或者淡化对学生职业伦理的培养，培养学生面对执业中可能遇到的各种问题，有效作出判断和慎重选择的能力；通过办理真实案件，使学生参与案件的全部过程和细节，训练其解决问题的方法和技巧；培养学生的判断力、职业道德，并深切理解法律和律师的社会角色。

（二）制订实践教学方案

从各法学院校的专业人才培养情况来看，虽然采用了各种实践教学方法，丰富了传统法学教育方法，有力地推动了法学实践教学改革的发展，但是传统的法学实践教学方法尚存在诸多弊端：第一，案例教学重展示轻运用，一方面，案例教学的内容体系没有脱离理论教学的内容体系，难以形成理论与实践的有效结合，教学方式仍然是以教师讲授为主；另一方面，案例缺乏真实性，案例的选择都是以理论上某一个知识点作为基点❶，这使得案例教学最终变成了示例教学。第二，模拟法庭教学重表演轻实战。部分高校模拟法庭，教学事先排练太过充分，将对抗性很强的模拟审判变成背诵台词表演。第三，专业实习重过程轻效果，学生毕业前的集中实习，目的是培养和提高学生的动手能力、口头表述能力、文字表达能力、社会适应能力等综合素质，但是受到准备司法考试、考研、毕业论文写作、找工作的冲击，以及实习单位仅把实习学生作为办公室勤杂人员对待，专业实习的实际效果很不理想。❷ 特别是在法学专业扩招之后，原来的大规模集中实习转变为分散实习，这就进一步加

---

❶ 唐力、刘有东："反思与改革：法学本科实践教学创新模式研究——以法律职业教育为视角的一种思考"，载《西南政法大学学报》2010年第2期。

❷ 马涛："论高校法学专业实践教学模式改革"，载《西部学刊》2013年第5期。

剧了专业实习"形式化"、"走过场"的现象。❶

在卓越法律人才教育计划的引领下，需要重新制定法学本科培养方案，实行理论教学方案与实践教学方案双轨制：增加教学实践课程的种类，提高实践教学课程的学分，延长实践教学课程的学时，以此来加强实践教学环节的比重，使教学实践课程不再仅仅局限于专业实习，而成为囊括法律诊所、模拟课程等在内的多种类的实践教学模式。关于实践教学方式的实施，可以从法律方法、辩论技巧、法律推理、实际应用等不同方面训练学生的法律职业素养与技能，改变以往忽视实践教学的状况，将实践教学理念落到实处，满足法律人才培养的国家标准，培养出真正的卓越法律人才。❷ 实践教学方案应当遵循基本的教学规律，对教师而言，具有明确的教学目标、确定的内容和具体的活动安排、时间分配；对学生而言，明白自己的角色，理解角色所要求的任务，并试图创造性地完成。此外，还要制订好明确的完成角色任务的计划和步骤，以及确定的评价标准。❸

（三）改革实践教学教材

根据教学需要，法学实践教学需要合格的教材，具体包括综合性法学实践教材和专项性法学实践教材。综合性法学实践教材包含案例教学、模拟法庭、法律咨询、法律谈判、法律辩论等内容；专项性法学实践教材针对不同的法学实践课程来编写。目前，已经出版的有关实践教学教材如表 7 所示。

表 7　中国法学实践教学教材状况

书名	著者	出版社	年份
法律诊所	许身健	中国人民大学出版社	2014

---

❶ 唐力、刘有东："反思与改革：法学本科实践教学创新模式研究——以法律职业教育为视角的一种思考"，载《西南政法大学学报》2010 年第 2 期。

❷ 刘蕾："法学实践教学改革与卓越法律人才培养"，载《教育评论》2013 年第 2 期。

❸ 汪世荣主编：《有效的法学实践教育》，法律出版社 2012 年版，导言、第 7 页。

续表

书名	著者	出版社	年份
模拟法律诊所实验教程	章武生	法律出版社	2013
法律诊所实用教程	胡雪梅	厦门大学出版社	2013
刑事诊所工作手册	诊所法律教育专业委员会	中国长安出版社	2013
美国法庭论辩制度：影像与现实	刘晓兵	中国政法大学出版社	2013
有效的法学实践教育	汪世荣	法律出版社	2012
法律实践教学手册	许身健	法律出版社	2012
法学传统课程中实践技能训练指南	刘瑛	法律出版社	2012
法学本科实践教学教程	齐喜三	郑州大学出版社	2012
模拟法庭演练	王伟	浙江大学出版社	2012
法学实践性教学与应用型法律人才培养	王崇敏、王琦	吉林大学出版社	2011
模拟法庭审判讲义及案例脚本（行政卷）	樊学勇	中国人民公安大学出版社	2011
诊所式法律教程	孙淑云、冀茂奇	中国政法大学出版社	2010
法律诊所实训教程	李傲	武汉大学出版社	2010
法律诊所教程	叶英萍	吉林大学出版社	2010
法律诊所实用教程	黄荣昌	厦门大学出版社	2010
农村法律诊所教学手册	薛少峰	法律出版社	2010
诊所法律教育教学案例	张荣丽	中国政法大学出版社	2010
诊所式法律教程	孙淑云	中国政法大学出版社	2010
法学综合案例教学	谭和平、陈文曲、皮修平	中国人民大学出版社	2010
实践性法学教育讲义	陈建民	清华大学出版社	2009
诊所法律教育的理论与实务	王立民、牟逍媛	法律出版社	2009
法学课程实训教学讲义及演练脚本	樊学勇	中国人民公安大学出版社	2009

续表

书名	著者	出版社	年份
模拟法庭庭审讲义及案例脚本（民事卷）	樊学勇	中国人民公安大学出版社	2009
诊所法律教育的理论与实务	王立民	法律出版社	2009
法律诊所实习	王英明	中国人民公安大学出版社	2008
诊所法律教育在中国	左卫民	四川大学出版社	2008
法律诊所实习	杨松、佟连发	中国人民公安大学出版社	2008
刑事法务实训	杨松、佟连发	中国人民公安大学出版社	2008
民事法务实训	杨松、佟连发	中国人民公安大学出版社	2008
行政法务实训	杨松、佟连发	中国人民公安大学出版社	2008
为当事人抗辩：法律执业技能模拟训练案例集萃	布赖恩·兰兹伯格、罗文燕	浙江工商大学出版社	2008
模拟法庭审判讲义及案例脚本（刑事卷法学课程实践教学系列教材）	樊学勇	中国人民公安大学出版社	2007
诊所式法律教育与实践性教学指导	许从年	江西高校出版社	2006
方兴未艾的中国诊所法律教育	甄贞	法律出版社	2005
实践型法律人才的培养	李傲	法律出版社	2005
诊所法律教育研究	牟逍媛、王立民	上海交通大学出版社	2004
互动教学法	李傲	法律出版社	2004
诊所法律教育研究	王立民	上海交通大学出版社	2004
法学教育与诊所式教学方法	杨欣欣	法律出版社	2002
诊所式法律教育	马海发·梅隆	法律出版社	2002
诊所法律教育在中国	甄贞	法律出版社	2002

目前，专项性实践法学教材较多，特别是法律诊所教材，但是法律诊所以外的教材数量还是比较少。本次调研中，各高校也反映，由于很多高校采用学生自愿购买教材的方式，在不重视法学实践教学的背景下，

法学实践教学的教材选用率比较低。❶ 此外，专门的模拟课程教材很少，还有待完善。实践法学教材的编写应当具有通俗性、应用性，能够适应培养卓越法律人才的需要，将实务经验、法律思维方法、解决实际问题的思路和方法等具有实践意义的内容编进教材，以增加教材的实践性和应用性。法学实践教材必须提出教学方法的改革，突出对学生职业能力和实践技能的培养，坚持理论教学为法律职业实践能力训练服务的原则，重点采取培养和提高学生日后从事法律职业所需的基本专业技能和综合职业素质的实践性教学方法。

（四）强化实践教学师资

良好的师资队伍是提高法学实践教学质量的前提条件。法学实践教学必须依赖具有丰富法律实践经验、掌握实践教学本质的指导教师的教授。从我国法学实践教学的现状来看，法学实践教学整体师资队伍状况令人担忧：第一，受到评价和考核机制的制约，从事法学实践教学的教师整体数量过少，并且是作为本职专业（部门法）教学之外的其他教学工作；第二，受到各校既有专业结构的限制，从事法学实践教学的教师整体年龄偏小，不少高校把法律文书、模拟法庭、法律谈判、法律诊所等实践性较强的课程安排给毫无法律职业经验的年轻教师，甚至是尚未掌握基本教学能力的新任教师；第三，受到教学科研重任的压力，从事法学实践教学的教师整体经验缺乏，教师难有足够的时间和精力去从事法律实践，即使从事法律兼职活动，也常常被诟病不安心本职工作；第四，受到本职工作的限制，高校聘请的校外兼职指导教师整体作用有限，实际上校外兼职指导教师受时间和精力的限制难以坚持参与法学实践教学，或者受部门之间协作机制因素的影响，在聘任上仅具有形式意义。

要想培养出高素质的优秀人才，需要建设高素质的教师队伍，培养出一批理论知识深厚、实践能力强、创新意识浓厚、了解行业发展动向

---

❶ 刘蕾："法学实践教学改革与卓越法律人才培养"，载《教育评论》2013 年第 2 期。

的高素质教师。❶ 国家卓越法律人才教育培养计划高度重视法学教育师资队伍建设，提出要努力建设一支专兼结合的法学师资队伍。因此，应该正确认识法学学科的应用性、职业性特征，确保法学实践教学师资的数量和质量。对此，应当解决的问题包括：第一，建立专职的法学实践教学队伍，将法学学科教师实践能力纳入相应的教师职业评价体系之中，不再以科研数量和质量作为主要评价标准。第二，支持和鼓励高校教师从事适量法律实务活动，以促进教师法律综合素养的全面提高。第三，推行师资双向互聘制度，高校与法律实务部门建立联合培养机制，聘请具有丰富法律职业经验并且具有相应教学能力的法律实务人士任兼职导师，积极参与并指导高校的法学实践教学活动；鼓励和支持高校法学教师到法律实务部门进行挂职锻炼，全面了解和掌握相关法律实务流程和操作技巧，丰富和提高教师的法律实务水平。

本次调研旨在发掘中国法学实践教学的普遍性和特殊性，客观上揭示中国法学实践教学的现状。更为重要的是，围绕这些普遍性和特殊性，深入研究和论证在本土化与全球化的双重冲击下，实践教学如何在教育理念、管理机制、教学体系、考核制度、教材建设、招生就业等方面进行调适与创新，从而真正走出一条既符合中国国情又体现社会主义法治理念的法律职业教育之路。中国法学实践教学正在成长，具有顽强的生命力，需要更多拥有执着的奉献精神和参与热情的教师投身于中国法学实践教学。

---

❶ 刘蕾："法学实践教学改革与卓越法律人才培养"，载《教育评论》2013 年第 2 期。

诊所法律教育本土化研究

韩桂君*

摘　要： 我国社会和法学教育、受教育群体仍与诊所法律教育实质要求存在较大差异。诊所法律教育本土化的标志因素包括政府各级高等教育主管部门的肯认和支持，大学及其法学院切实落实支持诊所法律教育发展的政策和措施，诊所教师与非诊所教师的地位和待遇基本平等，学生能够便利的获得诊所法律教育机会。本文还分享了中南财经政法大学的劳动法律诊所的经验。

关键词： 法学教育　诊所法律教育　本土化

美国创立的诊所法律教育在 2000 年引入我国，对其如何本土化以及如何在我国法学教育中发挥作用，很多有识之士已经进行了深入的思考并作出了独特的贡献。在此，本文结合笔者的劳动法诊所课堂的教学和思考，提供和分享个人的浅见，以供批评和指正。

一、对美国诊所法律教育的理解

20 世纪 60 年代，在美国，为了弥补案例教学法的不足，创立了临床教学的诊所法律教育模式。这种模式具有内生性，能适应其本国社会、法学教育以及受教育群体。美国社会是一个开放社会，每一个人只要愿意，都能发挥主动性组织和创造，因此个体的主动性很强。其法律体系属于普通法系，虽有成文法，但是处理一个具体的案件必须遵循先例，其判决说理非常复杂且要求对法律规定和先例的掌握非常透彻。法学教

---

　* 韩桂君，河南南阳人，中南财经政法大学副教授，法学博士，美国太平洋大学 LLM，美国亚利桑那州立大学访问学者，中国法学会社会法学研究会理事，中国法学会法学教育研究会诊所法律教育专业委员会（CCCLE）常委。

育属于研究生教育，受教育群体自身的目的性很强且主要将从事律师作为将来的职业方向。

美国诊所式法律教育就是培养法学院的学生像律师那样思考，并且通过处理真实的案件，在教师和学生都无法掌控案件的情况下，让学生创造性地独立完成一个纠纷解决过程。在此解决过程中，学生组成小组，形成一个团队，分析案情，调查取证，进行法律研究，探讨诉讼策略，并反思每一步骤中的法律理论和法律职业技能的运用及成败经验。在学生遇到问题时，有法律职业技能的诊所课堂教师以启发式教学方法引导学生发现答案，而不是直接告诉学生解决问题的方法。启发式教学方法也就是苏格拉底式教学方法。在诊所法律教育方法创立之前，这是美国法学院的案例教学法中的主要教学方法。不同的是，案例教学法中的素材是过去各级法院的生效判决书，而诊所法律教育中的素材是一个全新的有待处理的案件。前者是对确定文本进行分析和讨论，理解其中的案件事实、法律规则、推理过程和判决结论；后者是针对不确定的案件，通过接待当事人、咨询解答、调查取证、法律分析、诉讼理由的选择和法院的选择以及辩护的策略和技巧的选择作出有利于当事人的决定，较为复杂和困难，且若行动不慎会影响当事人权益的实现。

美国法学院对诊所课堂有专门的支持经费，作为选修课供学生自主选择，学生只要愿意，都有机会获得这种训练机会。诊所课堂一般不超过 10 个学生，由 2 个或 3 个教师指导，教师具有多年的律师、法官或者检察官的工作经历，法律实务经验非常丰富，教学计划和教学思路相对较为成熟。

二、对诊所法律教育本土化的理解

鉴于上述对美国诊所法律教育的理解，结合我国社会和法学教育、受教育群体的不同，诊所法律教育引入我国必然需要一个本土化的过程。在这个过程中，必然要面临一些问题。例如，我国法学教育是否需要诊所法律教育？我国法学院教师和学生是否愿意接受诊所式法律教育？我国各大学的法学院是否愿意并积极引入法律诊所教育？我国教育行政部门是否大力支持和肯定诊所法律教育？诊所法律教育完成本土化的标志是什么？引入诊所法律教育 10 年庆典于 2010 年 6 月 19～20 日在北京中国政法大学隆重召开，庆祝诊所法律教育取得了令人瞩目的成果。然而通过与诊所教师的交流发现，诊所法律教育在我国仍然是极其边缘化的，其能否生根、发芽并长成参天大树，仍然有疑问。从 2003 年接触、了解和从事诊所法律教育以来，笔者就真心喜爱这种教学方式，虽然不断思考其本土化的问题，却尚不能得出令人乐观的结论。

（一）我国社会和法学教育、受教育群体的特点

我国社会经过 30 多年的改革开放，逐步从封闭社会向开放社会转型，个人被束缚和管制逐步转向解放、自由和自治，但公共领域的主动性仍然缺乏，在人文社会科学领域的创造性贡献非常不足。我国的法学教育属于本科教育，在法系上属于大陆法系，教学内容以基本法律概念、法律制度和法律理论为主，辅以社会实例或者案例来说明概念、制度和理论，并提出法律研究的热点问题；教学方法上主要是课堂系统讲授法，辅以法院开庭旁听、模拟法庭、社会实践和毕业前实习等方式训练法律职业技能。

我国法学院受教育群体包括本科生、硕士研究生和博士研究生三个层次，在硕士研究生中又包括法学硕士和法律硕士，相较于美国法学院的学生来讲在学生构成上较为多元化，在教育目标上呈现多面向，也就是学生毕业后的就业选择不一而足，包括政府部门、法院、检察院、公安局、司法局、律师事务所、各类企事业单位等，在法学教育中不是以单纯培养律师为目标。具体到学生来说，他们有自我培养成才的渴望，但是在主动性上和创造性上有一定的不足，依赖性强。

在我国法学院本科课程设置上，各学校都按照国家教育部门的要求设置课程，在大学一年级一般只学习宪法和法学基础理论两门法学课程。对于法科学生来讲，一年级很轻松，二三年级很累，非专业主干课在四年级开设。劳动法和诊所法律课堂都是在第 7 个学期开设，劳动法诊所课堂面临学生劳动法基础准备不足的困境。

我国司法审判制度中，律师的作用也不如美国司法体制中律师的作

用重大。相应地，对律师职业技能的培养要求不太高。学生在毕业时一门心思要找到一个理想的工作，而法学院的学生很多只是把律师作为找不到其他工作时的一种选择。

面对这样的社会差异，诊所法律教育在我国的本土化是一个艰难的过程。

（二）诊所法律教育本土化的内涵

诊所法律教育本土化命题建立在我国法学教育需要诊所法律教育方法的前提下，也就是说，诊所法律教育的精髓是能够弥补我国传统法学教育的不足的。这就回答了前面"我国法学教育是否需要诊所法律教育方法"的问题。2000年引进这种教育方法，形成诊所法律教育专业委员会，并已吸纳180多个法学院为会员单位的事实，也证明了该判断。接下来的问题就是从三个方面的主体来分析本土化的路径和标志。

1. 我国法学院教授和学生对诊所法律教育的认同度

这是诊所法律教育本土化的微观层面，即从事传统课堂的法学院教授是否对诊所法律教育感兴趣，是否愿意花费时间和精力来掌握诊所法律教育方法，开设诊所课堂，组织和指导高年级的法科学生在处理真实案件的基础上让学生掌握法律概念、制度和理论，并关心社会，扶助弱者。法学院的教授中有一部分愿意接受并从事诊所法律教育，但从事诊所法律教育的教授队伍极其不稳定，没有从事诊所法律教育的教授对诊所法律教育也并不宽容或者乐观其成。因此，从教授角度来看，现状不容乐观，除非有强大的来自官方和校方在政策上的肯定和支持。从学生方面来看，各个学校的学生都有参加诊所课堂的高度积极性，表明诊所课堂有巨大的需求。

2. 我国大学及其法学院对诊所法律教育的认同度

这是诊所法律教育本土化的中观层面。法学院全程培养方案都是各个法学院所有学科和教学资源整合的结果，在专业主干课、限选课和任选课的学分和课时的分配上，能够明显看出一个课程的受重视程度。开设法学专业的大学对诊所法律教育的重视和支持也是考察诊所法律教育本土化的重要指标。

从总体来看，除少数大学（如中国政法大学）是以实践教学为龙头，涵盖诊所法律教育方法的模式，对诊所法律教育给予较为强大的政策支持，在课程经费、课时分配、教师待遇和晋升等方面提供有吸引力的政策外，大多数的大学及其法学院对诊所法律教育的态度不足以完成其本土化的任务。

3. 我国高等教育部门及其相关机构的认同

这是诊所法律教育本土化的宏观层面。我国主管高等教育的部门是国家教育部及其下设的高等教育指导委员会。目前教育部较为重视实践教学或者说实验教学。从 2008 年到 2010 年，短短 3 年间批准了 10 个法学实验教学示范中心。这些中心都在建设中，建设期为 3 年，第一批法学实验教学示范中心（2008 年批准建设）在 2010 年下半年接受了教育部验收。

上述实例说明，我国高等教育主管部门比较认同"法学实验教学"这样的名称。在此之前，也使用过"法学实践教学"的名称。到目前为止，没有任何一个高等教育主管部门或者机构正式使用过"诊所法律教育"的名称。结合我国任何事业的发展都离不开政府主管机构的强力推动和支持的经验或者规律来看，没有政府的充分肯认和政策支持的事情，最终都会烟消云散。因此，诊所法律教育的本土化前途未卜。

（三）诊所法律教育完成本土化的标志因素

综合前面的分析，诊所法律教育本土化的标志因素有以下方面。

1. 政府各级高等教育主管部门的肯定和支持

首先，从名称上认同并接受诊所法律教育方法。其次，在经费上支持诊所法律教育项目的开展。第三，在对教师的评价体系和晋升体系上，将诊所法律教育作为一种评价指标。第四，将法律诊所课堂放在与其他课堂同等重要的位置，在课时和学分上给予保障。

2. 大学及其法学院切实落实支持诊所法律教育发展的政策和措施

诊所法律教育需要一个类似于实体律师事务所的机构作为平台。实施诊所法律教育的大学必须提供这样的平台或者与社会实体合作获得这样一个平台，需要有办公场所且配备专职工作人员和各项办公设施、图书资料等。在教师职称晋升上，承认诊所教师的特殊教学方式和贡献。

3. 诊所教师与非诊所教师的地位和待遇基本平等

当诊所法律教育本土化完成时，法学院不从事诊所法律教育的教师不对诊所教师存在偏见或者歧视。

4. 学生能够便利地获得诊所法律教育机会

目前，诊所法律教育课堂供不应求。开设诊所课堂的教师少，课堂能够容纳的学生人数有限，很多学生无法获得诊所法律教育机会。诊所法律教育的本土化实现后，只要是愿意接受诊所课堂训练的学生，都有机会在不同的学期进入诊所课堂。

诊所法律教育尚未达到上述本土化标志。中央财经政法大学法学院将诊所课堂设为选修课，要求人数至少30人，34个课时，2学分；学校对于课堂外指导学生办案和其他开支没有经费支持；有一个法律援助中心作为获取真实案件的实体平台，只能满足一个诊所课堂学生使用；没有专职工作人员，诊所教师的工作量过大、超负荷；开设多个诊所时，诊所教师必须与校外的律师事务所或者法院、检察院合作进行，由于没有学校经费支持，难度较大。

三、劳动法诊所课堂经验分享

（一）劳动法诊所课堂的教学目标

利用诊所式教学方法实现下列教学目标：

（1）让学生掌握劳动法律法规。

（2）培养学生主动性学习和思考能力，并掌握劳动纠纷的基本处理程序。

（3）在处理案件的过程中，初步培养和锻炼学生的律师职业技能，包括接待当事人的技巧、咨询解答的技巧、查找法律的技巧、证据调查的技巧、法律文书写作能力、调解的技巧和能力、法庭论辩的技巧和能力。

（4）在为社会贫困人口提供法律服务的过程中，培养学生的社会责任感和公益心。

（二）劳动法诊所课堂的组成部分

（1）在规定的教室进行课堂模拟训练；

（2）在法律援助中心获得当事人；

（3）个案指导环节；

（4）各项技能的实际体验和反馈、分享和反思性学习。

（三）主要采用的诊所教学方法

1. 苏格拉底式教学法

无论是理论学习还是对法律法规的研讨、对案件的分析等教学活动，都大量采用苏格拉底式教学法，通过启发式提问，促使学生思考并作出解答。这种教学方法要求学生在与教授面谈前必须做充分的准备工作，包括资料文献的前期阅读和思考一个真实案件所涉及的法律问题等。没有学生面谈前的学习、思考、阅读和分析等准备工作，是不可能进行苏格拉底式教学的。

2. 小组讨论

在劳动法诊所课堂上，一般将学生分为5人一组，形成一个学习团队，在课堂模拟训练时，可以分别扮演不同的角色进行演练；在处理具体案件时，小组一起讨论法律问题、证据问题和纠纷解决的策略问题。这有利于实现教学素材的共享和团队合作能力的培养，也能够培养学生开放的心态和接受不同意见的胸怀。例如，一个没有执业资格的从农村来的木工经职业介绍机构介绍，到一个家具厂工作，刨木板时，小手指被切掉第一指节，鉴定为10级伤残。家具厂老板支付了所有的治疗费后，不愿意支付伤残赔偿，理由是老板知道他没有木工资格后就辞退了他，只是该木工还坚持上班才导致了伤害。该木工多次讨要，不仅得不到补偿，还被威胁生命。该木工来到我校诊所学生值班的法律援助中心，在事实和法律都清楚的情况下，接待该当事人的学生们在小组讨论时，对关于实现伤残赔偿的方案有争执：两个同学认为老板很凶恶，有威胁当事人的行为，拒不支付赔偿，应依法申请仲裁，仲裁不合理的再提起诉讼，诊所学生也因此有了仲裁的经验和诉讼出庭的实际体验；另有两个同学主张调解，认为调解成本较低，调解协议执行效果较好；还有一个同学认为为了防范风险，建议当事人请求湖北省的法律援助，因为政府法律援助也不会增加当事人的费用负担，诊所学生也可避免承担与不良老板打交道的风险。

在上述讨论过程中，学生们主动思考，理性交流和分析，根据各自的经验和对社会、法律问题的认知提出不同的见解，并能够有理有据地表达，宽容平和地对待不同的意见，最后通过表决程序作出行动方案的选择，这能使能力和修养得到非常好的训练。学生们在获得更多信息的同时，也能掌握其他纠纷解决技巧和法律运用能力。

3. 录像后学生自评

对于一些关键环节，如调解、法律分析、开庭前的模拟法庭论辩等环节，用摄像机拍摄下来，供学生观看后自我评估，发现自我表现好的方面，反思其中不足的地方，以便自我提高、自我纠错，效果较好。这种方法相比于教师的批评更能让学生接受。

4. 开庭前的模拟演练

对于任何一个劳动争议案件，在开庭前，我们至少要让同组学生分别扮演原告和被告，进行庭审的模拟训练，训练基本的法庭礼仪、着装效果以及口头表达清晰、逻辑思维连贯和即席反驳的论辩技巧，使将来出庭的同学发现不足，预想可能在法庭上遭遇到对方的抗辩事由，以便进一步补充论辩素材和获得语言上的改进。

5. 案件处理程序中实际体验的反馈分享法

由于只能选派两个同学参与调解或者出庭，其他同学则需要从旁听或者出庭同学的真实反馈中分享一些出庭经验和质证、论辩技巧。因此，当调解结束或者开庭结束后，组织全体诊所学生参加，由参与调解的同学或者出庭的同学介绍他们的经验和教训、对开庭的体验、对法官的观感、对案件前期准备的反思等，然后其他同学围绕调解和开庭提出感兴趣的问题，参与案件处理的同学进行回答和分享。

6. 同学点评和教师点评法

在任何一次诊所课堂上，最后留下 10 分钟，就本次课堂活动，由每一个同学进行点评。最后，教师点评本次课堂效果。教师点评时要注意两个方面：第一，指出具体表现好的地方，不超过三点；第二，指出具体有待改进的地方，不超过两点。这有利于学生重点反思，并且不会挫伤学生的积极性和自尊。

诊所法律教育的教学方法还有很多，其他书籍和论文中也都有详细阐述，每个诊所教师可以根据自己课堂学生的特点和课堂进行的具体情况灵活运用，只要能达到课堂教学效果就好。

（四）笔者的劳动法诊所课堂体现诊所法律教育本土化的表现

笔者对诊所法律教育方法的运用属于诊所法律教育的微观本土化。这里从笔者对诊所法律教育精髓的理解和课堂教学的需要来作一简述。

（1）课堂人数远远超过美国标准，多达 30 人。

（2）课堂教学内容不限于律师职业技能，而是涵盖了劳动法理论的学习。

（3）在诊所教学方法的选用上，有较大的灵活度。在时间紧的情况下，启发式的问答会直入主题，有时学生实在无法通过启发式问题发现答案时，最后还是直接告诉他们答案。

（4）引入资深法官进行必要的法庭活动指导。

（5）有针对性地要求学生整理和学习劳动合同、工伤、社会保险和工资、工时方面的法律法规以及典型案例，分专题进行归类和研讨，在短期内完成处理实际案件的知识储备。

（6）笔者对诊所法律教育方法的喜爱和坚持，导致了个人在时间、精力和晋升方面的付出与牺牲。这不具有可复制性。

诊所法律教育的微观本土化的可持续性，若无强有力的制度性支撑，则难以为继。个体的力量毕竟是有限的，个人的牺牲热情也是不可长久的。诊所法律教育的本土化还有很长的路要走。所幸的是，我们已经在路上。

诊所法律教育可持续发展背景下的机制建设

刘　莉[*]

摘　要： 诊所法律教育经过了 10 多年发展历程，已进入稳定成熟的发展阶段，可持续发展是该阶段的重要内容，包括法律诊所教育的持续性、科学性、稳定性，科学构建诊所法律教育的自我发展机制和自我约束机制是诊所法律教育可持续发展的重要保障。

关键词： 诊所法律教育　发展机制　可持续发展

诊所法律教育在中国经历了 10 多年风雨历程后，已逐渐成熟、壮大，推进诊所法律教育的可持续发展是我们必须面临和思考的重要课题，而诊所法律教育的机制建设将是未来诊所法律教育科学、稳定发展的重要条件之一。

一、诊所法律教育可持续发展的内涵

2009 年 5 月 15 日中国诊所法律教育专业委员会王晨光主任在加拿大使馆圆桌会议上演讲时提到了诊所法律教育课程的持续发展问题。他针对诊所课程，在微观层面就如何使诊所课程进入法学院的课程菜单并吸引学生选课、如何鼓励教师坚持授课并提高他们的教学能力等方面提出了困扰诊所教育的具体问题。2009 年诊所教育论坛暨年会提到的两大主题，即诊所法律教育在中国——十年回顾与展望及法学教育的必要环节——法律诊所课程的深化与改革也是对诊所在未来获得可持续发展的探讨。如何推进法律诊所教育的可持续发展早已引起了诊所法律教育者

　＊　刘莉，江苏警官学院法律系讲师，法学硕士，主要从事法理学、婚姻法、法律诊所教学研究。该部分内容主要参见诊所法律教育网站提供的资料（http：// www. cliniclaw. cn/）。

的关注。笔者认为，诊所法律教育可持续发展应该包括三个基本方面。

（一）持续性

教育的发展应面向未来，各级各类教育都应当有长远的发展规划和可持续的发展目标，并应当将之纳入整个教育发展战略和终身教育体系之中。❶ 诊所法律教育应该成为中国法学教育的一部分，并且是必不可少的部分，只有进入法学教育的体系中，诊所法律教育才能够获得持续的发展；不仅如此，诊所法律教育以学生为主体、以学生为核心的教育理念应该成为其持续发展的精髓和生存之本。诊所传授给学生的知识应具有可持续利用的价值，应重在培养学生的分析能力、创新能力、自我教育能力、自我管理能力和适应未来社会的能力，"为学生终身发展奠基"。诊所法律教育长远的育人理念使我们为社会输送的人才具有较高的品格，可以经受社会的考验，这是持续性的根本所在。

（二）科学性

课程的科学性是该课程得以持续发展的重要前提和保障，科学性体现为"是否符合客观实际，是否反映出事物的本质和内在规律"❷。诊所教育课程设置和教学方法都应该以科学性为指导，课程设置方面一定要符合客观实际，结合各院校的具体特点设置；教学方法要符合教育的规律，尽管诊所教学方法已很丰富，但在方法使用上应该符合具体教学规律，同时诊所教学方法的理论研究应拓展领域，加强对其他研究领域的借鉴。科学性是诊所法律教育可持续发展的保障。诊所法律教育的基础本身就具有科学性，因为诊所学生不仅具有认识知识的能力和实践知识的要求，而且需要通过诊所法律教育来认识法律的现实性、不确定性和变动性。❸ 以科学性的基础为起点，在诊所教育的动态发展中逐步构建科学的体系，这是诊所法律教育可持续发展的保障。

---

❶ 马佳宏："教育可持续发展的内涵与对策"，载《教育导刊》2001 年 4 月号第 7 期。

❷ 参见百度百科，http://baike.baidu.com/view/2950435.htm.

❸ 王立民、牟逍媛主编：《诊所法律教育的理论与实务》，法律出版社 2009 年版，第 15、19、33 页。

（三）稳定性

诊所法律教育在我国 10 多年的发展历程中，受到的最大困扰就是稳定性。经费投入的不稳定、案源的不稳定、教师的不稳定等已成为许多院校法律诊所发展的瓶颈。"经费投入的非常规化制约了诊所法律教育的稳定持续发展；体系性地被边缘化制约了诊所法律教育的推广和普及。"❶ 目前，稳定性已成为诊所法律教育的"显性"问题摆在我们面前，在诊所教育未来发展中，我们应该积极探索诊所教育稳定性的途径与策略，同时也应该加强宏观方面的研究。

探求诊所法律教育的可持续发展，需要稳定的机制作为保障，机制的完善是诊所法律教育的助推器。

二、机制研究对诊所法律教育可持续发展的意义

"机制"一词最早源于希腊文，原指机器的构造和动作原理。该词最先被生物学和医学领域使用；接着人们将"机制"一词引入经济学的研究，用"经济机制"一词来表示一定经济机体内各构成要素之间相互联系和作用的关系及其功能；再后来该词被进一步推广至社会各领域，表现为"一个工作系统的组织或部分之间相互作用的过程和方式"❷。

相对于法学教育，诊所法律教育是一个微观的教育系统，有其内在的组织结构，各组织结构部分相互作用的过程和方式可以被理解为诊所法律教育的机制。因此，诊所法律教育机制是一个动态的系统，以法律诊所为组织单位，以教师与学生为运行主体，在各种支持系统的支撑下发挥着作用，创造着价值。

诊所法律教育自 2000 年引入我国，经历了引入阶段、初步发展阶段、深入发展阶段。❸ 国内开设诊所课程的学校越来越多，对诊所研究

---

❶ 黄伟明："论诊所教育的可持续发展"，转引自《2009 年诊所教育论坛暨年会论文集》，第 35～36 页。

❷ 参见百度百科，http：//baike. baidu. com/view/79349. htm。

❸ 王立民、牟逍媛主编：《诊所法律教育的理论与实务》，法律出版社 2009 年版，第 15、19、33 页。

的理论越来越丰富，这些努力都促进了诊所法律教育更加规范化和科学化；但我们缺少对诊所宏观方面的研究，包括环境、内部机制、体系以及与其他领域的合作等。诊所教育发展的宏观因素可以为诊所法律教育的发展提供一个可预测的前景平台，对这些问题的研究有利于诊所法律教育的系统化。

机制的构建就是规范化的过程，一个成熟的系统总是需要一个成熟机制的支持，对诊所教育机制组成进行分析并进行科学合理的构建有利于诊所法律教育的规范化和科学化。

三、诊所法律教育机制研究的理论体系

在任何一个系统中，机制都起着基础性的、根本的作用。在理想状态下，有了良好的机制，甚至可以使一个社会系统接近于一个自适应系统——在外部条件发生不确定变化时，能自动地迅速作出反应，调整原定的策略和措施，实现优化目标。正常的生物机体（如人体）就具有这种机制和能力。诊所法律教育在高等教育的大系统中属于微观系统、隶属于实践教学下面的三级子系统，显然，诊所法律教育作为复杂的社会系统中的一个组织，我们不可能构建出一种机制，使它完全成为一个不需要管理者干预的自适应系统，但在设计法律诊所的发展规划时，应该把机制的构建作为重点来把握，这有助于法律诊所管理的科学和高效，以及增强诊所教学的针对性和适用性，从而促进诊所法律教育的可持续发展。

构建科学合理的诊所运行机制，重要的是做好两个方面的工作：一是诊所法律教育内部机制的构建；二是诊所法律教育外部环境的建设。

(一)诊所法律教育内部机制组成

一个成熟的诊所法律教育机制犹如一辆在公路上奔跑的性能良好的汽车。诊所教育的内部运行机制可以分解为两大机制：一是自我发展机制，二是自我约束机制。自我发展机制犹如汽车的动力系统，包括发动机、燃料供应与储备等；自我约束机制犹如汽车的控制系统，包括方向盘、刹车、主（被）动安全系统、报警装置等。笔者认为，诊所法律教

育的自我发展机制可以由模式选择、制度建设、管理机制、投入机制、激励机制五部分组成，约束机制由评估机制、监督机制、风险机制组成，具体如图1所示。

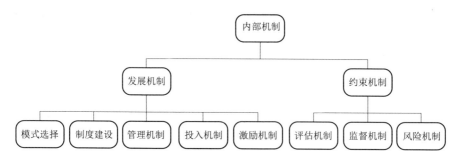

图1　诊所法律教育的内部机制组成图

（二）法律诊所教育外部环境因素

诊所教育能否安全平稳地发展，除内部机制的性能外，还要考虑外部环境因素，包括法学高等教育的改革方向、社会的需求、司法环境等。

四、诊所法律教育内部机制的构建

（一）诊所法律教育自我发展机制的建立

1. 模式选择

（1）法律诊所的模式。

多元化、特色化的发展模式是我国诊所法律教育的生存根本。经验显示，把受美国影响的课程安排直接移植到中国课堂的环境之下常常被证明是灾难性的。课程设置是诊所法律教育的一个核心问题，体现了诊所法律教育的目标定位和模式选择，涉及整个诊所法律教育的具体进程。❶ 对于所有开设诊所课程的院校，诊所课程的选择不仅要考虑法学课程的教学内容，还要考虑院校特色和优势以及诊所教师的专长，只有这样才能开出属于自己的诊所课程，并且在以后较为轻松地驾驭和开展课程。例如，清华大学最初的法律诊所是与北京市海淀区消费者权益保

---

❶ 甄贞主编：《诊所法律教育在中国》，法律出版社2002年版，第11页。

护协会共同设立的"调解诊所";北京大学在法律诊所案件类型中加入了社区服务的项目,较为重视对妇女权益的研究;西南政法大学的法律诊所提出了"服务西部,送法下乡"的口号;武汉大学在原有"社会弱者权利保护中心"的基础上组建了诊所;中山大学则充分利用广东外来工集中的优势,开设了以劳动法为主的诊所,为以外来工为主的弱势群体提供免费的法律服务。❶ 可见,中国诊所在"本土化"的过程中已经不自觉地受地理位置、教师专长、教学目标等因素影响而选择了适合自己的发展模式。

(2)课程设置的模式。

在各具特色的法律诊所模式中,诊所教学内容无疑是多样化的,然而对于是否有相关理论或者原则指导诊所教学内容的开展这一问题,例如,对于某种类型的诊所是否需要该领域相关知识的前置,如少年刑事诊所是否有必要开设青少年犯罪心理的讲座、婚姻家庭诊所是否应加入心理疏导的内容等,鉴于中国法学院的学生与美国不同——没有对其他学科知识的储备而直接从高中进入大学学习法律这一实际情况,笔者建议在各种类型的诊所课程教学大纲中应该为相关学科知识保留适当的位置。

2. 制度建设

制度是维持诊所运作、保障诊所教学的依据。其广义上应该包括与诊所法律教育有关的外部制度和内部制度。

(1)外部制度。

诊所法律教育是一种域外引进的全新法律教育模式,在许多方面缺少现有制度的认同,如法律援助制度、传统法学教育制度、学生管理制度等,中国诊所师生的积极探索已经为诊所法律教育的制度化建设积累了必要的经验和奠定了有益的基础,但诊所法律教育的制度化建设仅仅靠这种自下而上的推动是不够的。该项目应当立足于自下而上和自上而下的双向互动。我国政府、教育主管部门应当正式立项对诊所法律教育

---

❶ 罗剑雯:"诊所式法律教育之功能分析",转引自刘星主编:《中山大学法律评论》(第5卷),法律出版社2005年版,第221页。

进行考察、评估和论证，并会同大学和法学院领导层对诊所法律教育项目在制度建设上给予大力支持。因此，笔者建议教育部会同高校、法学院确定该项目在法学教育课程体系中的地位，并设立专项经费，制度化地解决诊所课程的设置、诊所教师的培养、诊所与有关机构的合作、诊所学生的办案费用、诊所行政管理和运作费用等项目建设问题。❶

（2）内部制度。

从诊所管理的角度而言，诊所的内部制度应该包括值班制度、办公用品使用与维护制度、档案管理制度、案件管理制度等。在国外，几乎所有的法律诊所都有诊所手册。手册由教师制定，学期开始发给学生。手册一般由四部分组成：第一部分是诊所简介，第二部分是诊所内部规章制度，第三部分是诊所实践教学中使用的表格式样及说明，第四部分是注意事项和附则。❷ 目前我国大部分诊所没有建立完善的内部制度，或者制度没有针对性，直接借鉴其他诊所的制度；或者制度虚置，教师、学生对制度并不了解，也不遵守。诊所手册的方式是诊所师生了解诊所内部制度的较好选择。

3. 管理机制

科学、规范的管理是诊所法律教育可持续发展的保障。诊所法律援助要获得可持续发展，对诊所的管理应该进一步规范化。

（1）加强诊所法律教育专业委员会的监督管理。诊所法律教育专业委员会仅仅定位为"学术交流机构"是不够的。鉴于诊所法律教育在中国发展迅猛，法律诊所数量剧增，因此需要专业指导和监督管理部门，否则快速增长的数量难免会导致诊所质量的参差不齐，随之而来的是社会评价的降低。尚处于新生事物阶段的诊所法律教育还没有得到社会的完全接受，负面评价过多对诊所法律教育的发展无疑是致命的打击。诊所法律教育专业委员会应当对全国法律诊所资质进行实地或书面的考察，

---

❶ 蔡彦敏："诊所法律教育在中国制度化建设中亟待解决的问题"，载《环球法律评论》2005 年第 3 期。

❷ 李傲：《互动教学法——诊所式法律教育》，法律出版社 2004 年版，第 27 页。

并制订诊所成立的资质标准，对考察合格的颁发证明文件，并承认其为诊所会员单位，对诊所会员单位每年的诊所教学和诊所援助情况采取汇报制度。诊所法律教育专业委员会的专业指导、监督管理职能的充分发挥有利于进一步推进全国各法律诊所的规范化建设。

（2）加强对诊所基地的管理与监督。高校法学院往往将诊所基地设在校外的法律援助中心、社区、律师事务所、公证机构、检察院、法院等法律实务部门，法学院的诊所教师与校外指导教师应保持定期的联系，及时了解学生的学习、实践情况并对学生的管理及实践效果作出评定。

（3）加强对诊所自身的管理。诊所法律教育的日常工作、内部人事制度、具体操作程序应纳入高校职能部门管理之列。同时，由高校职能部门出面与政府有关机构主要是法律援助机构建立联系，对于高校内部管理机制问题，应当建立一套分工明确、管理到位、运行科学的管理模式。具体而言，应当制定明确的章程，明确管理职责，制订年度和季度计划，对诊所法律教育工作进行系统的安排。

4. 投入机制

投入机制包括资金的投入、人力的投入和物的投入。资金是诊所发展的生命线，因此是诊所发展的核心和关键。

（1）资金的投入。

美国经济学家舒尔茨于 1960 年系统地阐述了人力资本理论。他认为，接受教育是一种投资。在接受教育的不同阶段，人力资本的收益是不相同的，小学、中学和大学，教育收益呈现递增的趋势。把人接受教育特别是接受高等教育看成对人自身的投资，为教育成本的分担提供了理论基础。教育界将教育分为义务教育和非义务教育，高等教育属于非义务教育阶段，并且是一种准公共物品，具有外部效益性。因此，根据谁受益谁负担的原则，高等教育成本分担的主体应该多元化。❶ 诊所法律教育是一种资金密集型的教育模式，在政府资金投入不足的条件下，社会受益者理所当然地成为筹集资金的重要渠道。美国诊所法律教育的

---

❶ 布鲁斯·约翰斯通："高等教育成本分担中的财政与政治"，李红桃等译，载《比较教育研究》2002 年第 1 期。

蓬勃发展就是得益于各种基金会的资助。

我国应该建立以基金制度为主体的多元化资金投入模式，诊所法律教育以法律援助作为开展教学的主要方式，作为民间援助的方式目前还未完全获得政府资金的支持。因此，从当前来看，各高等法学院校的法律诊所建立自己的诊所法律教育基金制度非常必要，既可以独立建立诊所法律教育基金，也可以联合建立诊所法律教育基金，还可以委托其他专业机构如中国诊所法律教育专业委员会代行操作。基金只能用于诊所师生日常的法律诊所活动支出与相应的诊所教学中的优秀师生奖励。

以基金制度为主体多渠道融入资金的模式，首先应争取获得各级政府的资金支持，政府每年在进行法律援助财政预算时，应考虑到对高校法律援助的适当投入；其次要积极争取社会援助资金的融入，如基金会、慈善组织、企业和个人等的赞助、捐助；再次，各高校也应预留部分文科实验基金和大学生实践活动基金投入到诊所法律教育中，以缓解诊所教学和法律援助的资金压力，充分保障诊所教学和诊所法律援助的可持续发展。

（2）人力的投入。

由于法学院本身的教育人才资源较为丰富，法学院的"双师型"教师经过专门培训，可以作为诊所法律教育课程的指导教师，还可以聘请社会上办案经验丰富、专业化水平较高的资深法学专家、法官和律师担任法律诊所的客座教授，充实法律诊所课程的师资力量。

另外不应忽视的是，应该为法律诊所配备行政秘书。管理图书室、档案室，安排教学场所，协调教学时间，保持诊所与当地法律界的关系，监督各种制度和规范的贯彻实施，案件材料的归类、复印，大量法律文书的处理工作……除了诊所教师的教学，几乎诊所中的一切事务都与行政秘书有关。❶ 对于中国的部分诊所来说，如果没有配备行政秘书，聘用学生助教将是不错的选择。

（3）物的投入。

诊所教育需要一定物的投入，如，为法律诊所提供一个教室，最好

---

❶ 李傲：《互动教学法——诊所式法律教育》，法律出版社 2004 年版，第24页。

是圆桌式的，圆桌式的适合诊所教学，有利于学生的互动和参与以及接待当事人；图书资料保管柜和档案柜也是必不可少的；还应该为法律诊所日常工作配备一定的设备，如电话、电脑、摄像机、打印机、复印机、传真机、扫描仪等现代化的办公设备。

5. 激励机制

激励机制包括对教师的激励与对学生的激励。

（1）教师激励机制。

诊所法律教育教学中，师资队伍建设至关重要。当前较少教师参与诊所法律教育，即使参与也不稳定，中国诊所教师都是兼职，这主要是受工作量的计算和职称评定因素的影响。因此，学校应针对诊所法律教育的实际，采用科学的工作量计算方法。如，中国政法大学正式下文，学生选择该课可以得到 5 学分，教师可以计算 90 课时的工作量。在职称晋升方面，学校也应采取有别于其他法学教师的标准，以保证法律诊所教师特别是确保专职教师能够正常评定职称。同时，学校应优化教师队伍结构，从取得律师执业证的教师中选任法律诊所教师，甚至可以安排部分具有执业律师资质的教师专门从事诊所法律教育。在条件暂不具备的高校，应当更多聘用校外的专职律师、法官、检察官等法律实践工作者，实行校内教师与校外相搭配的模式进行诊所法律教育。

（2）学生激励机制。

诊所法律教育以新鲜的教学模式和科学的教育理念吸引了法学院校的学生积极参与诊所学习，但进入诊所之后，学生表现出不同的诊所学习价值观，参与的积极性和热情并不都是很高。如，在模拟训练中未必积极投入，在诊所课反馈评论中未必积极参与。因此，建立学生激励机制是诊所发展的需要。首先，应以证书的形式肯定学生参与了诊所的法律技术培训；同时，对于表现优秀的学生给予荣誉或适当的物质奖励。建立科学的学生评价体系也是一种激励机制。

（二）诊所法律教育自我约束机制的建立

诊所法律教育的可持续发展迫切呼唤自我约束机制的建立，但笔者发现，在理论上，除了评估机制，没有对监督机制和风险机制的研究，这无疑是一种遗憾。

1. 风险机制

诊所学生在真实案件中学习，接触真实当事人，代理真实的案件，诊所学习以法律援助为学习手段。诊所法律教育发展已经历了 10 多年的历程，全国从 7 所法律诊所发展到 100 多所，目前还没有诊所师生因为代理援助案件的问题受到投诉或产生纠纷，也没有诊所师生在开展诊所援助时发生意外，诊所教师为了尽可能减少诊所援助的风险，对援助案件都进行了谨慎的筛选。然而即使如此，合理的风险机制的建立也有利于诊所法律教育的开展。

在案件纠纷风险应对问题上，案件纠纷产生的责任主体认定是风险承担的关键。笔者认为，对于诊所在对真实的当事人开展法律援助中发生非因诊所师生的重大过失产生的损害赔偿责任问题，赔偿责任的义务主体应该是所在院校而不是诊所师生。因为师生开展诊所法律援助的行为是一种教学实践模式，诊所师生与所在院校之间则主要是一种教育行政关系，学校是法定的教育主体，应该承担主要责任。在诊所援助中，师生安全问题也是重要问题，尤其是学生外出援助时。各诊所应该建立严格的外出援助制度，如以小组为单位开展援助、严格往返登记制度、安全自救知识学习等，不仅如此，还应该为每一位诊所师生购买保险，减轻意外事件的风险责任。

2. 评估机制

诊所法律教育应建立诊所法律教育课程质量评价体系。诊所法律教育课程不同于传统的法律课程。这种没有严格教学大纲的课程是否能算一门真正的课程？教师又如何去评价学生的成绩？这些问题都需要指导教师以开拓性的思维去面对。诊所法律教育课程的评价方法源于其教学目标，贯穿于整个诊所教学活动中，应该从人才培养目标、课程设置的合理性与适用性、课程实践的社会效果、教学方式与技巧、学生掌握知识程度的考核等多方面制订出一整套科学、系统而又切实可行的评价体系，使得诊所法律教育真正实现高质量的教育价值和社会价值。具体的评价方式可以是学生自评、学生互评和教师点评相结合。评价教学效果的指标不仅是让学生理解案件的成败，更重要的是考评学生是否在该课程中真正学到了分析和解决问题的思路、方法、技能和知识。

3. 监督机制

中国法律教育应该建立自己的监督系统，包括来自诊所法律教育专业委员会的监督、基金会的监督、学院的监督和诊所内部的监督。

监督内容包括教学质量、教师的工作、学生的学习、资金的支配使用等。监督的方式可以是考察、审查、报告、调查等。

首先，应该以制度的方式确立监督职责和监督主体以及监督范围和内容；其次，开展监督工作不能形式化，可以不定期监督或者阶段性监督，如，两年一次向委员会汇报诊所法律教育开展情况的汇报制度就是接受委员会的监督；再次，监督不能变相化，变相化的监督会加剧各诊所定位的负担，不利于诊所教育的发展。

诊所法律教育内部机制的构建离不开外部环境的支持，如高等教育的改革发展方向、社会文化的认同、司法环境的支持等。随着诊所法律在我国的全面推广，在条件成熟的情况下，教育部应会同最高人民法院、最高人民检察院、司法部协商解决诊所法律教育中的各种实际问题，为诊所法律教育的可持续发展提供支持平台。

特别要说明的是，诊所教育机制的构建不是简单的、绝对的，而是纷繁复杂的，受诸多因素的影响。诊所教育机制的构建又是一项长期的工作，也有不断创新的问题。社会环境不断发展，人的认识水平不断提高，现有机制也应随时作出相应的调整。

作为实践性法学教育方法论的诊所法律教育

刘晓东 *

摘　要：诊所法律教育区别于传统法学教育的根本点在于其有特色的教学方法，这些教学方法旨在训练学生从经验中和实践中并通过反思学习法律，从而使学生在学习法律理论知识的同时学会应用法律的实践技能。诊所法律教育作为一种实践性法学教育的方法论，将其独特的教学方法灵活运用于法学各门课程的教学过程之中，培养学生的法律素养和应用法律分析解决法律问题的能力，培养学生的创造性思维方式，使其养成批判性思维，对正处于快速转型时期的中国法律制度具有现实的意义。

关键词：诊所法律教育　实践性法学教育方法　批判性思维　创新

作为法学教师，从我们自身所接受的法学教育来看，当初所接受的法学教育给我们的印象大致是老师在课堂上讲解，我们做笔记，考试之前记住所谓的重点内容就可以较为容易地通过考试。作为实践性的主要环节——模拟法庭的活动也许给我们熟悉法庭审判流程留下了一些印象，毕业实习蜻蜓点水，每个人的收获各不相同。

在法学院读书期间，没有老师系统地教我们做法律实务工作的技能，诸如如何会见当事人、如何为当事人提供咨询、如何取证、如何为案件和解进行谈判、如何起草复杂的合同、如何在法庭上为当事人作代理、如何在法庭上质证、如何作辩护等。对于这些实践技能，我们基本上没有得到老师的系统指导，有的只是间或听到各个老师片断式的浮光掠影

＊　刘晓东，华北电力大学人文学院讲师，法学博士，主要从事刑事诉讼法学研究。

的介绍。当然，我们更没有在大学或研究生学习期间在老师的指导下接触真实的案件，为真实的当事人出庭代理或辩护。总之，我们自己接受的是传统法学的教育，理论知识学到了不少，但实践操作技能没掌握多少。说得好听一些，基础知识扎实，动手、创新能力较差，解决实际纠纷的能力较低。❶ 说得难听些，理论与实践相脱节，我们对法律实务的实际运作方式不了解，缺乏实际运用能力，不能很快适应社会的需要❷，至少要三四年以上的时间才能够适应司法工作的需要。❸

当我们作为律师从事法律实务的时候，一切都是从头开始，自己琢磨反思如何从事具体的法律业务，于是，对于传统法学教育方法，我们有了切肤之痛。但我们似乎有的只是偶尔的抱怨，当我们自己执教于法学院，为我们的学生授课时，也毫无例外地继续延续我们老师的套路，想改变也无从下手，只是自觉不自觉地加入一些只言片语的感想。

面对当下的情形，我们不知道怎样培养我们的学生。这个疑惑在美国早期的法学教育中也存在。如，法律现实主义者卡尔·卢埃林在1935年的一篇论文提道："没有一个法学院——而且我相信——不到1/100的讲师，清楚地知道他们真正教给学生一些什么东西。"❹ 当然，现在的美国法学院已经知道用何种方法教给学生那些内容了。美国法学院逐渐认识到要教给学生这些东西：法律是一个非常庞大、复杂且不断变化的职业，它要求学生不但要有专业知识、专业技能和技巧，还必须拥有共同的价值观并应承担应有的责任，以此来证明这一职业持续地享有参与法

---

❶ 王爱民："试论法律人才的培养与法学教学方法的革新"，载《社会科学家》2005年第1期。

❷ 张卫平："法学教育的反思与改革"，载 www.asp3.6to23.com.

❸ 周志荣："从法学毕业生的素质缺陷看法学教育"，载《法制日报》2006年7月20日，转引自朱立恒、曹盛："中国法学教育改革评析"，载《当代法学》2008年第4期。

❹ Llewellyn, On What is Wrong with So-Called Legal Education, 35 Colum. Rev. 651，653（1935），at 653，转引自杨欣欣主编：《法学教育与诊所式教学方法》，法律出版社2002年版，第73页。

律事务的唯一权利的正确性。❶

然而我们还是不清楚以何种方法给我们的学生讲哪些内容。因为我们针对当下的情况，不知道要把学生培养成什么样的人才。法科学生毕业以后的去向多种多样；就业的形势极不乐观，法科毕业生的就业率几乎是最低的❷；在校的三年级法科学生能参加法律职业资格考试；学生要应对考研；等等。当然，以我们教师自己的体验，法科毕业生不可能都去法院、检察院，不可能都去做政府公务员，更多的学生以后会去做律师，去从事具体的法律实务工作，我们自然应该教给他们一些从事律师工作的技能，为他们谋取一份有收入的体面工作、过有尊严的生活作出我们的努力。不仅如此，我们还希望他们为法治社会作出贡献，因此我们的工作实在是任重道远！如果我们以把学生培养成律师为目标，学习美国的诊所法律教育的经验就对我们具有切实的意义，有助于实现"希望以外国的方法，来训练出适合中国国情的法律人才"的法学教育理想。❸

一、为何我们还在采行传统法学教育的方法

中国传统的教育方法是重视课堂教育和讲授，传统法学教育也如法炮制。传统法学教育方法的理念也建立在这种教学方法之上，于是呈现出这样一种现象："先生是'师父'，学生是'学徒'。教授之方法只限于法律专门名词之用法，及律文意义之讲解。"❹ 在这种演讲式的"填鸭式"大型讲座授课的传统法律教育模式下，老师"阐明法律条文及相关的法学理论"，教师与学生相互不重视进行互动的交流。❺ 在"填鸭式"

---

❶ Robert Mac Crate："对一个发展变化中的职业进行教育：从诊所教育走向教育的连续统一体"，转引自杨欣欣主编：《法学教育与诊所式教学方法》，法律出版社 2002 年版，第 65 页。

❷ 许身健："探索新的实践教学模式——中国政法大学法学院的经验"，载《2009 年诊所法律教育年会论文集》（2009 年 8 月 10～12 日，哈尔滨），第 120 页。

❸ 孙晓楼：《法学教育》，中国政法大学出版社 1997 年版，第 142 页。

❹ 同上书，第 151 页。

❺ Pamela N. Phan："诊所式法律教育在中国：法治意识与社会正义使命之追求"，转引自李傲、Pamela N. Phan：《实践性法律人才的培养：诊所式法律教育的经验》，法律出版社 2005 年版，第 145 页。

授课方法之下，几乎每堂课均由教师在讲台上照本宣科，学生则在下面埋头苦记（也许现在的学生不需要记笔记了，拷贝课件即可），这幅景象构成了我国法学课堂的一道奇观。❶ 传统的教育模式侧重于熟记正确答案，学生只是被动地从教师那里接受知识，注重书本知识的灌输，而不注重对法律知识的应用，缺少对学生实际操作能力的培养，更不考虑社会的实际需求。❷ "中国法学教育并不重视引导学生批判地思索法律问题以及对法律的起源、目标、用途等方面问题进行理论探讨，忽略了培养学生应用法律的能力。"❸

辅之于传统法学教育模式之下的还有毕业实习这个重要的实践教学环节，但毕业实习等具有中国特色的实践性教育手段的日益式微是公认的事实。其实就是在美国，实习课程内容也有这样的问题，也未能实现设立这些实习课程的初衷。如，在多数情况下，学生所做的就是法务助理或者秘书工作，而不是律师实务，虽然实习课程有很多优势，为学生提供了实践机会，让他们接触到现实中的法律。❹

当然，法学教育有识之士也一直在探索法学教育的新方法，如以"随堂案例形式"出现的案例教学方法❺、以诉讼程序为主的模拟法庭教育方法、讨论式教学方法和模拟教学法❻等，这种多样化教学方法的运用和探索对法学教育的改革起到了推进作用。然而这些方法与传统的课堂讲授方法虽然有所不同，更多的却是换汤不换药❼，即这些教学方法

---

❶ 刘艳梅："浅谈中国法学教育教学方法——诊所式法律教育的启示"，载《法学理论》2009 年第 26 期。

❷ 浦纯钰："法律诊所教育若干问题探讨"，载《社会科学家》2005 年第 6 期。

❸ Titi Liu："亟待完善的中国法律教育——介绍美国的法律诊所教育"，载 http：//www. lawwalker. net/detail. asp？=1290.

❹ Edwin Recosh："诊所式法学教育在中欧地区的可行性"，转引自杨欣欣主编：《法学教育与诊所式教学方法》，法律出版社 2002 年版，第 386 页。

❺ 王爱民："试论法律人才的培养与法学教学方法的革新"，载《社会科学家》2005 年第 1 期。

❻ 邢曼媛："谈谈法学教学方法"，载《山西高等学校社会科学学报》2001 年第 12 期。

❼ 陈健民："从法学教育的目标审视诊所法律教育的地位和作用"，载《环球法律评论》2005 年第 3 期。

均未能从根本上改变"以理解法律含义、讲授法律知识为主的教育宗旨"❶，最终摆脱不了"教师将自己对法律的学理认识告诉学生，学生也会以自己对法律的认识最终与教师的相吻合而感到高兴"的氛围。❷

从最安全、最没有风险的角度来从事教学工作，仍然是我们的首选。尽管我们已经清楚"法学教育要培养学生的法律实践能力而非灌输法律知识"❸，尽管我们已经清楚法律实践能力对于学生的重要性，但在采行诸如诊所法律教育的方法时，对于调整教学方法，将书本上的理论知识与实践中的法庭和律师实务有机结合起来，我们还是要考虑基本的成本收益问题。

我们仍然在延续这样的教学方法，原因之一是传统的教育方式不仅与许多大陆法系国家法学教育的本质一致，还与广义上的中国教育的本质一致。原因之二是我们还找不到一个更好的替代方法，尽管诊所法律教育的方法可以为我们所用，但在中国教育制度的框架下，很难说诊所法律教育会替代传统的教授法律的方式。原因之三是路径依赖的作用，我们要采用一种新的教育方法，我们要"革自己的命"，学习并熟悉新的教学方法，一旦出现不确定的问题，我们要承担额外的风险。原因之四是现在的教学评价模式不利于我们革新教学方法。

二、诊所法律教育的核心理念

诊所教育的天然本质是实践性。❹ 诊所法律教育的核心理念主要有三点：其一强调"从经验中学习"；其二强调"通过实践来学习"；其三强调"通过反思来学习"。

---

❶ 王晨光、陈建民："实践性法律教学与法学教育的改革"，载《法学》2001年第 7 期。

❷ 浦纯钰："法律诊所教育若干问题探讨"，载《社会科学家》2005 年第 6 期。

❸ AALS Committee on Curriculum, The Place of Skills in Legal Education, 45 Colm. L. Rev. 345（1945）［hereinafter AALS Committee］，转引自杨欣欣主编：《法学教育与诊所式教学方法》，法律出版社 2002 年版，第 73 页。

❹ Mark Spiegel："法学教育中的理论及实践——一篇关于诊所教育的文献"，转引自李傲，Pamela N. Phan：《实践性法律人才的培养：诊所式法律教育的经验》，法律出版社 2005 年版，第 39 页。

（一）"从经验中学习"

"经验是举世无双的领袖"❶，法律的生命不是逻辑，而是经验。诊所法律教育最关键的界定要素在于，它是以经验为基础的学习，诊所法律教育从本质上说是一种学习如何从经验中进行学习的过程。❷

无论法学院是否愿意承认这个事实，法学院无法在短短的几年内教会学生"法律"，学生将要在以后若干年内从事法律实践工作，这实践中的若干年将构成学生法学教育的主要部分。这种实践经历可以是在"艰辛与挫折"这个社会大学校中的一种迟钝的、盲目的、没有效率的或得或失的学习经历，也可以是一种能够积极反馈的、有组织的、系统的法学院的学习经历——如果法学院把教会学生从经验中学习的有效技巧作为他们课程的一部分。❸

（二）"通过实践来学习"

诊所教育的天然本质就是它的实践性，实践就是做事，可谓"纸上得来终觉浅，欲知此事要躬行"。"通过实践来学习"的意思是：用工作实践和角色担当作为课堂讲授和讨论的补充方式或者替代方式。真实的材料（如听审记录），真实的法庭，真实的人如执业律师和法官，以及带有真实问题的真实客户，常常被吸收到课程之中。❹ 诊所法律教育在不削弱其他学习形式重要性的情形下，学生最有效的学习是通过亲自代理他人进行法律活动，把参与具体法律事务加进他们自己的教育过程来完

---

❶ Tom C. Clark，Students Advocates in the Court，1 SETON HALL L. REV. 1，4 (1970)，转引自杨欣欣主编：《法学教育与诊所式教学方法》，法律出版社 2002 年版，第 142 页。

❷ Kenneth R. Kreiling，Clinical Education and Lawyer Competency：The Process of Learning to Learn from Experience Through Properly Structured Clinical Supervision，40 MD. L. REV. 284 (1984)，转引自杨欣欣主编：《法学教育与诊所式教学方法》，法律出版社 2002 年版，第 142 页。

❸ Amsterdam，Clinical Legal Education-A 21st Century Perspective，34 J. LEGAL EDUC 617 (1984)，转引自杨欣欣主编：《法学教育与诊所式教学方法》，法律出版社 2002 年版，第 144 页。

❹ Hugh Brayne："诊所法律教育的美国风格"，转引自杨欣欣主编：《法学教育与诊所式教学方法》法律出版社 2002 年版，第 389 页。

成学习。❶

的确，我们不能仅仅期望通过课堂教学培养出成功的法律从业者。对于绝大部分法律的学习，是学生以后在实践中进行的。学生是诊所法律教育的核心，诊所法律教育者要向学生灌输一种方法——通过这种学习方法，学生将学会从经验中学习❷；通过实践来学习，树立批判性思维，离开学校以后养成终身学习的习惯。

（三）"通过反思来学习"

诊所法律教育旨在帮助学生培养经验式学习的能力以及凭借经验进行反思的能力（即高等技能）。"授人以鱼，不如授人以渔"，诊所法律教育试图提供给学生一种方法，使其成为更好的、成熟的学习者。❸ 反馈和评价是诊所教育中自我引导的经验性学习方法的核心。❹

在诊所法律教育中，学生通过实际体验既可学到实际技能，也能培养分析和批判的思辨能力，在创造性地解决问题的同时能对实践进行批判式的反思。诊所法律教育方法将学生置于律师境遇，要求学生作出无数个决定。学生必须学会权衡法律、当事人利益及伦理道德等各种因素，从而有机会提高分析问题的能力。总之，学生不仅要进行自我评判，还要对法律制度、社会以及政治范畴作出批判性的分析。❺ 诊所法律教育提供了一种能使教师与学生共同发展、对经历进行有意识的自我反馈

---

❶　Milstein Elliott，Clinical Legal Education：Reflection on the Past Fifteen Years and Aspirations for the Future，36，转引自杨欣欣主编：《法学教育与诊所式教学方法》，法律出版社 2002 年版，第 143 页。

❷　Report of Committee on the Future the In-House Clinic，42 J. LEGAL EDUC. 513（1992），转引自杨欣欣主编：《法学教育与诊所式教学方法》法律出版社 2002 年版，第 141 页。

❸　Titi Liu："亟待完善的中国法律教育——介绍美国的法律诊所教育"，载 http：//www. lawwalker. net/detail. asp？＝1290.

❹　Bloch，The Andragogical of Clinical Legal Education，35 VAND. L REV. 350（1982），转引自杨欣欣主编：《法学教育与诊所式教学方法》，法律出版社 2002 年版，第 150 页。

❺　Titi Liu："亟待完善的中国法律教育——介绍美国的法律诊所教育"，载 http：//www. lawwalker. net/detail. asp？＝1290.

的自由教育机会，❶ 通过对学生的行为、学生为诊所工作所做的准备以及取得的成绩进行准确的、及时的反馈，通过反馈评价，帮助学生找到处理问题的更好办法和途径，帮助学生养成良好的思考习惯，以便他们在将来的职业生涯中能够辨别和纠正错误。❷

三、体现诊所法律教育特色的教学方法

教学方法的新颖和独特性，是诊所法律教育区别于其他法学教育的最具魅力和特色的地方。❸ 法律诊所最首先和最基本的是实践领域的一种教学方法❹，其基本特征是：学生面对的问题和律师在执业过程中遇到的情景相类似；学生通过进入自己的角色来解决问题；在努力判断和解决问题的过程中，要求学生与其他人进行交流；也许最重要的是，学生的表现将会得到仔细的评价。❺

诊所法律教育课程的主要内容是对学生的法律高级技能的训练，具体内容有会见、实事调查、法律检索和法律分析、咨询、谈判、调解技能、诉讼技能、法律文书的制作技能等。❻ 诊所式法律教育从根本上讲是一种新的教学方法❼，教师讲授该课程的教学方法自然有别于传统教

---

❶ William P. Quigley："诊所法学教育的最基本介绍——写给新诊所的教师们"，转引自杨欣欣主编：《法学教育与诊所式教学方法》，法律出版社 2002 年版，第 142 页。

❷ 唐·彼德斯：《对学生诊所行为的评价》，转引自［印］马海发·梅隆主编：《诊所式法律教育》，彭锡华等译，法律出版社 2002 年版，第 196 页。

❸ 甄贞："略论诊所法律课程的教学方法"，载 http://www.chinalawedu.com/news/16900/178/2005/2/ma760521593418125 0029282_160197.htm.

❹ Charles H. Miller, Legal Clinics and the Bar, 20 Tenn. L. Rev. 1 (1947)，转引自杨欣欣主编：《法学教育与诊所式教学方法》，法律出版社 2002 年版，第 74 页。

❺ William P. Quigley："诊所法学教育的最基本介绍——写给新诊所的教师们"，转引自杨欣欣主编：《法学教育与诊所式教学方法》，法律出版社 2002 年版，第 128 页。

❻ 李傲主编：《法律诊所实训教程》，武汉大学出版社 2010 年版，第 1~3 页。

❼ Report of Committee on the Future the In-House Clinic, 42 J. LEGAL EDUC. 511 (1992)，转引自杨欣欣主编：《法学教育与诊所式教学方法》，法律出版社 2002 年版，第 150 页。

学方法。

对教学方法的归纳有不同的认识。李傲博士归纳的诊所法律教育的教学方法主要有角色模拟教学方法、单独指导教学方法、合作学习教学方法、反馈式教学方法、评价式教学方法、阅读式教学方法。❶ 甄贞教授归纳的诊所法律教育的教学方法主要有提问式教学法、对话式教学法、互动式教学法、模拟训练教学法和个案分析教学法。❷ 王立民教授总结了以下诊所法律教育方法：应用、系统、比较和实践的方法。❸

体现诊所法律教育教学目标的这些教学方法旨在训练学生的实践技能，提高其操作法律实务的能力。不仅如此，还要针对职业责任心进行教育，只有在解决具体两难问题时，职业责任心问题才能得到最充分的讨论，诊所法律教育是进行职业责任心教育的有效方式。在诊所法律教育中，职业责任心教育涵盖了如何处理矛盾冲突和严守保密准则、如何处理律师与当事人之间的关系、如何培养律师技能和职业热情等广泛的问题。❹

四、美国采用诊所法律教育方法给我们的启示

（一）美国法学院为何采用诊所法律教育方法

第一，美国法学院培养学生的目标很明确，就是培养未来的职业律师。当这个根本目标不能实现的时候，发现原因在于理论与实践脱节的问题。美国律师协会认为职业律师需要具备十大技能，法学院没有完成这个任务时，就力促对法学教育方法进行革新，加大实践性法学教育的力度。诊所法律课程就是为解决这个问题而发展起来的。

第二，回应美国各界对法学院培养学生的不满：回应纽约上诉法庭

---

❶ 李傲：《互动教学法——诊所式法律教育》，法律出版社 2006 年版，第 79～114 页。

❷ 甄贞主编：《法律诊所教育在中国》，法律出版社 2002 年版，第 54 页。

❸ 王立民："也论诊所法律教育的方法"，载《法学》2007 年第 11 期。

❹ Titi Liu："亟待完善的中国法律教育——介绍美国的法律诊所教育"，载 http：//www. lawwalker. net/detail. asp？＝1290。

的克瑞恩法官对法科学生的知识运用能力的缺失❶；回应 1969 年美国联邦法院首席法官沃伦·E. 伯格的呼吁：现代法学院未能够为社会提供"以人为本"的法律顾问和辩护律师来满足处于变革中的世界不断扩大的要求……现今的法律毕业生的缺点不是缺少法律知识，而是他没有接受过处理事实和与人打交道等方面的训练❷；回应法律现实主义者关于加强培养法律实践能力的呼声；回应美国律师协会的麦考利特报告关于对法科学生进行诊所式教育的呼吁。

第三，诊所法律教育的理念体现了现代教育观念。诊所法律教育方法是一种法学教育的方法，是一种强调法律实践的方法，符合现代法学教育的要求。传统法学教育方法的理念是一种强调课堂教育和讲授方法的理念，而现代法学教育的理念在重视理论教育的同时，不忽视、不轻视法律实践教育，甚至要突出这种法律实践教育的作用和重要性。所以，像诊所法律教育那样的教育方法便逐渐显露出它的优越性。❸

第四，案例教学法或苏格拉底式教学法忽略了法律实践中其他领域诸如接待、咨询、谈判、起草文件等许多基本技能，也忽略了在判断力、职业责任心以及理解法律和律师的社会角色等方面对学生的培养。❹

第五，20 世纪 60 年代的美国民权运动促进了法学院思考实现公平正义的途径，尤其为弱势群体提供法律帮助。

（二）我国为何需要这样的教育方法

中国的法学院开展诊所法律教育的强烈动因来自改变学生学习和思考法律的方式。❺"诊所法律教育的核心想法和目的是希望完善法学教育

---

❶ Jarome Frank："为什么不建立一个诊所式的法学院?"，转引自杨欣欣主编：《法学教育与诊所式教学方法》，法律出版社 2002 年版，第 114 页。

❷ William P. Quigley："诊所法学教育的最基本介绍——写给新诊所的教师们"，转引自杨欣欣主编：《法学教育与诊所式教学方法》，法律出版社 2002 年版，第 136 页。

❸ 王立民："也谈诊所法律教育方法"，载《法学》2007 年第 11 期。

❹ Titi Liu："亟待完善的中国法律教育——介绍美国的法律诊所教育"，载 http：//www. lawwalker. net/detail. asp？=1290.

❺ Pamela N. Phan："诊所式法律教育在中国：法治意识与社会正义使命之追求"，转引自李傲、Pamela N.Phan：《实践性法律人才的培养：诊所式法律教育的经验》，法律出版社 2005 年版，第 131 页。

的一种基本的方法，回应社会发展和法律职业对人才发展的基本要求。诊所法律教育是一种方法论，而不仅是一门课程所具有的价值。"

诊所法律教育模式与传统法学教育模式的区别在于法律诊所的教学方法是参与性和反思性的，而传统的法学教育方法却不是；诊所方法用接触真实当事人的方式学习法律，而传统的方式用从未见过的当事人的档案和记录进行讨论。❶ 传统的课堂法学教育主要是一个通过信息的吸收进行学习的过程，通常被吸收的信息仅是在老师限定的课堂的狭窄范围内。相反，诊所法律教育主要是通过学习实践经验，通过实践行动或观察别人行动，然后分析行动结果的方式进行学习的过程。这种工作表现在以下情况下出现：有些事实不能确定、个人品质和人与人之间的关系经常被批评、解决问题者必须在面对令人不愉快的意外事故时采取行动、选择解决问题的方法。诊所式教育提供了一种传统课堂教学不能提供的多维实践空间。❷

"作为方法论的诊所法律教育"对传统的法学教育模式也会产生很大的促进。教学方法的变化实际上不仅是知识传播方式的变化，其实质更是法律知识类型的变革、研究方法的变革以及法律思维方式的变革。因此，有必要推进这种方法与传统教育方式的融合。从这样一个层面来看法学实践教育，它不仅是课程的设立，而且是作为方法论，这也是我们将诊所法律教育提升到作为一种基础的方法论高度的起因。❸

诊所法律教育是我国法学教育改革的需要：克服传统法学教育课程设置的弊端，改变教学目标，把法律职业化教育置于教育目标的首位，在进行法学理论教学的同时，为学生提供实践机会。法学是一门实践性

---

❶ Pamela N. Phan："诊所式法律教育在中国：法治意识与社会正义使命之追求"，转引自李傲、Pamela N. Phan：《实践性法律人才的培养：诊所式法律教育的经验》，法律出版社 2005 年版，第 160 页。

❷ Kenneth R. Kreiling, Clinical Education and Lawyer Competency：The Process of Learning to Learn from Experience Through Properly Structured Clinical Supervision，40 MD. L. REV. 284 (1984)，转引自杨欣欣主编：《法学教育与诊所式教学方法》，法律出版社 2002 年版，第 143 页。

❸ 龚文东："作为方法论的实践法学教育"，转引自王立民、牟逍媛：《诊所法律教育的理论与实务》，法律出版社 2009 年版，第 36 页。

很强的学科，过少的实践课程不但不利于学生消化所学的法学知识，也不利于培养学生的实际操作能力与创造能力，因此应彻底改革传统的教学方法，将诊所式法律教育贯穿于整个教学过程之中。❶

学生对诊所课程有浓厚兴趣，因为法律诊所使他们有机会接触到现实生活中真正的当事人，能亲身体验到法律在实践中是如何被应用的。诊所式法学教育有助于学生批判性思维方式的形成和分析能力的提高，因为学生在法律诊所中必须面对真实案件，需要解决实际问题。在中国现在所处的大环境下，法律制度正处于快速转型时期，具有创造性的思维方式对于一个律师来说是至关重要的。❷

（三）作为方法论的诊所法律教育的拓展

我们无法在短短的大学期间教会学生那么多的"法律"，学生毕业后的法律实践工作将构成学生法学教育的主要部分。如果法学院把教会学生从经验中学习、在实践中学习的技巧作为他们就学期间课程的一个必要组成部分，将会有力提高学生的法律实践技能。

诊所法律教育的真正核心价值在于教育方法的科学性：用互动的、生动的、实践性的、平等合作的教育方式来演绎法学教育，引进诊所法律课程的只是一种形式，重要的是把它作为一种实践性法学教育方法来对待，弥补传统法学教育的不足。❸ 诊所法律课程旨在改变学生学习和思考法律的方式，开设诊所法律课程的法学院第一次赋予了学生将在传统课堂上学到的理论知识运用于日常生活实践的意义。❹ 诊所教育课程的老师正在教学生改变传统的学习方式、改变看待法律和法律职业的传

---

❶ 甄贞："一种新的教学方式：诊所式法律教育"，载《中国高等教育》2002年第8期。

❷ Edwin Recosh："诊所式法学教育在中欧地区的可行性"，转引自杨欣欣主编：《法学教育与诊所式教学方法》，法律出版社2002年版，第397页。

❸ 王立民、牟逍媛：《诊所法律教育的理论与实务》，法律出版社2009年版，第36页。

❹ Pamela N. Phan："诊所式法律教育在中国：法治意识与社会正义使命之追求"，转引自李傲、Pamela N. Phan：《实践性法律人才的培养：诊所式法律教育的经验》，法律出版社2005年版，第131页。

统方式。❶

如果诊所教育是一种方法论，就可以理解为：它能用来教授学生课程中的任何实体性科目。❷ 传统法学教学模式与诊所法律教育方法有区别，但也有联系，在诊所课程中讲授的问题也可以通过传统的教学方法来讲授，诊所法律教学方法也可以运用于传统的课堂教学。之所以把诊所法律教育作为一种基本的实践性法学教育方法提出来，就是试图从方法论的高度来认识它，将它独特的教学方法灵活运用于法学各门课程的教学过程之中，这是最有意义的一件事。

五、采用诊所法律教育教学方法的自身体验

在过去的一年多时间里，笔者很有幸参加了一系列诊所法律教育的培训及相关会议，如，2009 年 5 月 23 日参加了中国政法大学举办的法律诊所课程设计研讨会，2009 年 7 月 27～30 日参加了在青岛由清华大学法学院和美国天普大学法学院共同举办的实践性法学教学方法研讨会，2009 年 8 月 9～14 日参加了在哈尔滨举办的 CCCLE 2009 年诊所教育论坛暨年会及会后的刑事诊所主题培训会议，2009 年 10 月 31 日参加了中国诊所法律教育专业委员会、国际司法桥梁和中国青年政治学院共同举办的北京地区刑事法律诊所教师培训会，2010 年 4 月 23～24 日参加了"清华大学法学院法律诊所示范与研讨"会议，笔者从中受益颇多。

笔者把诊所法律教育作为一种方法论予以贯彻，把观摩和学习到的教学方法予以应用，在教学过程中使用实践性法学教学方法，自感取得了良好的教学效果。

如，在笔者开设的《仲裁法学》课程中，笔者使用了《为当事人抗辩——法律执业技能模拟训练案例集萃》一书中的一个案例即"菲尼克

---

❶ Pamela N. Phan："诊所式法律教育在中国：法治意识与社会正义使命之追求"，转引自李傲、Pamela N. Phan：《实践性法律人才的培养：诊所式法律教育的经验》，法律出版社 2005 年版，第 141 页。

❷ Mark Spiegel："法学教育中的理论及实践——一篇关于诊所教育的文献"，转引自李傲、Pamela N. Phan：《实践性法律人才的培养：诊所式法律教育的经验》，法律出版社 2005 年版，第 39 页。

斯股份有限公司与英泰电子有限公司合同纠纷仲裁案"中所列出的材料。❶ 首先，笔者使用了角色模拟教学方法，让同学们主动报名，组成仲裁庭；分派同学分别代表菲尼克斯股份有限公司与英泰电子有限公司参与仲裁庭的开庭，同时分派 4 名同学作为当事人的律师；该案例涉及的证人也找同学予以扮演；还找 2 名同学做观察员；其他未参与的同学在课堂上观摩他们的活动。参加模拟的同学在课下做了准备，用一节课的时间进行模拟。这个案例涉及 4 份证人证言和 21 份书证。

因为是大三的同学，他们已经进行过模拟法庭课程教学，所以仲裁庭模拟得很成功。但在模拟的过程中笔者发现，他们没有把 21 份书证做成证据清单，尤其没有把这 21 份证据做成如实际开庭使用的证据的形式，对此，笔者重点予以了演示。上课前，笔者把这 21 份证据从书中复印下来，把每一份书证都单独成分予以准备并在最后的评点环节当场展示。在笔者展示这些证据的过程中，教室里鸦雀无声，笔者相信同学们受到了一些震撼。

角色模拟教学方法可以适用的范围很大，在程序法学的教学过程中，结合教学内容可以适时采用，如当事人咨询律师问题、律师询问证人、检察官询问证人、法官主持开庭等；在实体法的教学中，结合具体案例和法律条文宜可采用，如，在合同法的教学中就合同条款的草拟，可请同学作为具体的合同双方进行谈判模拟训练。

如，笔者在给非法学专业——主修机械设计的同学讲授合同法时，以购房合同为例予以讲授，在上课时发动全班同学发言，要求他们开口说话，假设他们自己作为买方和卖方，提出购房合同应该有哪些具体的内容，20 多个同学踊跃发言，把他们想到的 45 个问题都说了出来，笔者随手板书在黑板上，然后再和同学们一起归纳分类这些内容，而后把合同法上规定的合同的一般条款列举出来。课后又把同学分成六组，作为买方和卖方，请他们坐在一起，草拟一份购房合同。在下一次上课时，他们拿出三份合同予以展示，师生共同分析他们草拟的合同。传统的教

---

❶ [美] 布赖恩·兰兹伯格、罗文燕主编：《为当事人抗辩——法律执业技能模拟训练案例集萃》，浙江工商大学出版社 2008 年版，第 1~42 页。

授方式直接把合同法规定的条款说出来就可以了，而使用提问式的教学方法，让同学参与课堂教学，发挥同学的能动性，师生身临其境共同作出一份购房合同，稍微变换教学方法，得到的教学效果就立刻显现。由此可以设想我们的法律文书写作，要依据具体的事件有针对性地教学，若泛泛而谈，到头来大家会一片茫然。诊所法律教育方法谈及的法律文书的制作不是把各种法律文书全讲出来，而是针对具体的真实案件引出来的，这种针对性才能让学生真正体会到法律文书的制作不仅仅在于形式，内容和形式是融合于一体的。

在讲授公司法时，笔者让同学们把随身携带的物品都取出来，找出这些物品是哪些公司或企业生产的。大家一共找到了 20 多家公司，笔者让同学们把这些公司的名称写在黑板上，从名称上分析公司的名称如何取、选取名称的程序、体现"商号"的字眼是什么；然后带领大家来区分有限公司和股份有限公司，再说出这两类公司的特点和法律为其设定的条件等。这种教学方法的使用，的确做到了从具体到抽象，学生们会从自己身边的事情思考如何学习法律，如何去读书，如何去思索生活中发生的法律问题，进而思考如何去解决这些法律问题。

总之，笔者在教学过程中尽可能地尝试诊所法律教育的方法。笔者通过自己切身的教学体会发现，如果把诊所法律教育方法作为一种实践性的教学方法来使用，不用花费多少气力就可以组织好日常教学工作，学生们也能真正学习到一种实践的技能。诊所法律教育总结出的具有特色的教学方法结合传统的课堂教学方法一并使用，其教学效果还是比较有成效的。作为教师，在准备教学时作一些具体的设想和计划，把课堂教学过程设计得稍微细致一些，真正把实践性教学方法融纳进去，就可以起到培养学生的实践技能的作用，同时也把理论知识教授给了学生。

六、结　语

技能训练课程的发展和与之相关的诊所教育的成熟已经被公认为二

战以后美国法学教育最重大的成就。❶ 1984 年，阿姆斯特丹教授在《诊所式法学教育——21 世纪展望》一文中指出：20 世纪的法学教育太狭窄了，它未能"培养学生从一个律师的角度思考问题，严密地进行分析、计划和作出决定，这些不是实践技巧，而是实践技巧和其他很多东西的一种基本观念"。"21 世纪，法学院将会意识到他们的重要职能是为学生提供从实习中获得学习法律的有效方法的系统训练，人们拓展诊所法律教育，从方方面面去扩大法学教育，要达到这样的效果，一是必须真正把法学院的课程减少，二是不再采用 20 世纪的教学方法。"❷

的确，把诊所法律教育作为一种教学方法论来对待，把它的理念拓展到其他法学课程的教学之中，既能满足对学生理论知识的灌输，也可以训练学生的实践技能，回应社会对法科毕业生能力的期待；既可以应对新技术对传统法学教育的挑战，也可以避免诊所法律教育被边缘化；既可以加强法律实践性教学方法的应用范围，也可以促进诊所法律教育的持续发展。

---

❶ Joan L. O'Sullivan 等："诊所法律实践中的伦理性决策与道德观指导"，转引自杨欣欣主编：《法学教育与诊所式教学方法》，法律出版社 2002 年版，第 94 页。

❷ Amsterdam，Clinical Legal Education-A 21st Century Perspective，34 J. LEGAL EDUC 617（1984），转引自杨欣欣主编：《法学教育与诊所式教学方法》，法律出版社 2002 年版，第 84 页。

判例法传统下的法律诊所教育

——对墨尔本拉筹伯大学法律诊所的考察

原新利[*]

摘　要： 法律是经验的总结，发源于英美法系的法律诊所教育，由于其多方面的积极意义而为许多国家所关注。我国自 2000 年开始在高校推行法律诊所教育，到目前已走过了 10 多年的历程，但就目前国内的法律诊所课程开设的效果来看，其教学目标和任务主要还是集中在法律实践训练与法律理论学习。法律诊所课程与其他法学实践课程到底有怎样的不同？在判例法系传统下，为什么会产生诊所这样的教育形式？法律诊所目前的教育特色和重心究竟在哪里？对于这些问题，我们需要更精细的理论和更深入的观察。

关键词： 判例法　法律诊所　职业技能　理论认知

一、土壤与果实——普通法体制与法律人才培养的共生关系与现实要求

（一）判例法的特点

1. 判例法的表现形式具有灵活性和开放性

首先，从判例中抽象出的法律规则并不局限于固定的文字表述。根据遵循先例原则，从案例中阐发的规则会被适用于今后相似的案例中，然而需要指出的是，由法官宣称的法律规则并不是固定不变的，虽然这些规则会被多次适用，但每一次都会用不同的文字形式表现出来，因为法庭的决议会被众多不同的法官阐释和发展，法官基于个人的自由创造力，在不违背先例原则的前提下自己选择实现某一权利或价值的方法、

＊ 原新利，兰州理工大学法学院副教授。

途径，因此，在解释案例时，同一项法律原则或精神由于适用案例的情形不同，呈现出不同的言辞表达，而每一次的表达都是法官智慧的结晶，融合了众多法官创造力的规则自然表现出无可比拟的灵活性。其次，在内容上，法律规则表现出对社会规律和人们生活习惯的充分尊重。普通法理论家认为，法律并非个人意志的反映，而是对社会生活规律和人们生活习惯、规则的揭示和体现，法律是被发现而非创造的，法官在对具体案件的判断和决策过程中，始终将社会生活的新信息融入其推理和判决中，因此，法律规则不仅是灵活的，而且是开放的，从来不排斥吸收地方习惯和民间智慧，并对之进行整合，从而使之升华成为精华化的法律。

2. 判决的高度理性化和人性化

对于判决的理性化，英美法学用 strong rationale 即"高度理性"这个概念来表述。在普通法体制下，判决往往不可能从法律规定中直接得出，在法律规定与判决之间横跨着法官推理（reason for deciding）的桥梁，但这些推理的得出并非易事，需要法官基于法律的观点得出结论（ruling on a point of law），而不是对法律的简单陈述。对案例的分析和解决途径为：分析事实——关注先例——法官推理（判决理由）——作出裁判。由于上级法院的判决会对下级法院产生拘束力，法官的判决要具有最大说服力，推理过程首先是不能被怀疑的。为保证其高度理的性特征，法官推理往往集法律、道德、政策、经验等各种因素来构建新规则。因此，法官的推理与其说是一种推理方法，不如说是一种思维方式——集多因素（知识、经验、价值）考虑于一身的高度理性化概括。唯有如此，才可能保证判决结果符合高度理性的四个方面，即确定性（certainty）、平等性（equality）、有效性（efficiency）、形式上的公正（appearance of justice）。其次，判决结论的人性化。这里所说的人性化，是在尊重先例、符合法律的前提下，最大限度地保障当事人的权益。法官之所以能够作出这样的判决，取决于法官在推理过程中的"情景感悟"❶，即能够与当事人一起感同身受，因为"每一种特殊的事实情境都

---

❶ 孙新强："论普通法的宏大风格"，载《法制与社会发展》2007 年第 1 期。

有一个完全公正的解决方法"。与当事人感同身受有助于法官以某种（未界定的）方式了解或发现这一解决方法。情景感悟包括对案件所发生的社会环境、政策以及行业惯例甚至是当事人的生活条件、优势或劣势的环境条件都能够有比较准确的掌握或认识，特别是将自己放置于当事人的角色地位上，切身为当事人权益考虑，综合多重因素作出判决。

综上，判例法将法律的传承与发展放在鲜活的案例中，使法律既拥有了开放性，又保证了稳定性。以案例为发展依托，依靠法官的司法理性与司法技艺❶，普通法表现出极大的连续性和超越文化与传统的适应性。❷ 而更为重要的是，判例法作为一种成熟的法律体制，已经形成了特有的理念和价值。对权利的保护是社会公正的最高表现，法律的本质是权利保障和利益平衡的规制，与大陆法系所认为的"应当具有的权利"不同，普通法认为权利来源与习惯体现的是对现实的关注，权利不是来源于先天的设计和构筑，而在于个案中权利维护的成功并存续下来的实践。在这一点意义上，判例法本身就成为权利保障的文献载体。

（二）判例法传统对于法律职业的基本要求

法治传统的土壤自然酝酿了对于法律职业人的要求和期望，在判例法的背景下，法律制度和规则都是从实践案例中逐渐积累而得，并最终回归实践检验。首先，由于原生于判例的法律制度的开放性和灵活性，包括法官在内的法律职业人必须关注和尊重普通生活中的每一种事实类型。对于普通生活中的每一种事实类型，只要法律秩序能够容纳得下，其本身就含有适宜的、自然的规则和自己的正当的法。其次，由于判例法主要是由法官释法而得，法官对于法律的解释源自一种真实而非想象的自然法，它并非只靠知识理性就能产生，而是需要建立在对人的本质

---

❶ 李红梅教授指出：司法技艺就是法官在司法过程中为解决纠纷和维护法律而使用的各种技艺、策略、方法，甚至还包括立场和态度。这些技艺的最大特点就在于能够帮助法官策略性地解决手头的案件，并尽可能地说服各方当事人和社会舆论，而且还要尽力维护法治本身的原则。参见李红梅："普通法的司法技艺及其在我国的尝试性适用"，载《法商研究》2007年第5期。

❷ 李红梅："普通法研究在中国：问题与思路"，载《清华法学》2007年第1期。

和社会生活环境的理智认识的基础之上。法律不仅仅是规则的自我运行，而且是各种社会环境综合的产物，但法律存在的首要意义在于实现社会的分配公正，只有当法律职业人了解生活事实时，也只有当其真正理解这些生活事实时，其才能成为法治社会的规则捍卫者。

基于这样一种法治环境，法律职业人的培养途径——法学教育从一开始就自觉地与实践紧密关联，无论是美国、英国还是澳大利亚，法学教育方式都毫无疑问不等于对法律的简单注解抑或对规则条文的背诵，而是追求更深刻的法律实用，这种实用能够提高对法律理论的思考以及优化法律适用方法。因此，一个合格的法律职业人（主体为律师）不仅要学习法律条文，也应当对其他社会现象有所了解并能够进行分析和思考，应当有能力对事实进行判断，有能力与各种当事人沟通交流。从理论教学到案例教学再到诊所教学的跨越和改革，正适应了这种要求。因此，法律诊所式教育成为判例法制土壤中自然而成的果实——正是有了判例法的规则特点，才共生了诊所式教育的现实要求。

二、法律诊所课程的三个教育层面

律师是普通法系国家法律职业的主体，因此，法学教育的重要目标之一就是培养学生"act like a lawyer"❶。法律诊所教育是一种"整体功能性"的教育模式——集知识、人格、能力多方面的人才培养。法律诊所教育不仅仅将注意力集中在法律知识层面（虽然在这个阶段法律知识的整合最迅速和有效），而是一种通识性职业准备和交际能力的培养。

（一）知识整合——从理论向认知的转变

在认知学习过程中，学习者学习的是达到目标的途径和手段的认知，即学习的不是理论，而是动作和意义，学习者学会在这个过程中获得对知识的真正理解。法律诊所是一种彻底的实践教学环境——学生接触的都是真实的当事人和案例。它令学生能够更加深入地理解实质法律理论

---

❶ Anne Hewitt, Producing Skilled Legal Graduates Avoiding the Madness in a Situational Learning Methodology, GRIFFITH LAW REVIEW, （2008）VOL 17 No. 1.

知识。如，当学生接触到侵权案件时，真实的案件就是一个完全的学习情景，首先，它非常真实地测试了学生对于侵权法方面知识的积累，无可避免地要求学生对已有的知识积累作出评价。而后，学生会投入到一种对抗性的证据收集和整理过程中，并且当需要将这些证据资料置放在程序规则中时，就会对实体法的相关概念、程序法的规则等进行深刻的理解。与此同时，侵权行为的构成要件、当事人主张的利益、证据中所能支持的权利等所涉及的知识都从书本理论成为现实要求，这不再是无关痛痒的课堂案例分析，而是要实实在在地替当事人争取权益，现实的压力和强大的动力迫使学生必须将静态的知识转变成目标一致的行动、在行动过程中对个人理论知识进行自我评价，主动重新整合，最终实现从书本理论向认知的转变。

（二）技能训练——从知识向能力的转变

成功的诊所教育应当是宽泛的知识和技能教育，法律诊所应实现的技能训练目标包括三种：（1）一般技能：包括交流、团队合作、组织协调、信息收集、问题解决。（2）文化技能：所谓文化技能，就是一种人文的软技能，即在某一文化群中如何更好地实践法律，包括法律写作、会见当事人、谈判以及诉讼技巧，甚至可以扩展到法律研究。（3）团队合作技能：参加法律诊所课程的学生将被分成小组，学生以小组为单位承接案件任务，然后在小组内进行分工协作，集团队合作的力量解决问题，最终也以小组合作的形式完成任务。团队合作中的一个困境问题就是团队所取得的成绩往往与个人所付出的努力不成比例，这也是学生在日常学习中比较抗拒小组合作的原因之一，而法律诊所课程恰恰要求学生要克服这种困境，意识到并努力在团队合作中获益而非受损。因此，在一个有目标的合作团队中，学生首先需要处理的就是作为团队成员的一分子如何工作的问题；然后磨炼如何解决团队成员的冲突；再次就是如何客观地对团队成员作出评价。技能培养一度成为诊所教育的首要教学目标，目的是教育学生如何像一个律师那样思考和行动，法律是科学，一个优秀律师对法律的驾驭能力离不开对基本技能的掌握，在这一点上，律师与医生一样，拥有娴熟技能并善于使用才是一个律师应有的能力。

（三）职业道德的养成——从专业操守向社会责任的转变

知识与技能的培训是一个自然的过程，通过一定的流程和考核方式完成目标并非难事，然而法律职业伦理和道德的养成却成为近年来诊所教育所关注的重点。在美国，普遍认为仅仅要求学生学习法律规则并不能帮助他们培养必要的职业道德来抵制各种诱惑❶，但是法治社会的进步要求法律职业人肩负起应有的职业道德责任。早期的法律诊所教育并没有将职业道德教育作为一个强制环节，在开展法律诊所的过程中，法律技艺的教育、法律学术知识的教育往往覆盖了职业人的伦理道德以及如何实现社会公正的教育和启发。学生经常会被告知不要将自己的感情和道德责任与法律混淆。其实这种教育方式是在忽视法律与公正之间的关系。根据哲学的一般规律，道德修成分为三个步骤：惧怕惩罚——从中受益——养成习惯，有效的道德教育就是要令受教者由内而外地养成一种道德习惯，而法律诊所教育对于学生职业道德的培养就是将其放置在一个真实的环境中，让其设身处地地从当事人的遭遇和不利境地思考法律规则的"长"与"短"、制度的"优"与"劣"、体制的"善"与"恶"。法律诊所塑造的不是"被雇佣的枪手"，而是"法庭官员"，甚至是"律师政治家"。"一名杰出的律师不单纯是一名成功的技术人员，而且还是一名审慎或具有实践智慧的、有个性的、值得尊敬的人。他们的最高目的是实现超越技术的一种智慧。"❷ 诊所必须培养有社会正义感的学生，并肩负起推进法治进程、为接近正义添砖加瓦的社会责任，这才是法律诊所教育乃至任何优秀的法学教育的核心。

三、澳大利亚法律诊所教育的模式——以墨尔本拉筹伯大学为视角

在澳大利亚，对于法律诊所教育最简单的定义就是"一种法律实践

---

❶ Anne Hewitt, Producing Skilled Legal Graduates Avoiding the Madness in a Situational Learning Methodology, GRIFFITH LAW REVIEW,（2008）VOL 17 No. 1.

❷ 周汉华："法律教育的双重性与中国法律教育改革"，载《比较法研究》2000 年第 4 期。

教育方法",这种实践教学根植于判例法传统的土壤,对于法律人才的培养也是力求达到"act like a lawyer",从法律诊所地址的选取、教学评价体系的设计到教育教学方法,以及对诊所教育的定期回顾和讨论,都比较符合法律诊所教育的应然目标。

拉筹伯大学的法律诊所教育项目始于 1978 年,在全澳大利亚属于开设较早的高校之一。❶ 在拉筹伯大学,法律诊所项目开始于真实的诊所中,学生在诊所中为真实的就诊患者提供与医疗服务平行的法律服务,并以此为基础展开法律诊所教育项目,这种"融合"模式——将课程与相邻的社区相融合,既加强了法律诊所对于一定社区的服务责任,又为参加诊所课程的学生就近从事法律服务和工作提供了便利。这样的模式一直持续了 30 多年,综合来讲,拉筹伯大学的法律诊所项目之所以能取得成功,主要基于以下特征。

(一)法律诊所设置的地理位置

拉筹伯大学的法律诊所教育一共有四个相关的项目,本文所集中探讨的是位于 Banyule 社区中心的一个项目。Banyule 社区位于墨尔本市北郊,1956 年墨尔本奥运会后,维州政府将该地建设成为一个居民区,集中了墨市主要的贫困及患病和有刑事犯罪的人群,因此该区也成为一个典型的"问题社区"。维州政府在该地设立了一个融医疗、法律、移民、投资等多项内容于一体的服务中心——Community Health Service。而来到服务中心寻求帮助的"问题居民"所面临的"问题"都是复合型的,如,一位遭到刑事伤害的受害人的问题包括身体的伤害需要医疗救助、提起损害赔偿则需要法律援助、由于身体的残疾以及今后对生活的严重影响而需要心理辅导救助等。社区的服务表示为"open one door",即只要来到社区,就能够得到全方位的服务,法律服务正是其中的一种。在社区保健中心设立法律诊所(Legal Clinic)可谓实至名归,与 Physical Clinic、Psychology Clinic 以及 Mental Illness Clinic 匹配。而拉筹伯大学

---

❶ 法律诊所式教育拓展之前,整个澳洲就只有莫纳什、拉筹伯以及新南威尔士三所大学,直到 20 世纪 90 年代法律诊所教育拓展后,澳大利亚其他各地的学校才纷纷效仿。

的法律诊所教育将地点选取在贫困人口聚集较多的社区也是有目的的。首先，这样的社区往往会发生较多的案例，从 2011 年 1 月到 5 月，法律诊所接待的法律援助案件就有 140 多件，为诊所提供了丰富的教育素材。其次，法律诊所承担的社会任务主要是提供法律援助，在贫困人口聚集较多的社区，这样的要求往往更集中，法律诊所的教育形式与法律援助的社会功能相衔接，法律教育与法律服务融为一体，既解决了教育的问题，又解决了社区法律制度供给的问题。

（二）法律诊所课程的评价体系

拉筹伯法律诊所对于学生的评价体系一共包含六个方面，分别是基本素质、法律知识、职业技能、沟通和交流技能、解决问题及作出决策的技能、职业价值和道德以及社会责任表现。

（1）一般态度：要求法律专业学生应当获得概念上的、理论上的以及实践方面的法律知识及原则，并奉守法律原则的整体价值。针对这一要求，教师的评价方面包括：1）在理论和实践层面保持审慎和批判态度；2）能立足自身专业兴趣，有意识地发展法律研究方向；3）表现出承诺对提升和发展法治和法律规则负责；4）能致力于个人以及职业的自我发展和规划；5）对于平等及多元化社会价值抱有包容性的态度。

（2）法律知识：学生应当获得关于法律及其适用条件和环境的知识。评价内容有：1）理解法律作为一种智慧原则，包含与其他社会领域现象的关系；2）理解规则的核心内容，包括对于政策和法律的影响；3）了解澳大利亚的法律体制及机构；4）对法律与社会、经济、历史、哲学的相互作用有一定的了解。

（3）职业技能：法律专业学生应当掌握一定范围和程度的法律职业技能，包括：1）能够查找和准确引用法律及其他相关文献，会使用适合的法律研究工具；2）能够准确和深刻地翻译、分析法律以及其他资料；3）能够收集、分类和分析案件事实；4）能够在各种事实中甄别和分析其中的法律问题；5）在提供法律服务时，能够将法律适用于各种现实情形；6）运用所学理论和对问题的解决发展和开创新的解决办法；7）用适当的方法（如法律建议、意见和报告）呈现法律研究成果；8）用一种理性和公正的方式审视法律和政策问题；9）甄别和适用不同的纠纷解决方式；10）与各方当事人进行富有成效的谈判。

（4）沟通技能：法学专业的学生应当能够与一定范围的人进行较好的交流和沟通，能够在团队工作中与合作伙伴开展有效的工作。其评价标准包括：1）能够准备思路清晰的具有较强说服力的书面材料，并能通过一定形式的演示口头表达给听者；2）掌握较好的信息查询技能；3）能够与其他同事、当事人或其他寻求法律服务的人进行有效和理智的交流；4）既能独立，又能与其他团队成员合作。

（5）一般性的解决问题并作出决策的技能：法学专业的学生应当具备独立和有效学习的能力，并在今后的人生中永远保持对学习的兴趣以及对知识的好奇。该项要求的评估内容有：1）分析解决问题及作出决策的能力有所加强；2）对知识充满好奇，具有创新以及批判性思考的能力；3）能够对新的观点、发展成果以及机会进行评价；4）能够意识到自己学习上的需要，并承担形成有效学习策略的责任。

（6）职业价值和伦理道德以及为社会责任作出决策：学生应当正确认识法律职业的价值，理解并能正确认识职业伦理道德和社会责任。为此，在诚实和正直方面，要能够意识到社会和伦理道德对于职业及个人行为的要求，能够正确处理伦理道德问题；正确理解和评价法律职业；在脱离社区之后同样能够在社会中从事其他职业。

上述丰富和详尽的评价体系和标准基本上是按照法律诊所应当承担的教学任务和目标来设计的，指导教师应提前将这些评价体系和标准制作成表格形式发放给学生，以便学生提前了解这些评价项目以及得分等级，并按照这些项目进行自己的学习和实践行为，做到有标准、有目的、有追求的参加法律诊所课程。从一般规律来讲，评价标准越详尽，对学生的要求越细致，学生得分的难度指数越高；学生的一言一行，从宏观方面的态度表现到微观层面的具体操作，无一不是打分项目，诊所教育对学生要求的严格程度从中可见一斑。

（三）教育教学方式的特点

拉筹伯大学的法律诊所教育非常重要的任务就是启发学生的思考和

感受。案例实践——逐步积累对法律规则和法治环境的认知性认识——将认知性观察的结果系统化、理论化（其中不乏对现存规则的评价和法律空白部分的开创）——将理论放置到实践中接受检验，这是一个不断往复的循环，整个诊所课程就是关于经验的学习，目标就是要学生理解和参透所见、所闻、所感和所想（见下图）。

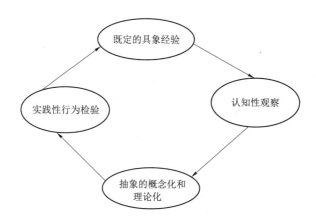

根据这个过程，学生必须根据每天的工作完成实习日志（journal）。日志的写作步骤和内容如下：（1）情景：即对实践体验的反馈：要求回忆令你记忆深刻的片段，当事人的哪些评论和言辞触动了你，你的所见所闻。（2）反馈：感情上的体验，你的兴奋点和难过点在哪？你的情绪是怎样的？你对所经历的抱有怎样的态度：惊奇、生气、满意、好奇、疑惑或者感到压力？（3）问题的解释：你到底学到了什么？从体验中获得的结论是什么？关键是领悟和学到了什么？如何将恰当的理论和概念联系起来？（4）结论：作为结论，我们应当做什么？在这种事情再次发生之前，你应当怎么做？下次如何作出有区别的行为？这样的经验对你的人生的重要性在哪？法律诊所的教师会每周批改一次日志，而上述部分都会成为评分内容和标准。

（四）对法律诊所课程及项目的定期检视

对于法律诊所课程的定期检视和回顾为该课程及其相关项目的运行提供了一个讨论、更新、改进的机会。法律诊所项目的管理者以及工作人员会利用这个机会评价课程运行的情况。目前这一环节已经成为拉筹伯大学法律诊所课程以及相关项目不可缺少的组成部分,其实整个澳大利亚的法律诊所项目都会受到澳大利亚高等法学院院长联合会(Committee of Australian Law Deans)的指导,但拉筹伯大学法律诊所项目的校内评估和改进无疑是一种积极的自我提升过程——通过审视诊所教育在法学院核心教学任务中的目标和地位,预防性地改进诊所的各项教育方法和指标。❶

　　法律诊所教学的评估内容分为一般性问题、教学指标考核以及诊所课程和项目管理三个方面。而评估方法主要是对一定时期(一年内)法律诊所课程的教育目标和整个项目的运行情况进行讨论。讨论的内容主要包含三个方面:一般性问题(即关于人员、资金等),诊所项目的管理,教学目标的实现和调整。对于前两个问题,本文不作赘述。教学目标的实现和调整所涉及的内容包括四个方面:首先是对受教学生责任水平的评估,包括责任心以及与小组团队合作的效果。因为任何一个有价值的教学项目首先都应当培养学生重要的合作责任,这样才能令其更有效果地进行学习。实践表明,有的学生在几周之内就能得到当事人的充分信任,与其指导教师一起为当时人提供建议和咨询。其次是对诊所教育的客观目标与社会变化之间的关系的审视和评估。例如,如何在法律诊所现有的条件下及时适应社会不断出现的法律问题,特别是在当前的社会条件下引导学生关心社会公正,关心法律与政治、经济的关系问题。再次是对受教学生法律职业道德和责任的讨论与评估。诊所教育的重要目标是培养学生敏感的职业道德,但困扰的问题是法律职业道德和责任应当如何传授给学生。最后就是指导教师的教学技艺问题——是墨守成规还是随当事人问题而不断变化?这无疑是对指导教师的要求和挑战,涉及指导教师的指导方法和过程是否遵循"问题优先"。当然,对于拉筹伯大学的法律诊所教育的评估还有其他细化的标准,鉴于篇幅本文不再赘述,但是能够肯定的是,为了保障法律诊所项目的优化运行,定期的

❶ Evans and Hyams, Independent Evaluation of Clinical Legal Education Program, Griffith Law Review (2008), Vol 17 No. 1.

评估和讨论是非常有益的，这不仅是对教育内容的审视，也是对教育方式的自省。

四、结　语

法律诊所教育不是让学生成为传真机，也不仅仅是学习如何处理当事人、法庭以及律师之间的关系，而是去学习怎样最好地利用从法律诊所中深入学习到的知识和经验。不管学生日后选择怎样的工作，最重要的都是学会如何做到最好。拉筹伯大学的法律诊所教育根植于判例法传统的法治土壤，作为一项重要的法律实践课程，更多的内容是教育和启发学生思考法律适用的方法、法律制度的作用、法律职业人的道德和社会责任以及如何实现社会公正；在为学生提供像律师一样的实践机会的同时，让学生养成当事人中心主义的习惯并学会会面与沟通技巧，鼓励学生理解和实践法律并评价法律规则，评价法律制度规范对于人权保障的优劣、促进社会公正的功过，最终实现培养一个优秀法律职业者的目标。

中国诊所法律教育的"能"与"不能"

陈　巍*

摘　要：尽管中国诊所法律教育历经十五年的发展，但是诊所教育不能动传统理论课程的基础地位，无法承担太多法律援助的社会职能，也不能成为法律职业实务技能培训的主导力量。诊所教师应当赢得更大的话语权和影响力时，诊所学生应该从诊所教育获得更为实际和高端的实务训练，诊所教育应当成为法学教育体系中先进的学习理念和方式，诊所教育应当成为推动中国法律职业伦理的主导力量。

关键词：法学教育　诊所法律教育　法律职业伦理

中国诊所法律教育历经 15 年的发展，完成了扎根立足的任务，已在法学教育体系中获得一席之地。但从全局来看，诊所教育依然处于边缘化的地位，对于诊所教育的功能和效果，虽然初步达成了"确有益处"的共识，但远远没有达到"不可或缺"的程度。诊所教育边缘化表现在：

其一，处于我国法学教育体系的边缘地带。法学教育的基本功能在于理论知识的积累以及法律思维的训练，诊所课程只是一门面向少数学生的选修课，专业必修课、限选课等传统理论课程牢牢占据主导地位。

其二，处于我国法律援助体系的边缘地带。诊所教育的主要功能在于教育而不是社会服务，无论是办案数量还是办案能力，法律诊所都无法与专业法律援助机构相提并论，在法律援助体系中基本上处于可有可无的境地。

其三，处于我国法律实务技能培养体系的边缘地带。诊所教育是一

---

* 陈巍，北京航空航天大学法学院副教授，法学博士，法律诊所教师，主要研究民事诉讼法方向。

种独特的实践教学机制，但从更为广阔的视角来看，我国目前针对学生以及刚入行的法律人的实务技能培养途径有三种：一是高校的实践课程，其中部分是法学院独立开设，如模拟法庭、法律文书写作、案例分析、谈判与调解等课程，诊所课程仅是其中一种，一部分是与社会律师合作共同开设的实务讲座类课程，清华、北大、人大、外经贸都有类似课程；二是具有官方色彩的由各级法官学院、检察官学院、律师协会针对青年法官、检察官、律师的实务技能培养，特别是针对新入行律师的培训项目很多；三是商业化的实务技能培训课程，如人大律师学院、点睛网、法律教育网等商业机构的法律实务讲座以及天同律师事务所的诉讼技能课程等。诊所教育对学生实务技能的培养，单纯从实务技能的实用性、高端性而言是非常有限的。

受制于案源和诊所教师的专业背景，目前大部分法律诊所培养的是简单的民事诉讼律师实务技能，也有极少部分刑事辩护技能，但从北京地区法科学生就业去向以及未来发展来看，商事法律实务其实是应用范围最广泛的，如合同拟定与审查、劳动纠纷处理、公司改制融资、企业合同诉讼等业务，这些都是法律诊不曾涉及的。当然，诊所教育教授的实务技能中包含所有法律职业共通的内容，如法律思维、自主学习能力、沟通技巧等，但不得不承认，学生在法律诊所中学习到的知识和技能，毕业后能直接应用的其实很少，因此不宜夸大诊所教育对学生实务技能的培养效果。

如果承认以上事实，那么就不得不接受我国当前诊所法律教育的"不能"：诊所教育不能动摇传统理论课程的基础地位，无法承担太多法律援助的社会职能，也不能成为法律职业实务技能培训的主导力量。

但是，承认诊所教育的局限绝不意味着诊所教育未来发展没有广阔的空间。如果诊所教育工作者们能够冲破既有诊所教育观念与模式的桎梏，敢于创新，诊所教育也能逐步从边缘走向核心地带。

未来的诊所教育能做什么呢？

首先，促成诊所课程与传统理论课程的融合。我国当前法学教育质量欠缺的一个重要表现是：学生民法、侵权法、合同法、公司法、刑法等基础学科的知识积累极为单薄，法律功底显著不足，一旦从事实践工作，所学不深，会严重影响工作后法律专业能力的提升，这一点可谓实务界人士的一个普遍共识。学生毕业后遇到的问题其实不是"学校学了用不上"，而是"学得不好没东西可用"。法律基础薄弱的原因很多，如培养方案中课程过多、设置不合理、学生自学时间严重匮乏、缺乏淘汰机制等。其中一个不可忽视的因素是案例教学的分量和质量不足，学生在没有语境和案例的情况下学习感觉枯燥，也缺乏法条与案件相结合的法律思维训练。而法律诊所课程的特点就在于能够接触大量鲜活的案例，特别是侵权、合同、婚姻家庭、劳动、刑法等传统基础课程领域的案例。诊所教育实践中，很多诊所学生会带着他们实践中遇到的一个又一个专业问题咨询专业课教师。如果能以诊所实际案件为切入点，教师引导和组织学生通过诊所案例重新梳理、复习、巩固基础法律知识，对于学生而言是极有裨益的，也会得到基础专业课教师的认可和支持；从操作上看，就是把诊所课与民法、刑法、劳动法等案例课相结合，案例课教师兼任诊所指导教师。诊所课程的教学目标有必要实现一定程度的转向，不再把实务操作技能作为主要目标，而是从个案入手，解剖麻雀式地深入巩固学生的法律知识体系并且训练其法律思维。目前很多诊所教师的专业背景是民事诉讼、刑事诉讼等程序法，因此有必要与民法、劳动法、刑法等专业教师精诚合作，共同完成"夯实学生法律功底"的重任。如此，当诊所课程担当起"有效夯实学生法学基础"的重任时，在法学教育体系中的地位将大大提升。

其次，法律诊所主动回应并积极满足社会对高端法律职业人才的需求，凭借自身独特的教育理念、教学模式与实务资源，在多元化的实务技能培养体系中逐渐占据主导地位。法官、检察官、律师（商事律师、民事律师、刑辩律师）以及企业法务是最常见的几种法律职业，每个领域都需要大量的优秀法律人才。诊所教育目前仅对于公民的民事诉讼实务有所涉及，其他皆不能满足。从大陆法系国家和地区的法律人才培养模式来看，普遍存在大学毕业与工作之间的实务能力训练阶段，即司法研修院模式，学制通常是两年。而我国法科学生毕业后直接进入法律实务部门工作，技能培训由各行业自行安排，缺乏统一标准，效果很难保障。假如国家未来要强化司法人才的专业能力，设立国家司法研修院，统一法官、检察官和律师的入口，那么谁来担任研修院教师？高校诊所教师无疑是候选人之一，但我们真能担负起这种职责吗？诊所教师在与学生沟通、教学方面具有明显优势，但在实务能力方面相对于实务界资深人士显然处于劣势，如何扬长避短需要深入考虑。法律诊所教育虽然以法律援助案件为主要载体，但不宜局限于此，"实践中学习"的理念完全可以推广到对其他方面实务技能的培养。从这个意义上说，中国的法律诊所可以更加丰富些、多元些、包容些，以诊所教育的理念和方法开设企业法务法律诊所、知识产权法律诊所、非诉实务法律诊所，与法院、检察院合作开设法官实务法律诊所、检察官实务法律诊所，为将来可能的国家法律人才培养体制的变革积蓄力量、培养师资、积累实务教学经验、储备教学资源。

最后，诊所教育在法律职业伦理的共识达成与风气形成方面大有可为。诊所教育从诞生之日起就承载着追求社会公平正义的伦理价值，但目前看来，关于诊所教育中的伦理教育基本上没有形成比较成熟的模式，还停留在教师与学生交流个人心得感悟的层面。很多领域如商事律师在客户利益与法律正义之间的利益衡量也是一个非常复杂的难题。没有人会否认法律职业伦理的重要性，但由于职业伦理固有的不确定性、冲突性以及我国政治权威与法律权威共生共存的国情，法律职业伦理远远未达成共识，更没有形成现实的、有约束力的行业准则。实务界人士也缺乏研究职业伦理的机会和动力，大学教师皆关注自身专业，唯有法律诊所教师，可以说是最关注法律职业伦理也最有条件研究职业伦理的群体，相对于其他专业课教师而言接触实务最多，最关注学生道德修养及职业发展中的道德表现。如，中国政法大学法律诊所教师在法律职业伦理研究方面的成就显然是极有启发意义的。

当法律诊所教师走出固有的小圈子而赢得在法律职业共同体中更大的话语权和影响力时，当诊所学生能从诊所教育中获得更为实际和高端的实务训练时，当诊所教育作为一种先进的学习理念和方式浸润到法学教育体系的血脉中时，当诊所教育成为推动中国法律职业伦理之共识达成的主导力量时，就是法律诊所真正"不可或缺"的时候。这就是诊所教育的"能"。

促使诊所教育从边缘走向核心的难度在于，诊所教师不仅要从事具体的教学指导工作，还需要扮演一个长袖善舞的资源整合者角色，主动出击，积极与专业课教师以及校外律师、法官、检察官等实务人士合作，要不断搭建更好更宽阔的平台；而且，在这个平台上诊所教师将退居幕后从事"导演"和"剧务"工作，由更有实务经验的人担当指导学生的主角。加上诊所教师自身的科研教学工作任务和家庭责任，压力之大、能力要求之高可想而知。任何一项事业的长久发展都不能单纯靠个人的道德觉悟和追求，诊所教育也是如此。如何从制度层面理顺关系，建立起良性的利益驱动机制，确保诊所教师有持续的动力将"不能"变成"能"，可能是比从事法律教育本身更艰难的工作。

我国法学教育模式的选择与法律职业化

王惠静*

摘　要： 我国现代法学教育自清末开启以来，法学教育模式就走上了一条借鉴外国的道路。在此过程中，中国的法学教育模式一再与法律职业脱节，导致法学教育一直无法走上顺利发展的道路。本文回顾了法学教育模式的嬗变过程，总结了不同时期法学教育与法律职业的关系，认为教育模式的选择应与法律职业化相结合。

关键词： 法学教育　法学教育模式　法律职业化

关于何谓法学教育模式，学界尚无一个准确的定论。有学者认为，法学教育模式是在一定的经济、政治、文化等因素的影响下，在一定的教育思想指导和制度环境中生成的教育培养目标、教育培养方式、教育内容、教育方法等基本构成元素的有机结合。❶ 还有学者认为，对法学教育的描述应包含多个层面。从静态角度来看，可以概括为法学教育的思想理论、教育制度及教学理论三个层次；从动态角度来看，是指法学教育的整体运行状态，包括法学教育思想理论以及引申出的理念在法学教育中的贯彻，法学教育制度的确立、建构及运作，教学理论的应用和实施等。❷ 笔者认为，后一种说法能较全面地涵盖法学教育模式的内容。法学教育模式既体现在宏观的整体教育制度的建立上，又体现在微观的教学理论、教学内容、教学方法和教育教材的选择上，是一个国家关于

---

  * 王惠静，北京第二外国语学院法政学院副教授，硕士，主要研究民商法方向。

  ❶ 冀祥德："论法学教育中国模式的初步形成"，载《法学论坛》2011 年第 9 期。

  ❷ 徐娜："论苏联法学教育模式对新中国法学教育的影响"，首都师范大学 2006 年硕士学位论文。

法学教育整体的基本模型或范式。法学教育是整个国民教育体系的一部分，但又具有相对独立性，这主要是由其承载着为国家输送法律职业人才的天然使命所决定的。在我国，自清末开启了近代意义上的法学教育以来，法学教育模式就走上了一条不断借鉴国外、改革自身的曲折道路，而在这条道路上，法律职业化成为其借鉴和改革的关键所在。

一、我国近代法学教育模式的形成与法律职业化

（一）近代法学教育的发端

近代意义上的法学教育肇始于 19 世纪末期。在鸦片战争之前，中国一直沿袭清朝以来的学徒式刑幕法学教育，一直没有产生独立的法律职业，也没有出现近代意义上的法学教育机制。鸦片战争之后，随着西方列强的入侵，西方的法律文化也汹涌而入。近代法学教育就是在清末西方列强的侵略和"西学东渐"的刺激下催生的。❶ 而自清末开始的司法改革为近代法学教育的诞生提供了一个历史的契机。

当时，清政府在实施"新政"后，下令变通、递减并最终废除科举制度，改变传统的取士用人制度，开始按近代教育制度培养各种专门人才。1862 年设立的同文馆开设"万国公法"课程，成为近代第一个开设法律课程的教育机构。同时，为了适应变法修律的需要，清廷开始大力兴办法学教育。除了官办大学，私人以及教会势力也很快投身于法学教育的创办之中。这些法学教育机构主要分为普通的大学法学教育和专门的法政学校法学教育。前者中既有官办的北洋大学法律科、京师大学堂法政科，也有私立朝阳大学以及教会创办的东吴大学等；后者主要指当时在全国各地开设了许多专门的法政学校以培训法律速成人才。与此同时，随着国内形势的变化和一系列对外重大事件的发生，越来越多的中国人到国外学习政治和法律，有去英美等国留学的，还有去法德日等国的，这些留学生回国后在国内法学教育机构执教，将所留学国家的法学教育模式带回中国，运用于中国的法学教育中，形成了多元化的教育

---

❶ 尹超：《法律文化视域中的法学教育比较研究——以德、日、英、美为例》，中国政法大学出版社 2012 年版，第 193 页。

模式。

（二）近代法学教育模式的形成

由于清政府开展法学教育的目的是为了维护其统治，政治改良和立宪修律是清末开展法学教育的直接诱因和根本动力。这决定了近代法学教育从一开始就具有较浓的政治色彩，法学教育模式也呈现出独特的一面，主要表现在以下方面。❶

第一，普通大学法学教育机构多样化。

清末设立的大学包括官办大学、私立大学与教会大学。官办大学的法学教育主要指在中央和地方政府创办的大学法学教育机构中进行的法学教育，以北洋大学法律科与京师大学堂为代表。私立大学是本国人或本国法人团体创办的大学，其中朝阳大学是最显著、知名度最高的一所大学。教会大学的法学教育由外国教会或传教士创办，以当时的东吴大学为最。

第二，教学模式多样化。

中国近代法学教育是在继受西方法学教育的基础上建立的。清末最初创办的法律院校，其法律教员大多是由外国的律师、法官或法学家担任，其教学也深受这些教员所属国家法学教育模式的影响。教学和研究的内容主要是西方的法律法典、判例或法学著作等法律资料，教学方法也是照搬西方的，授课的语言甚至直接就是外语。因此，在学习西方的过程中，中国近代的法学教育既有大陆法系模式，又有英美法系模式。甲午战争之前，英美法系的法学教学模式在清末深受青睐，对中国近代法学教育的影响也非常大。北洋大学和东吴大学法学院等最初都是按照美国的大学模式设计兴办的，其培养目标、学制、教学方法和教学内容等都受到美国法学教育传统的影响。甲午战争之后，以德国、日本为代表的大陆法系成为中国追随的目标，其法学教育模式开始成为中国法学教育仿效的主流模式。当时著名的朝阳大学就是按照大陆法系的模式建立的。该大学主要以法科教育、培养法律专门人才为主，并聘请日本和

---

❶ 尹超：《法律文化视域中的法学教育比较研究——以德、日、英、美为例》，中国政法大学出版社 2012 年版，第 242 页。

德国的法学家任教，教学风格也秉承大陆法系的传统，注重法典教学。❶

第三，法学教育模式具有功利性和实用性的特点。

虽然清末的政治变革为近代法学教育的兴办提供了一个历史的契机，法学教育的发展却无法脱离它的先天不足。在同文馆开设"万国公法"课程就是清政府为了应付与外国交涉之需要而准许开设的。早期的留学去向由西洋转向东洋，而且赴日学习法律多以速成科为主，也显示了当时法学教育的急功近利思想。同时，清末借鉴日本的经验，在全国各地全面广泛开设专门法政学校。这既反映了当时修律对法律人才的迫切需要，也反映了培养人才在省时间、省费用上的考虑。另外，这种法政学堂的开设带有很大的盲目性，有些地方办学条件有限，教学质量难以保证。❷ 这些以"端正趋向，造就通才"为宗旨的法政学校，实际上未能达到培养目标，当时学生所获得的充其量是法学基本知识。❸

（三）近代法学教育模式的定型与法律职业化

笔者认为，清末法学教育在模式上借鉴国外而由英美法系转向大陆法系的原因有以下几个方面：一是政治时局的变化与政治事件使然。甲午中日战争的失败使得国人开始认真审视短时期内崛起的日本何以强大的原因，这场战争也令清廷下定决心仿效日本进行改制，改革司法，其影响势必扩展到法学教育领域。二是法律文化的借鉴与继受使然。清末以前的中华法系历来注重法典的编撰，注重法典内部的逻辑关系和法律的解释。这与大陆法系在这方面不谋而合。而将判例法作为其基本特点的英美法系从法律传统方面与中国相去甚远，而且当时中国并未形成独立的法律职业，法官造法更是天方夜谭。经过多方比较、斟酌，清末在法律体系上更多继受大陆法系也是情理之中。法学教育模式的借鉴与法律体系的继受方向具有一致性。三是英美法系模式下培养人才的流向使

---

❶ 尹超：《法律文化视域中的法学教育比较研究——以德、日、英、美为例》，中国政法大学出版社 2012 年版，第 240 页。

❷ 尹超：《法律文化视域中的法学教育比较研究——以德、日、英、美为例》，中国政法大学出版社 2012 年版，第 242 页。

❸ 李贵连主编：《二十世纪的中国法学》，北京大学出版社 1998 年版，第 44 页。

然。当时著名的东吴大学按照美国的大学模式建立，采用案例教学法，学习英美法课程。在这种教学模式下培养出来的学生并不是当时社会亟需的人才，很多毕业后的学生后来在翻译界或外交界倒是享有盛誉。而按照大陆法系模式组建的朝阳大学，其毕业生则大量进入了刚刚构建起来的司法部门，以致当时竟有"无朝（阳）不成院"的说法。

从官方的推动来看，清末在创建大学时即把法科纳入大学教育体制中，这是大陆法系法学教育传统在中国近代法学教育上的表现。另外，"中国实行的第一个近代学制《癸卯学制》，即是以 1890 年东京帝国大学分科大学的设置为蓝本的；蔡元培在重整北京大学时也主张仿效德国的大学教育制度"❶。尤其是在 20 世纪 30 年代以后，随着中国法典体系的建立和近代学制的定性，中国法学教育在整体上是大陆法系法学教育模式。

由以上分析可以看出，正是法律职业与法学教育之间的必然联系，才使得近代法学教育在磕磕绊绊的寻寻觅觅中选择借鉴了大陆法系的教学模式。

二、现代法学教育模式基础的奠定与法律职业化

（一）"旧法统"的废除与近代以来法学教育传统的废止

1949 年新中国成立以后，废除了国民党时期的"旧法统"。根据《中共中央关于废除国民党〈六法全书〉和确定解放区司法原则的指示》，作为国民党政府法制基础的"六法全书"体系在中国大陆被彻底废除，近代刚刚建立起来的法学教育体系也随之遭到了全面封杀。这具体表现为：一是新中国法学教育的规模和数量由此急剧减少，法学教育机构的数量和法科师生的人数在高校中的比例都迅速下降。"法学教育机构萎缩得无足轻重，每年毕业的法科学生绝不会超过司法系统当年需求的1%。"❷ 二是以培养政法干部为主的政法教育取代了正规的大学法学教育。当时，为了满足新中国对政法干部的急切需要，中国政法大学、中

---

❶　王健："略论 20 世纪中国的法律教育"，载《比较法研究》1997 年第 4 期。
❷　方流芳："中国法学教育观察"，载《比较法研究》1996 年第 2 期。

央政法干部学校以及中央司法干部培训班等教育机构应运而生。这些学校都是"法学教育机构具有能力提供足够的专业人员之前，未受法学教育的军人、工人、农民、行政官员必定以不可阻挡的势头源源涌入法律职业领域而成为法律职业的主流"❶。这导致大学法学教育与法律职业之间愈加严重脱节，也割裂了清末以来建立发展起来的法学教育近代化的历程。

（二）对前苏联法学教育模式的借鉴

在没有传统可以继承的情况下，处于一片空白的新中国法学教育建设再一次面临继受外国法学教育模式的老路。在特定的政治、外交和国际环境下，中国在法律制度和法学教育方面借鉴前苏联模式几乎是不二的选择，这样一种教育模式在机构设置、教育体制、教学内容等方面都引导着新中国初创时期的法学教育。对前苏联模式的借鉴主要体现在以下几个方面：

第一，对教学思想的借鉴。前苏联的法学教育重视世界观的培养，注重法学教育的阶级性，强调法学教育对政治服务的目标方向。1949 年以后，中国的法学教育转变为前苏联模式的政法教育，政治意识形态全面入侵法学，法学领域的教学与科研中都出现了一大堆夹杂着法学术语的意识形态套话。❷

第二，法学教育机构的设置和院系调整。首先，中国人民大学成立了法律系，主要职能是培养全国高校法律系的师资力量和法学研究专家。"人民大学的教授由苏联专家培训，人民大学毕业的学生到全国各地高校任教，其他大学的教授被派到人民大学进修，人民大学出版的各种教材在全国广为流传。"❸ 其次，以前苏联模式为蓝本，在 1952～1953 年间对全国的法学教育机构进行了大规模调整，以发展单科性专门学校和文理科综合性大学。具体而言，即取消大学中"学院"一级的建制，将各

---

❶ 方流芳："中国法学教育观察"，载《比较法研究》1996 年第 2 期。

❷ 蒋志如：《法律职业与法学教育之张力问题研究——以美国为参照的思考》，法律出版社 2012 年版，第 5 页。

❸ 方流芳："中国法学教育观察"，载《比较法研究》1996 年第 2 期。

大学原先设置的法律系予以撤销或合并，建立专门的法律学院和综合大学的法律系，最终形成"四院六系"的法学教育格局。

第三，对法学教育学制、教学内容的借鉴。中国人民大学法律系借鉴前苏联的学制，在法学专业设立了本科和研究生两个层次，本科学制4年，研究生学制2～3年。教学内容主要是根据当时的法令、政策以及前苏联法学教材和相关法学著作而定。

（三）法学教育与法律职业的脱节

在新中国废除"旧法统"、建立社会主义法学教育模式的过程中，大学法学教育与法律职业的关系也发生了质的变化。通过1952—1953年的"院系调整"和"司法改革"，"大幅度裁汰法学教育机构与大量吸收未受法学教育的人进入司法系统，这两件事结合在一起，造成了法学教育与法律职业分离的体制化。法律职业从此不再是一种专业"❶。"这些举措奠定了法学教育机构的基本布局，形成了法学教育与法律职业分离的局面，这一切在以后又成为制度化事实而固定不移，其影响至90年代仍然无所不在。"❷

三、当代法学教育模式与法律职业化

（一）改革开放之后的法学教育概况

20世纪70年代末期，改革开放使得中国的社会主义法制建设出现了重大转机，也为中国法学教育的恢复和重建创造了前提条件和内在动力。从1977年开始，法学教育机构开始恢复，法学院系也开始恢复考试招生。党的十一届三中全会后，法制原则和法律观念得以重新确立，立法和司法工作逐渐恢复和开展，社会主义法律体系开始建立，法学教育也随之兴办起来。"1977年我国恢复高考时，只有3所法学院系招生，但到1983年已经发展到50余所，直属教育部的重点综合性大学和一些

---

❶ 方流芳："中国法学教育观察"，载《比较法研究》1996年第2期。

❷ 尹超：《法律文化视域中的法学教育比较研究——以德、日、英、美为例》，中国政法大学出版社2012年版，第210页。

省级综合性大学均设立法学院（系），所开设的课程均恢复到 50 年代水平。"❶ 为解决中国法制的快速发展对法律人才的强烈需求，多种层次、多种形式的法学教育在之后大力开展起来。除了普通高等教育以外，还发展了大专、中专法学教育，以及广播电视大学、函授大学、夜大学和自学考试等多种形式的法学教育和在职干部培训，"尽快建立布局合理、层次协调、学科专业齐全的具有中国特色的法学教育体系"成了 20 世纪 80 年代中后期中国法学教育的发展方向。同时，为满足复合型人才的需求，二年制的第二学士学位法律班和短期的涉外法律训练班也开始在有条件的院系试办。1985 年，开始在一些省市建立政法干部管理学院。至此，法学教育机构和师生人数规模不断扩大。"到 1991 年年底，法学院系（校）已达 116 所，本专科招生达 11888 人，毕业生达 11894 人，在校生达 40741 人。普通高校法学专任教师人数比 1978 年增长了近 33 倍。全国只有青海和西藏的高校尚未设置法学专业。"❷ 中国特有的"多层次、多规格、多形式"的法学教育格局就此形成。

到 20 世纪 90 年代，随着社会主义市场经济发展的不断深入和依法治国方略的逐步实施，中国在法学教育方面的对外交流日益增加，法学教育在教育模式、培养目标和层次以及法学教育方法等方面日益呈现多元化的发展态势。❸ 一方面，中国法学教育在教学模式上逐步突破前苏联模式的框架，逐渐形成接近于大陆法系通识教育的模式；另一方面，在 20 世纪 90 年代之后，随着法学教育对外交流的不断加强，以美国 J. D.（Juris Doctor）教育为代表的英美法系法律职业教育模式开始对中国的法学教育产生影响。同时，澳大利亚的双学位教育模式也开始在一些高校推行。在教学方法上，英美法系"法律诊所"、"模拟法庭"、"案例教学法"等教学方法也被广泛引入大学法学教育中。另外，近年来双

---

❶ 徐显明主编：《中国法学教育状况》，中国政法大学出版社 2006 年版，第 29 页。

❷ 徐显明主编：《中国法学教育状况》，中国政法大学出版社 2006 年版，第 32 页。

❸ 尹超：《法律文化视域中的法学教育比较研究——以德、日、英、美为例》，中国政法大学出版社 2012 年版，第 266 页。

语教学的繁荣也为传统法学教育注入了新的活力。

（二）当前我国法学教育模式中存在的主要问题——法律职业教育的缺失

法学教育的使命就是培养高素质的法律专门人才。著名法学教育家孙晓楼先生在其所著的《法律教育》一书中谈道：法律教育的目的，是在培训为社会服务、为国家谋利益的法律人才，这种人才一定要有法律学问，才可以认识并且改善法律；一定要有法律常识，才可以合于时宜地运用法律；一定要有法律道德，才有资格来执行法律。我国法学教育模式中存在的主要问题是法律人才培养目标与法律职业需求之间的诸多脱节，过分重视法学理论教育而相对忽视法律职业教育。这具体表现在以下方面。

第一，法学教育规模上的畸形扩大导致教育水平整体下降。

随着市场经济的发展和法治社会的构建，社会对专业化法律职业人才的需求越来越大。中国法律人才的培养目标不再仅仅面向公检法司等部门，还对民政、纪检、安全、监察、海关、政府法制部门和人大常委会法律工作部门等敞开了大门。20 世纪 90 年代以后，法学教育的飞速发展造成了"泡沫化"现象，法学教育机构一哄而起。不仅是财经院校、师范院校、外语院校，一些理工院校也开始纷纷建立法律专业。❶ 到 2005 年年底，我国设有法学本科专业的高等院校已达 599 所，其中还不包括独立院校以及各类法学专科院校。❷ 如今，全国开办法学本科专业的高等院校已达到 600 多所。法学教育成了不折不扣的大众化教育。这导致不容置疑的结果就是法学人才"过剩"。2010 年，麦可思公司发布了由中国大学生就业研究课题组撰写的《中国大学毕业生就业报告（2009）》，报告得出一个结论：法学是目前中国高校中就业率最低的专业。不顾实际一哄而上的办学不仅导致培养出的学生整体素质下降，而

---

❶ 尹超：《法律文化视域中的法学教育比较研究——以德、日、英、美为例》，中国政法大学出版社 2012 年版，第 274 页。

❷ 徐显明主编：《中国法学教育状况》，中国政法大学出版社 2006 年版，第 38 页。

且造成法科学生为了获得工作机会而不得不放弃与法律职业相关的选择，而就业形势的严峻又加剧了法律职业与法学教育无可奈何的脱节，造成恶性循环的局面。

第二，高等法学教育双轨制的人才培养模式与法律职业教育缺失。

从教育模式来看，中国的法学教育借鉴前苏联模式，采取以本科教育为起点的培养方式。因此，中国法学院的本科生通常直接来自高中毕业生，法学硕士研究生也多为法学本科学位获得者。法律本科生和法学硕士研究生一般专修法律，没有非法律学科的学历教育背景。1996 年，我国又借鉴美国模式开办法律硕士学位，即以研究生教育为起点的模式，招收对象为本科非法律专业的学生。于是，中国法学教育呈现出双轨制的模式，以本科教育为起点的模式与以研究生教育为起点的模式并存。❶这种教育模式带来的直接后果是教学中无法明确区分学生层次，导致职业教育无所适从。根据教育部的规定，法学本科期间，学生应当完成学习 16 门核心课程的任务，法学硕士生主要学习自己所选择专业的专业课，而法律硕士生主要学习同法律本科生几乎相同的课程。这就出现了矛盾：法学硕士生中既有本科为法学专业的学生，又有非法学专业的学生，却要接受本科以上的专业课教育；而法律硕士是来自本科非法学专业的学生，学历为硕士生，却要上同法学本科生几乎相同的课程。这样参差不齐的起步，难以在学校教育中形成相应的法律共同体，无疑会对法律职业教育起到消极作用。这种现状又与法学教育不同层次的人才培养目标相左。例如，引进美国的法律硕士培养模式是为法律职业部门培养具有社会主义法治理念、德才兼备、高层次的复合型、实务型法律人才，并且限定只有本科非法学专业的学生才有资格考取此学位。然而实际上，在法律硕士的培养中，接触实务的机会非常有限，大部分时间都投入到学习与本科生几乎相同的专业课中了。可见，这种教育模式在目前的中国实际上弱化了法律职业化的培养。

第三，司法考试改革对法律职业化的影响。

---

❶ 邢钢："法学教育模式评析及发展道路"，载《中国高教研究》1999 年第 3 期。

自 2002 年开始，我国开始实行统一司法考试制度。任何从事法官、检察官、律师等法律职业的人都必须通过司法考试。这标志着我国从制度上将法学教育与法律职业连接了起来。然而实际的操作与应然的制度之间却存在不可逾越的鸿沟。从考试资格来看，我国到目前还没有把接受正规的大学法学教育作为参加司法考试的前提条件。《中华人民共和国法官法》、《中华人民共和国检察官法》和《中华人民共和国律师法》都规定，除了具有高等院校法律专业本科学历外，具有高等院校其他专业学历且有法律专业知识的人员，经国家司法考试合格的，也能取得从业资格。也就是说，实际上，"在中国，法学教育与法律职业无关"❶。从考查内容来看，一般侧重于对法律知识特别是法律规定的考查，而不是对法律语言、法律原理、法律思维、职业技能甚至司法伦理和职业道德的全面考核。可见，司法考试的考查内容与法律职业人才的职业素养要求之间存在很大距离。❷ 在西方，无论在大陆法系模式下还是在英美法系模式下，要从事法律职业都不仅仅需要接受基本的法律理论知识教育，还要接受专门的实践性职业能力训练。因为经过统一的司法训练，具备同质的职业伦理观念、思维方式和职业技能，这是"法律职业共同体"成员应当具有的共同的法学教育和职业训练背景。❸

四、培养法律职业共同体，推动法律职业化

法律职业化的构建是一个系统的大工程，必须从各方面做起。法学教育作为法律职业化进程中的重要一环，需要在教育的各个环节培养学生"像法律人那样思考"的能力。在现代西方，法学教育与法律职业一直息息相关。就法律职业准入条件而言，德日英美各国虽然在操作模式上存在一定的差异，却在法律职业素养教育上存在诸多共同点。这些法

---

❶ 邢钢："法学教育模式评析及发展道路"，载《中国高教研究》1999 年第 3 期。

❷ 尹超：《法律文化视域中的法学教育比较研究——以德、日、英、美为例》，中国政法大学出版社 2012 年版，第 274 页。

❸ 尹超：《法律文化视域中的法学教育比较研究——以德、日、英、美为例》，中国政法大学出版社 2012 年版，第 275 页。

律职业素养包括：一是在进入法律职业之前都具备理论知识素养，又接受严格的法律职业训练，法律职业者都被要求具有较强的职业素养和职业道德。二是法律职业者都具有几乎相同的法律教育背景和职业训练经历，他们的职业素质都具有一定的同质性。三是从事法官职业者都要求具有一定年限的从事职业律师的相关经历。法律职业人才共同的知识背景和职业素养有利于同质的"法律职业共同体"的建立，这也是西方国家法律职业群体整体素质较高的重要因素。❶

当今世界是个开放的世界，全球化的浪潮已经席卷世界的各个角落。各国在法学教育领域的相互借鉴早已司空见惯。重要的是，无论是哪种教育模式的借鉴，都应当与本土经济、政治和法文化相结合。正如苏力教授所言：即使在一定意义上被他人说服了，也未见得就接受建议，还得看看这些建议是否与自己的生活和经验相兼容。❷ 笔者认为，就我国目前的具体情况而言，应当从培养同质的法律职业共同体入手。首先，进行司法考试制度的改革。既然司法考试从制度上将法学教育与法律职业联系起来，就应当率先改革司法考试制度，使二者真正紧密地联系起来。这包括司法考试的资格、考试内容、考试手段、考试方式的改革。其次，改革现有的法学教育培养模式。法学教育应当对本科生以及法学硕士和法律硕士进行区分，分层教学；重点改革法律硕士的培养模式，真正使培养的法律硕士成为实务型人才。第三，控制法学教育规模，提高人才培养质量，逐渐过渡到法学教育的精英化。

纵观我国法学教育模式的选择历程，不难得出结论：我国的法学教育和法律职业一直处于若即若离的尴尬境地。对此，还是霍宪丹教授说得好："当法学教育和法律职业形成双值交集良性互动关系时，法学教育与法律职业相得益彰，健康发展；而当二者脱节时，就将导致结构失范和发展失衡。"❸ 由此可见，解决这一问题已势在必行。

---

❶ 尹超：《法律文化视域中的法学教育比较研究——以德、日、英、美为例》，中国政法大学出版社 2012 年版，第 272 页。

❷ 苏力：《阅读秩序》（代序），山东教育出版社 1999 年版，第 2 页。

❸ 霍宪丹、王健："新中国法学教育六十年：回顾与反思"，载《中国法学教育研究会 2009 年年会论文集》。

非主流法学院校开展法律诊所教育的困境与对策

李红勃*

摘　要：与综合类、政法类大学中的法学院相比，非主流法学院校开展法律诊所教育存在诸多困难和局限。因此，非主流法学院校应当结合自身的特点，寻找适合自己的法律诊所教育的方法，以达到培养卓越法律人才的目的。

关键词：法学教育　法律诊所　法律人才

一、导　论

21 世纪以来，在中国法学教育实现高速度、大规模增长的同时，法学教育也面临来自理论界和实务界的激烈批评，传统的教学体系和教学方法已经无法满足培养高素质卓越法律人的现实需求。"在法律院系的教材和讲堂上，用机械和僵死的眼光看待法律，把它作为一种独立于社会之外的、自我封闭的规范体系的观念基本上占据着主导地位。这种观念总是试图用一种不变的规范体系把生动、变化的生活禁锢住，想当然地认为可以用数理逻辑的推导方法将这种法律规范适用于一切事务、解决一切纠纷。按这种方式训练出来的学生一到社会便会发现，在书本上明确的法律规范在现实中竟然会变得如此模糊和具有伸缩性，课堂中如此明晰的典型案例很难找到可供套用的具体案件，将法律规范和社会现实相结合，需要如此之多的书本和法律条文以外的真功夫和批判性的创新思

---

　* 李红勃，外交学院法律系副教授、法学博士、法律援助中心（法律诊所）主任，主要从事法理学、人权法、法律教育研究。本文系笔者主持的外交学院中央高校基本科研业务费专项资金重大项目《全球化时代涉外法律人才的教育培养》（项目编号：ZY2012KA01）的阶段性成果之一。

维。他们因此无所适从。"❶ 面对上述问题和不足，法学教育界需要认真反思传统教学模式的不足，并通过有针对性的教学改革，走出当前法学专业学生实践能力不足的困境。

在进行教学方法改革的过程中，源自美国的诊所式法律教育被证明是一种可以弥补传统法律教学方式不足的有效方法。与传统的灌输型、注释型法学教学模式相比，"诊所法律教育课程最突出的特点是：教师根据案件办理进程的各个阶段，制定教学计划和教学内容，确定每一节课的具体教学目标，系统地、有计划地安排法律从业人员技能的培训和职业道德的讨论，使学生能够理论结合实际，学会法律的适用"❷。简而言之，法律诊所教育以真实的法律事务为基础，充分发挥学生的主体性和能动性，锻炼学生的动手能力，培养其综合性的法律素养和正确的法律伦理。因此，诊所式法律教育可以在很大程度上弥补传统法学教育的缺陷和不足。

中国大陆目前有 2000 多所高等院校❸，为了分析的方便，本文将开设法学专业的法学院系大致分为两类：一类是综合性或政法院校中的法学院系，它们无疑是法学教育的第一梯队，可以称之为"主流法学院校"；另一类是民族、师范、外语、理工、农林类院校中的法学院系，可以称之为"非主流法学院校"，它们构成中国法学教育中重要的组成部分。对于后者即"非主流法学院校"而言，在开展诊所式法律教育的过程中，存在诸多困难和局限，因而需要认真进行分析，在分析其原因的基础上，方可寻求到适合自身特点的法律诊所教育的方法和路径。

二、非主流法学院校开展法律诊所教育面临的困难

与主流法学院校相比，民族类、师范类、外语类、理工类、农林类

---

❶ 陈建民："从法学教育的目标审视诊所法律教育的地位和作用"，载《环球法律评论》2005 年第 3 期。

❷ 陈建民："从法学教育的目标审视诊所法律教育的地位和作用"，载《环球法律评论》2005 年第 3 期。

❸ 根据教育部《2012 年教育统计数据》，目前我国共有普通高等学校 2442 所。

院校的法学专业无论从规模、师资、设备、声誉上，多少都存在一定的劣势，这让其在开展诊所法律教育尤其是法律援助型法律诊所时要面对更多的困难。

（一）司法部门与当事人的认同不足

诊所法律教育最典型的形式是代理真实案件，向社会弱者提供法律援助。但对学生而言，在我国，开展法律援助、代理真实案件能否顺利，一个关键因素是能否获得来自司法实务部门和当事人的信任和支持，否则会困难重重、举步维艰。在这一点上，非主流法学院校显然存在认同不足的问题。

首先是司法机关的认同不足，因而很难获得必要的支持和信任。对于主流法学院校而言，其在公、检、法、司等司法机关中有大量的校友，而且会和司法机关之间存在包括课题研究、委托培训等多种形式的合作关系，因此，主流法学院校的学生进行法律援助会获得司法机关的积极配合，会获得诸多的资源和便利。相比而言，非主流法学院校进行法律援助，显然很难得到司法机关同等的配合与对待。

其次是当事人的认同不足。学生开展法律援助，首先要有案源，有当事人的信任和委托。与法学教育阵营的第一梯队相比，非主流法学院校的知名度不高，当事人不大了解，也很难会把案件委托给学生，这使这些院校的法律诊所获得合适案源的机会不多，办理起来也有不少困难。

（二）学校内部的认同不足

非主流法学院校本身是以其他专业为主业和强项的，法学专业在校内往往属于边缘性学科，地位不高，影响力有限。因此，学校内部（包括校领导及相关职能部门）对法律诊所教育的了解非常有限，重视程度不足，这些都会限制和阻碍法律诊所教育在校内的开展和可持续发展。

同时，主流法学院校的绝大多数学生毕业后会选择从事法律职业，因此他们会比较重视法律实践技能的锻炼，参加法律诊所课程的意愿和热情较高。如，在政法类院校，法律诊所课程包括民事法律诊所、刑事法律诊所、劳动法律诊所等多种形式，学生选修的积极性非常高。相比之下，在非主流法学院校，虽然学生在校期间学习的是法学专业，但有一定比例的学生毕业后会选择与法律无关的其他职业❶，因此，学生对法律实践课程的兴趣不大，不太愿意花较多的时间来参与法律诊所课程的学习。

（三）师资力量及配套资源的相对稀缺

与上一点相联系，在非主流法学院校，法学专业的师资力量往往有限，可支配的教学资源有限，这也会影响到法律诊所教育在此类法学院系的开展。

众所周知，在 10 多年前法学专业大扩张的时期，在很多非主流法学院校，七八个教师就组建法律系甚至法学院的情况并不罕见，而且其中很多老师还是从其他学科诸如政治学、历史学等专业"转业"到法学领域的，其法律专业的教学能力还有待提高。在这种情况下，一个教师往往同时承担多门课程，在完成法学核心课程的教学之余，法学院系很难组织更多人力和财力来扶持法律诊所教育，无法像综合性、政法类院校那样组建不同类型的法律诊所，有一个庞大的既懂法学理论又有法律实践经验的专业团队专门从事法律诊所教育的教学和研究。

当然，非主流法学院校也往往不具有主流法学院校的声誉和吸引力，可以获取更多外部支持，包括兼职教师的加入和得到社会捐助。客观来说，诊所式法律教育是一种比较奢侈和昂贵的教学模式，需要充足的资源支撑。在很多知名法学院校，校外的捐款足以支撑多个法律诊所开展活动，而来自法院、检察院、律师事务所的兼职教师的加盟，可以给学生提供一流的、有效的指导。在这些方面，非主流法学院校显然望尘莫及。

三、非主流法学院校开展法律诊所教育的方法和途径

笔者认为，作为一种"以实践为导向和以学生为主体"的法学教育模式，法律诊所教育的目的在于对学生进行法律能力培养、职业伦理培

---

❶　以笔者所在的外交学院国际法系为例，法学本科生毕业后直接从事司法、律师、公司法务等传统法律职业的不足 40%，依托本校的优势专业，更多学生会从事与外交、外事、金融、翻译、传媒等相关领域的职业。

养和法律职业认知，而非进行律师执业前的方法和技巧培训。因此，在广泛意义上，只要符合以下特征的法律教学即为"法律诊所教育"：以学生为主体、主张实践性参与、重视法律职业伦理培养。

以上述对法律诊所教育的理解和界定为前提，笔者认为，法律诊所教育是一种具有普遍适用性的教学模式，"穷有穷的方法，富有富的方法"。虽然非主流法学院校不具备主流法学院校的诸多优势和资源，但绝不意味着诊所式法律教育是仅仅只适合法学第一梯队的专有的教学模式。事实上，只要结合自身的特点，积极尝试，大胆探索，非主流法学院校也可以寻找到符合自身特点的途径和方法，从而创造出具有本地、本校特色的法律诊所教育模式。

（一）与本校的特色和优势相结合

在民族类、师范类、外语类、理工类、农林类院校开展法律诊所教育，要想获得更多支持，就一定要与本校的特色相结合，与本校的优势相结合。只有这样，才可能获得资源和认同。

如，师范类院校举办法律诊所，就可以与当地的教育部门合作，把教师群体作为服务和援助的主要对象，与教育部门签订合作协议，或者在特定学校开展定向法律服务；农林类院校的法律诊所可以与农村、农民的法律需求相结合，定期到周边的农村提供法律服务，或者把本校的"技术下乡"与"法律下乡"相互结合，在提供技术培训的同时向农民提供法律服务；矿业石油类院校的法律诊所可以与当地的矿业石油类企业合作，利用该行业对本校的认同及提供的便利，有针对性地提供法律公益服务。

总之，并非每个院校都可以采取像北京大学、中国人民大学、中国政法大学那样常规的、综合性的法律援助模式，每个学校都可以找到自己的优势，树立自己的特色。

（二）组织和参与模拟法庭活动

"法学教育的核心，应在于培养学生对于我国主要的实体法、程序法具备全面的知识，以及进行法律解释与适用的能力。"[1] 诊所式法律教育

---

[1] 葛云松："法学教育的理想"，载《中外法学》2014 年第 2 期。

毕竟是一种法律教育活动，因此，模拟法庭可以成为非主流法学院校进行诊所法律教育的补充方式之一，它在一定程度上可以达到与法律援助同样的教学效果。

即使无法像综合类、政法类院校那样获得源源不断的案源，从立案到庭审会得到司法机关诸多校友的指导、支持，但非主流法学院校也可以通过模拟法庭来锻炼和培养学生的法律技能。模拟法庭可以有两种：一种是参与校内自己举办的模拟法庭，但其材料必须来自真实案件。教师在对真实案件材料进行必要技术处理（主要是消除原当事人信息）后，指导学生进行证据分析、法律检索、文书写作、法庭论辩。另一种是参与校外的各类模拟法庭竞赛，包括国内赛和国际赛。目前，汉语类的模拟法庭竞赛主要包括"理律杯"模拟法庭竞赛、北京市大学生模拟法庭竞赛等，而英语类的模拟法庭竞赛包括"杰赛普"国际法模拟法庭竞赛、国际刑事法院模拟法庭竞赛、红十字会人道法模拟法庭竞赛等。

虽然模拟法庭与真实法庭多少还是有区别的，但从教学上讲，其实质效果并无太大的差异，同样能够为学生提供司法实战的机会和体验。2014年5月，外交学院代表队在荷兰海牙举办的"国际刑事法院模拟法庭竞赛"中与来自全球各国40多个优秀的代表队同台竞争，以英语为比赛语言，最终击败了多个强劲对手，取得了世界第三名的好成绩，获得了中国大学生参加国际模拟法庭竞赛的历史最好成绩。在此过程中，学生在法律分析、文书撰写、法庭论辩等多个方面均得到了锻炼，其能力有了明显的提高，学习效果毫不亚于代理真实的法律援助案件。

（三）积极开展非诉法律实务

受社会认同及资源供给等多方面因素的限制，非主流法学院校无法保证充足的案件来源，无法让每个同学都走上真实的法庭体会法律人的感受，但是，这并不意味着其没有机会接触真实的法律问题。

非主流法学院校可以通过开展非诉法律实务，尽可能给学生提供补充性的实践机会，让学生了解社会，了解真实的法律运作。具体来说，开展非诉法律实务的方式包括：（1）开展社区法律服务。通过和所在地区居委会、村委会的合作，定期或不定期开展公益服务进社区、进学校等活动，通过有效的形式，针对群众关心的问题开展法律宣传，进行法律咨询，代写契约遗嘱，调解社会矛盾。（2）参与当地政府主办的法律活动。每年的 3·15 消费者权益保护日、五一劳动节、12·4 宪法宣传日以及其他重要节日，很多地方政府都会举办特定主题的社会活动，这为法学院校开展相关法律服务活动提供了机会。法律诊所完全可以在政府部门的整体方案中承担与法律有关的任务，为学生提供接触法律实务的机会，甚至还可以寻求地方政府购买社会服务，让法学院学生参与到社区法律公益活动中去。（3）积极开展决策参与活动。法律诊所教育不仅可以在纠纷解决阶段展开，也可以延伸到立法决策参与阶段。具体的做法是，鼓励法律诊所学生在现实生活中发现法律、政策的漏洞与问题，开展调查研究，形成报告之后，再以公民建议的方式，向相关职能部门提出完善、改革的法律建议。通过这样的方式，一方面锻炼了学生的动手能力，培养了学生的民主意识，另一方面也有助于国家机关改进工作，完善法律制度。

总之，代理诉讼案件并非法律诊所教育的唯一形式，通过有针对性地开展力所能及的非诉法律实务活动，非主流法学院校也可以让学生参与实践、锻炼能力、服务社会，提高学生的综合性法律素质。

四、结　论

"法学教育应当培养学生的'知识＋技能'。技能培育在中国法学教育的全方位缺席，主要原因是教学目标及方法不当。"❶ 事实证明，诊所式法律教育可以在很大程度上弥补传统法学教育中技能培育的缺位和不足。"我们无意强调诊所法律教育课程是培养法律职业人才的唯一课程和途径，也不认为选修诊所法律教育课程的学生一定能成为优秀的法律职业人才，但是诊所法律教育课程表现出的不同于传统法学教育模式的'真实性、互动性、主动性、职业性、技能性'的特点使这门课程获得了强大的生命力，即使选修此课程的学生因各种原因在毕业后未必选择法

---

❶ 何美欢："理想的专业法学教育"，载《清华法学》2006 年第 3 期。

律职业，但是法律职业训练所表现的思维方法、学习方法仍然使他们受益。"❶

作为一种舶来品，诊所式法律教育在中国已经开展了 10 多年，取得了长足的进步和巨大的成绩，但这种模式的成功还更多体现在主流法学院校；而它在非主流法学院校的发展还存在巨大的空间，还有很长的路要走。通过对非主流法学院校开展法律诊所教育的研究，本文的结论是：作为一种全新的教学理念，诊所式法律教育并没有固定和僵化的形式，非主流法学院校不必完全套用主流法学院校的模式，而应该结合自己的特点和优势，扬长避短，因地制宜，积极探索适合本地、本校的有特色的法律诊所教育模式，从而提升学生的法律实践能力，完善其综合性法律素养，服务于国家"培养卓越法律人才"的宏伟目标。

---

❶ 陈建民："从法学教育的目标审视诊所法律教育的地位和作用"，载《环球法律评论》2005 年第 3 期。

地方普通院校诊所法律教育的困境与突围

——以兰州商学院法学院的法律诊所为样本

史正保[*]　毛清芳^{**}

摘　要：诊所法律教育是培养学生法律职业能力与职业伦理的一种行之有效的法学实践教学方法。诊所法律教育的本土化是国外先进教学模式与我国法律教育实际有机结合的成功尝试。当然，地方普通院校由于地域、名望、资源等劣势，在推行诊所法律教育本土化发展的过程中会遇到更多的困难和障碍。本文以兰州商学院法学院的法律诊所为样本，分析探讨了地方普通院校在推进法律诊所课程化、规范化发展的过程中所面临的困境以及突围的路径与方法。

关键词：诊所法律教育　法律诊所课程　困境　突围

自 2000 年 9 月起，一种全新的法学教育模式——诊所法律教育被一些高校引入了我国的法学教育体系，并正在促进新时期我国法学教学的改革。如今，诊所法律教育被认为是国外先进教学模式与我国法律教育实际有机结合的成功尝试，已在我国"遍地开花"。❶ 在此背景下，笔者所在学校即地处西北的甘肃省属院校——兰州商学院法学院亦加入到诊所法律教育的实践与探索之列。

兰州商学院法学院有着重视法律职业教育的良好传统。其早在 1992 年招收第一批法学专业专科生时就开设了律师与公证实务课程，由我院

---

* 史正保，兰州商学院法学院教授，法学硕士，硕士生导师，兼职律师。
** 毛清芳，兰州商学院法学院副教授，法学硕士，兼职律师。
❶ 截至 2014 年 6 月 2 日，加入中国诊所法律教育专业委员会的会员单位达 177 所高校（法学院），参见 http://www.cliniclaw.cn/article/? 825. html，访问日期：2014 年 7 月 7 日。

从事兼职律师的教师授课；1995 年，在创建法学系并招收法学专业本科生时增设了司法文书写作课程和专业实习。诊所法律教育作为一种新型法学教育模式被我院引进和推广以来，很快得到法学院领导和部分教师的认可和推崇。2002 年 4 月，经学校批准，法学院成立了"诊所教育与法律实践中心"，该中心一方面负责模拟法庭、观摩庭审、法制宣传、专业实习和毕业实习等传统的法学实践教学工作与学生实习基地的建设；另一方面负责新型法学实践教育教学工作，主要是诊所法律教育的探索和指导学生法律援助的开展。2008 年 5 月，兰州商学院法学院申请加入了中国诊所法律教育专业委员会，成为该会的第 83 个会员单位。2009 年，在中国诊所法律教育专业委员会的资助下，我校启动了刑事诊所教育项目，开设了刑事法律诊所课程。2010 年，我校成立了兰州市法律援助中心兰州商学院工作站，承办了中国诊所法律教育专业委员会的刑事诊所教师区域培训。在总结刑事诊所课程教学经验的基础上，法学院又先后增设了民事法律诊所课程、婚姻家事法律诊所课程。

一、我院法律诊所课程概况

目前，法学院的法律诊所课程的大致情况如下。

（1）法律诊所课程的性质：法学专业实践必修课，且已被纳入学校 2013 年新的教学计划。

（2）法律诊所课程的学生：大三本科生和硕士研究生。

（3）法律诊所课程的师资：每门课由两位校内专职指导教师担任。同时，外聘法官、检察官、律师为兼职指导教师，进行不定期指导。

（4）法律诊所课程的案源：主要是兰州市城关区法律援助中心和兰州市城关区人民法院提供的案件、甘肃省农牧厅 12316 热线专家咨询的个别案件、法律诊所教师自己承办的个别案件。

（5）法律诊所课程的教学目的：旨在训练、指导学生运用所学的法律知识办理真实刑事和民事及婚姻家事案件的技能与方法，并培养学生像职业律师一样去思考，增强学生的职业道德和职业责任。

（6）法律诊所课程的学时与学分：刑事法律诊所课程、民事法律诊所课程和婚姻家事法律诊所课程均为 51 学时，3 学分。

（7）法律诊所课程的教学内容：以刑事法律诊所课程为例，教学内容分为四个模块：一是沟通能力的训练，二是法律专业知识的深化，三是案件办理技能的培养，四是专业形象的揣摩与体会。具体内容包括以下 10 个主题：刑事诊所课程介绍及其组织管理、法律职业素质讨论、接待与咨询、接案与会见、阅卷、调查取证、法律文书制作技巧、庭审前的准备与庭审、疑难案件诊断、反思与总结。

（8）法律诊所课程的开设情况与授课方式：法学院目前开设刑事法律诊所课程、民事法律诊所课程和婚姻与继承法律诊所 3 门法律诊所课程，3 门法律诊所课程同时平行开设，学生只能从中选择 1 门；30 人以内小班授课；在第 7 学期开设。

（9）法律诊所课程的教学方法：提问式教学法、对谈式教学法、模拟训练教学法、合作学习教学法、反馈式教学法。

（10）法律诊所课程的教学评估：中期评估与期末评估、自我评估与相互评估。评估项目包括到课率、值班情况、课堂表现、外出表现、书面作业等。

（11）法律诊所课程的教学效果：迄今为止，刑事法律诊所课程开展了 5 期，参与学习的学生累计 150 人；民事法律诊所课程了 2 期，参与学习的学生累计 60 人；婚姻家事法律诊所开了 1 期，参与学习的学生累计 35 人。诊所学生除了接待法律援助中心的法律咨询外，还有组织地外出参观监狱、观摩庭审、在老师的指导下参与刑事案件的办理等。法律诊所课程"为学生实际应用所学知识提供了平台，为学生通过法律援助活动服务社会创造了条件，为学生综合能力和素质的提升开辟了空间"❶，因而受到学生的欢迎。例如，我校 2009 级法学 2 班江同学在其总结报告中说："我的课堂我做主：一是法律程序我来演；二是法律错误我来找；三是知识理论我来讲。每一次上完这堂课，我们都觉得思想经历了一次洗礼，洗去了我们想象中的'以为'，洗去了固有的死板与偏

---

❶　汪世荣："构建诊所式教育'西北模式'培养学生法律专业能力和素质"，转引自《法学教育研究》（第 9 卷），法律出版社 2013 年版。

见。"这也得到了学校教学管理部门的认可❶及社会的认可❷。

二、我院开展诊所法律教育的困境

一般认为，"诊所教育立足于学生接触和承办真实案件的教学途径，运用互动式的教学方法，探索培养合格的法律人才的创新之路"❸。从国内院校开展诊所法律教育的情况考察，运行良好的法律诊所基本是以诊所法律课程为载体，以法律援助中心或律师事务所为依托，以学生接触和承办真实案件为手段，以培养学生法律职业素养和职业道德为目标。也就是说，真正意义上的诊所法律教育至少有六个基本要求：一是适合法律诊所教学的实践性平台；二是具有实务经验的教师；三是稳定的适合诊所教学的案源；四是学生承办案件的保障机制；五是正确评估教师工作量的激励机制；六是经费的支撑。

我院把诊所法律课程列入本科和硕士研究生的教学计划，而且作为法学实践必修课对待，满足了诊所法律课程对学生的要求，因为每个学生都必须学习诊所法律课程，不存在学生少而开不了课的情况。同时，学校对每个指导教师的课堂教学以全额计入工作量。在诊所教育委员会的资助下，刑事法律诊所以项目的形式启动并开课。随着民事法律诊所课程、婚姻家事法律诊所课程的开设，我院在推进法律诊所课程化、规范化发展的过程中，越来越深刻地体会到来自方方面面的压力和困难。就目前而言，我院所面临的困境主要体现在以下方面。

（一）经费瓶颈

我院的法律诊所课程是在诊所教育委员会的资助下开起来的，而诊所教育委员会的资助是有期限和有限额的。目前，该资助期限届满，经

❶ 法律诊所课程作为法学专业实践必修课，被列入 2013 年修订的兰州商学院本科学生培养方案就是明证。

❷ 刑事诊所先后有 6 名学生在诊所老师的带领下作为助手在兰州市城关法院出庭为当事人进行辩护，审理案件的法官对学生在法庭的表现给予了肯定就是明证，当事人的家属也对学生在法庭的表现进行了赞扬。

❸ 《中国法学会法学教育研究会诊所法律教育专业委员会章程》第 2 条。参见 http：//www.cliniclaw.cn/article/？571.html，最后访问日期：2014 年 7 月 7 日。

费已经用尽。除此之外，学校没有给予经费上的专门支持。众所周知，没有经费，学生外出办案的费用没法报销；没有经费，诊所教学的实践性平台没法建立，即使勉强建立也无法维持；没有经费，无法外聘法律实务部门的人员担任学生的指导教师，因为报酬无法解决；没有经费，校内教师无法外出交流、观摩与培训。所以，经费问题成为诊所法律教育发展的瓶颈。

（二）实践平台虚置

学校由于新校区远离中心城市，而且没有临街的门面房，加之经费限制，虽然与兰州市法律援助中心合作设立了兰州市法律援助中心兰州商学院工作站，但只是挂了个牌子，有名无实。毋庸讳言，我院既没有类似于西北政法大学设立的法律诊所接待室这样的校内诊所实践平台❶，也还没有类似于清华大学与北京义联劳动法援助与研究中心合作的校外诊所实践平台。❷ 由于实践平台虚置，诊所学生缺乏实践演练的场景和机会，如接听当事人电话与法律咨询、接待当事人等，由此也造成案件的来源受限。

（三）案源单一，无选择余地

与上述原因相对应，经费的缺乏、实践平台的虚置导致能够提供给诊所学生演练的案件主要是兰州市城关区法律援助中心和兰州市城关区人民法院提供的案件。截至目前，刑事法律诊所学生接触和办理的案件只有马某抢劫案、韩某盗窃案、刘某盗窃案、张某隐瞒掩饰犯罪案、张某（聋哑人）扒窃案等为数不多的几件。但是，由于兰州市城关区法律援助中心关于援助案件的管理发生了变化，加之兰州市城关区人民法院提供的未成年人案件的特殊性，其在 2013 年未能提供真实的刑事案件以供法律诊所学生演练。甘肃省农牧厅 12316 热线法律专家咨询才刚开始进行合作，且只限于农民法律问题咨询，案源也是有限的，真正能让学

---

❶　例如，西北政法大学诊所课程有民事法诊所案件接待室、社区法律诊所接待室、劳动法诊所接待室、法律诊所办公室等校内实践平台。

❷　北京义联劳动法援助与研究中心："北大清华学子与义联的公益情结"，载 http://www.yilianlabor.cn/guancha/guancha/845.html，最后访问日期：2014 年 5 月 30 日。

生参与办理的更是寥寥无几。即使是来自指导教师自己承办的案件，由于指导教师是兼职办案，案源有限，许多案件不适合学生参与办理。

（四）师资不足，积极性不高

法学院现有教师基本都是学术型的，取得律师执业资格者囿于科研与教学的压力，平时很少承办案件；平时承办案件较多者，又限于时间、精力及薪酬等原因而不愿从事诊所法律教学；愿意从事诊所课程教学者，仅限于个别具备法律实务工作经历和经验的教师。而法律实务部门的法官、检察官、律师，由于没有诸如薪酬保障等机制，难以引进法学院担任诊所课程的实务指导教师。这导致了诊所师资表面上的富裕（有 10 多个教师具有律师资格证，并参与诊所课程）而事实上的不足。同时，由于学校没有专门经费支持，诊所教师除了课堂教学之外，课外要付出数倍于传统课程教学的时间和精力对学生进行指导，然而学校仅对课堂教学按 1∶1 计工作量❶，未计课外指导的工作量，这或多或少影响到教师从事诊所教育的积极性。特别是目前在职称评定方面并没有关于实践课的教学课时数量要求，致使教师一般不会积极参与该课程的教学。

（五）缺乏学生办案的制度保障

目前，我国没有制定专门针对诊所学生的特别出庭规则，赋予学生"准律师"或实习律师的身份独立地为当事人提供法律意见，代理当事人出庭。缺乏相应的制度保障事实上限制了法律诊所学生参与案件的程度以及案件的种类，从而影响了诊所教学的效果。就我院办理的马某抢劫案等刑事案件而言，学生是以从事兼职律师的教师的助理身份参与出庭的，但所有文书签名中均不能出现学生的名字，都必须是从事兼职的教师以律师身份出现。即便如此，2013 年后由于各方面的原因，学生以从事兼职律师的教师的助理身份出庭的情况被中断。这样，选修刑事法律诊所课程的学生就难以实际接触真实案件的办理。正如有学者断言："中国法律诊所的学生是以普通公民代理的身份为当事人提供法律帮助，学

---

❶ 2009 年开设刑事法律诊所时按照计算机上机课对待，按 0.5 的分值计算，经过争取按照 0.8 的分值计算，目前按照 1∶1 的分值计算。

生不具备法律职业人员所具有的调查权、阅卷权等，接触案件信息的能力有限；不具有法律职业的特权必然会大大削弱所提供的法律服务的质量；再加上诊所学生也往往涉世不深，不具有多少社会经验，对法律纠纷涉及的事实关系不一定能够作出非常清楚和准确的判断，因此，如何确保法律诊所办理案件的质量，这是法律诊所发展面临的严峻挑战。"❶

三、面对诊所法律教育困境的突围

任何事物的发展都不可能是一帆风顺的。我校法学院开设法律诊所课程曾经历了一个由不被学校承认到被学校承认、由被法学专业培养方案拒之门外到被接纳的过程。而这个过程比预期的可能短暂许多。❷ 这是令人欣喜的奋斗成果之一。同时，诊所学生学习的热情和收获的喜悦也是激励我们前行的巨大动力。诊所法律教育何去何从？是坚持、放弃还是突围？面对上述困境，每当心生种种困惑的时候，我们都选择了突围。然而如何突围呢？

（一）申报项目争取经费资助

"天行健，君子以自强不息。"一是应该踏踏实实地开展并完善法律诊所课程教学工作，争取把诊所课程做规范，做正宗，做成精品，赢得认可和口碑。二是根据实际情况申报课程项目。例如，借鉴中国人民大学诊所式法律教育精品课程和四川大学法律诊所精品课程建设的经验，申报校级法律诊所精品课程，获得课程建设经费的支持。三是积极申报中国法律诊所教育委员会有关的项目和课程支持。四是申报校级乃至省级教学改革项目，获得项目资助经费等。值得欣慰的是，我院 2013 年的《基于法律诊所教学视角下的法律创新人才培养》校级课题已经立项，支持经费 3 万元，这就解决了中国法律诊所教育委员会支持后断档的问题。

---

❶ 丁相顺："日本法科大学院制度与'临床法学教育'比较研究"，载《比较法研究》2013 年第 3 期。

❷ "法律诊所教育作为一门真正的课程得到教育行政部门和法学教育界的普遍承认可能还为时过早。这应当是我们锲而不舍的奋斗目标。"参见陈建民："法律诊所教育与法学教育的改革——兼谈美国法律诊所教育在中国的实践"，载《岳麓法学评论》2001 年第 2 卷。

（二）搭建法律诊所实践平台，解决教学实践平台虚置和案源单一的问题

（1）理顺与校外实习基地的关系，将原来的专业实习基地改造为校外法律诊所。从 1995 年开始，我校法学院与当地法律实务部门合作，先后建立了兰州市城关区人民法院、兰州市城关区检察院、兰州市中级人民法院、兰州市检察院、兰州市仲裁委员会等 5 家长期校外实习基地，并坚持每年组织法学专业学生赴这些实习基地进行专业实习。法学院与这些校外实习基地长期保持着良好的合作关系，为搭建法律诊所实践平台奠定了一定的基础。其中，兰州市城关区人民法院实习基地被学校在 2013 年列为校外示范实习基地。现在我们可以利用这一优势资源，按照校外诊所法律教育模式与这些法律实务部门协商合作，签订法律诊所课程教学的合作协议，明确实务部门应对值班的诊所学生按照教学计划给予职业指导和训练并使其接触真实的法律实务的职责❶，明确实务部门选派人员从事诊所法律教学的权利，从而克服以往实习学生只做一些辅助性的工作，很难充分接触实际的法律事务以及实习单位并不真正指导、督促学生等诟病。❷

（2）与律师事务所和法律援助中心建立长期合作关系。找一家热心诊所法律教育和公益事业的律师事务所，与其建立法律诊所教学的合作关系是解决案源的一个不错选择。通过签订法律诊所课程教学的协议，

---

❶　例如，美国"第二种是'外置式诊所'，即学生被安置在法学院之外的一定机构中，并在非教师的法律从业人员（主要是律师）的指导下从事直接的法律服务工作，直至完成具体案件的代理（与我国的法律实习有相似之处）"。参见陈建民："法律诊所教育与法学教育的改革——兼谈美国法律诊所教育在中国的实践"，载《岳麓法学评论》2001 年第 2 卷。日本的第三种临床法学教育模式为："向从事法律业务的法律事务所、企业法务部、行政机关、各种非政府组织等法律机构派遣学生，由这些学生在这些机构中见习和实习（Examship），法科大学院委托派遣单位的法务人员对派遣的学生进行指导和训练，并使其接触真实的法律实务！"参见丁相顺："日本法科大学院制度与'临床法学教育'比较研究"，载《比较法研究》2013 年第 3 期。

❷　丁相顺："日本法科大学院制度与'临床法学教育'比较研究"，载《比较法研究》2013 年第 3 期。

明确律师事务所向诊所学生提供优选案件并按照教学计划指导和训练诊所学生的职责；也明确律师事务所有获得学校的支持、免费培训律师等权利。目前我院正积极与甘肃合睿律师事务所对接，将其优秀的 2 名律师聘请为客座教授，下一步将通过签订协议建立具体的合作机制。与法律援助中心合作，通过其提供案源应该说是更为有效的渠道。2013 年，我院与兰州市城关区法律援助中心及兰州市城关区法院少年法庭建立了合作关系，签订了合作协议，兰州市城关区法律援助中心愿意每年为我院提供 1~2 个符合学生参与办理的刑事、民事案件，这为诊所课程的案源提供了一个长期固定的渠道；兰州市城关区法院少年法庭也同意在不违反我国有关法律的前提下，在不损害当事人利益和征得当事人及监护人同意的前提下，由兼职律师的教师指导和带领学生参与有关案件的办理。

（三）实施诊所师资建设计划

该计划内容如下：一是承认诊所教师课外工作量，诊所课程教学可以按照计划学时的 1.5 倍的分值计算工作量。二是配合教育部、中央政法委员会《关于实施卓越法律人才教育培养计划的若干意见》中关于高校与实务部门人员互聘"双千计划"❶ 的实施，我们可以选派诊所教师到法院、检察院、仲裁委员会、律师事务所等法律实务部门挂职，同时可以聘请法官、检察官、仲裁员、律师等法律实务专家担任诊所课程教学，指导诊所学生处理真实的法律事务。实际上，2013 年下半年我院已经派出一位教授去省检察院挂职，省检察院也派来一名副院长到我院挂职，已经参与诊所课程的教学。2014 年下半年，我院又有一位教授去省法院挂职，省司法厅也派来一名公证员到我院挂职。笔者希望今后这种交流制度能与诊所教育有机结合起来。三是加强与其他院校诊所教师之间的交流，选派诊所教师参加名校名师的教学观摩培训和研讨活动。四是希望中国法律诊所教育委员会目前进行的教师培训能继续办下去，而且建议在培训方式方面进

---

❶ "双千计划"即选派 1000 名高校法学骨干教师到实务部门挂职 1~2 年，参与法律实务工作；选派 1000 名法律实务部门具有丰富实践经验的专家到高校任职 1~2 年，承担法学专业课程教学任务。

行分类，将开展已经成熟的院校与刚开始诊所课程的院校及教师进行区别培训。

（四）运用一些变通的办法解决学生办案身份的问题

如果透过现象看本质，学生办案身份问题的背后实际上反映的是学生办案信任度的问题。我们希望像美国那样由法院以制定学生办案规则的形式赋予诊所学生"准律师"的身份。然而坦率地说，这是不现实的。现实的做法是，游说、争取法院等法律实务部门采取变通做法，在以公民身份无权接触的法律实务环节，如会见刑事当事人、出庭辩护等，可以由指导教师带领学生办理。同时，无论是法律实务部门还是学校，包括诊所师生，都应该把注意的焦点转移至如何把正在办理的事情办好、如何提高办案质量上来，而不是一味地较真于诊所学生承办案件的身份问题。

四、结　语

我院从 2009 年开展诊所法律教育至今，只有短短的 5 年时间，尽管取得了一点成绩，但许多方面还在探索之中。我院曾经遇到的和正在面临的问题与困境，在清华、北大、中国政法大学等著名高校也许都不是问题，但在地域、名望和资源等不占优势的其他地方普通院校同样遇到过或正在面临着。换句话说，上述困境也许是多数地方普通院校开展诊所法律教育所共同面临的问题。❶ 对于这些问题，我们的信念是：无论有什么问题，都想办法着力解决；相信这些问题解决之日，恰是诊所法律教育蓬勃发展之时。对此，我们且行且努力！

---

❶ 甄贞主编：《诊所法律教育在中国——诊所式法律教育丛书》，法律出版社 2002 年版，第 434~441 页；蔡彦敏："诊所法律教育在中国制度化建设中亟待解决的问题"，载《环球法律评论》2005 年 3 期；侯斌："诊所法律教育在我国的实践与未来"，载《西南民族大学学报（人文社科版）》2006 年第 10 期；刘加良、刘晓雯、张金玲："法律诊所教育研究"，载《山东大学法律评论》2007 年卷；等等。

知识产权法律诊所教学实践基地运行机制的思考

刘　瑛* 　郑璇玉**

摘　要：为落实教育部和中央政法委员会培养应用型、复合型法律职业人才的卓越法律人才教育培养计划，中国政法大学知识产权法律诊所秉承实践教学的精神，在实践基地的教学指导中逐步形成适合于诊所法律教学，适应于知识产权特点的教学模式，并在对实践基地的培育、开发中形成对知识产权诊所教学实践基地运行机制的思考。

关键词：知识产权　诊所法律教育　教学实践基地

实践教学是高校法学教育的重要教学环节，更是法律诊所指导学生理论联系实际、培养学生综合素质与创新精神的重要手段。教育部在《关于进一步加强高等学校本科教学工作的若干意见》中指出，实践教学对于提高学生的综合素质、培养学生的创新精神和实践能力具有特殊作用。2012 年，教育部颁布了《关于全面提高高等教育质量的若干意见》（教高〔2012〕4 号），指出要"强化实践育人环节"；教育部和中央政法委员会目前正在全国范围内推进实施重点为培养应用型、复合型法律职业人才的卓越法律人才教育培养计划；最高人民法院也已发布建立人民法院与法学院校的双向交流机制的指导意见，积极探索卓越法律人才培养机制。知识产权法律诊所秉承实践教学的精神，在实践基地的教学指导中逐步形成适合于诊所法律教学，适应于知识产权特点的教学模式，并在对实践基地的培育、开发中形成对知识产权诊所教学实践基地运行

---

　*　刘瑛，中国政法大学副教授、知识产权法律诊所教师。

　**　郑璇玉，中国政法大学副教授、知识产权法律诊所教师。

机制的思考。

一、知识产权诊所教学实践基地运行机制的概念及意义

"机制"一词最早源于希腊文，原指机器的构造和工作原理。机制的本义包括两方面：一是机器由哪些部分组成和为什么由这些部分组成；二是机器是怎样工作的和为什么要这样工作。对于"机制"，可以进行这样的理解：第一，事物各个部分的存在是机制存在的前提，因为事物有各个部分的存在，所以就有一个如何协调各个部分之间关系的问题。第二，协调各个部分之间的关系一定是一种具体的运行方式，机制是以一定的运作方式把事物的各个部分联系起来，使它们协调运行而发挥作用的。❶ 而所谓"运行机制"，则是指在人类社会有规律的运动中，影响这种运动的各因素的结构、功能及其相互关系，以及这些因素产生影响、发挥功能的作用过程和作用原理及其运行方式。机制是引导和制约决策并与人、财、物相关的各项活动的基本准则及相应制度，是决定行为的内外因素及相互关系的总称。各种因素相互联系、相互作用。要保证社会各项工作的目标和任务真正实现，必须建立一套协调、灵活、高效的运行机制，如市场运行机制、竞争运行机制、企业运行机制。❷因此，知识产权诊所教学实践基地的运行机制就是在知识产权诊所的规律性教学活动中，整合现有的教学实践基地的资源，包括这些基地资源与实践性教学之间的结构、功能及其相互作用和作用方式。对于知识产权诊所教学实践基地运行机制的研究，使我们能够有效了解教学实践基地作为单元要素在运行过程中存在的作用，掌握这些现有单元要素对于知识产权诊所教育产生影响、发挥作用的过程和内在规律，从而能够归纳出成为知识产权诊所教学实践基地的必备条件以及对教学产生效益最大化的过程。

二、知识产权诊所教学实践基地运行机制的现有要素

从机制运作的形式划分，一般有三种运行机制：第一种是行政—计

---

❶ http：//baike. baidu. com/view/79349. htm，最后访问日期：2014 年 6 月 6 日。

❷ http：//baike. baidu. com/view/2068791. htm? fr＝aladdin，最后访问日期：2014 年 6 月 6 日。

划式的运行机制，即以计划、行政的手段把各个部分统一起来。第二种是指导—服务式的运行机制，即以指导、服务的方式去协调各部分之间的相互关系。第三种是监督—服务式的运行机制，即以监督、指导式的方式去协调各部分之间的关系。❶知识产权诊所的运行机制应以第二种和第三种为主要形式。其中，主要的研究对象是第二种，即各种现有要素的指导和服务。这种指导和服务并非单向的，而是双向和多向的，以协调为手段，互相指导和互为服务对象。第三种形式是次要研究对象。这种监督、指导运行机制在目前教学实践基地的现有条件下还处于摸索阶段。

中国政法大学知识产权诊所已开展实践教学多年，在运行机制研究的现有要素上已经具备了一定的条件。校内要素不仅有知识产权法基本课程，还有知识产权法案例研习等深化课程。经过近 10 年的培育，知识产权诊所教育在实践基地的建立和培养上取得了丰硕的成果。这些成果中包括 10 余个外围基地和 3 个核心基地的实训团队，以及一系列围绕在团队周围的基地人员。

校外要素有北京市高文律师事务所、北京市金台律师事务所、中国音乐著作权协会、北京市卫之平律师事务所/北京卫平知识产权代理公司、北京市西城区人民法院、中国技术交易所等多家教育实践基地。在人员要素上，不仅有固定的和专门的教学团队，还配备有兼职的实践教学团队，这些必要要素针对顺利有效地完成知识产权诊所实践教学任务、培养适合国际和国内市场需要的职业法律人才、形成完备的知识产权诊所教学实践基地运行机制进行了有效的探索和尝试。

教学实践基地运行机制中最容易被忽略的环节就是学生的要素。中国政法大学知识产权诊所作为全国高校首创的知识产权诊所，已经走过了近 10 年的历程，已招收 17 期学生，结业学生共计 537 名，这些数字和学生要素的有效存在为知识产权诊所教学实践基地的运行机制研究奠定了坚实的基础。

在知识产权专业的实践教学中，官产学研紧密合作，政府、企业、高校和研究机构统一目标、协调互动、各司其责、多管齐下，有助于增

---

❶ http：//baike.baidu.com/view/79349.htm，最后访问日期：2014 年 6 月 6 日。

强实践教学的实效性。学生通过在各级知识产权局、版权局、工商局等行政机关，或在大中型企业技术研发和知识产权部门、知识产权中介机构，或在各级法院的知识产权庭及律师事务所等单位进行与知识产权专业相关的业务实践，可以从中获得直接感知，加深对许多抽象理论的理解，从而有利于调动学习积极性，由被动地接受理论知识变为主动地分析问题、解决问题。在实践教学过程中，学生主要从事知识产权管理、知识产权代理、知识产权诉讼或仲裁等涉及知识产权工作实务或法学实务的具体工作。学生通过参与具体工作，可以熟悉知识产权相关工作的基本环节，消化和吸收在校期间学习的理论知识，并运用所学专业知识处理实际事务，从而提高专业技能、工作能力和社会适应能力。

三、知识产权诊所教学实践基地运行机制的难点思考

机制按功能来划分，包括激励机制、制约机制和保障机制。激励机制是调动管理活动主体积极性的一种机制；制约机制是保证管理活动有序化、规范化的一种机制；保障机制是为管理活动提供物质和精神条件的一种机制。激励机制、制约机制和保障机制不仅是知识产权诊所教学实践基地运行机制的重要组成部分，也是对其研究的意义所在。

（一）知识产权诊所实践基地运行机制存在的现实问题

目前，知识产权诊所教学实践基地存在多种问题，在激励机制、制约机制以及保障机制的带动下，希望能就现有问题提出合理解决方案。这些问题归纳起来有以下几点。

（1）实践基地的建设缺乏内在的动力。实际上，全国所有法学院校都安排有专业实践环节，但存在的一个普遍问题是法律实务部门参与积极性不高，因此实践环节所发挥的作用不太理想。认真思考背后的原因，不外乎法律实务部门与学校没有达成共同建立实践基地的理念，没有找到各自需求的对接点，没有挖掘各自可为对方利用的优势。其中无法回避的关键问题是实践教学基地的建设缺乏内在的动力。

（2）实践基地没有健全的指导制度。对于培养有较高理论素养的应用型、复合型法律职业人才，专业实践是必不可少的培养环节，而专业

实践必须依托法律实务部门才能进行。事实上，随着近年来我国法学教育界对实践教学的逐步探索和改革，各方对于实践教学独特的教育价值和重要地位已基本取得了共识。但是，实践基地缺乏明确的操作机制，没有健全的指导制度。如，部分实践基地对实训工作重视不够，有些单位没有按照学院要求落实指导老师；有些单位缺乏经验，没有制定具体的指导方案；还有个别单位把实习生当作"打工仔"，只安排了工作，但既没有专人指导，也没有传授工作经验等，更谈不上指导效率。

（3）实践教学缺乏科学的质量监控机制。在对实践教学质量进行评价的问题上，我国传统的法学教育界长期以来一直存在重理论教学质量而轻实践教学质量的现象，其中一个比较突出的表现就是对实践教学环节质量的考核、评价还停留在原来的评价手段和方法上，往往通过作业、实践报告、学生座谈会、实践指导教师的评分等来评定学生的成绩，对于学生通过实践教学环节是否真正训练或提高了专业技能、实践教学的整体质量和效果究竟如何缺乏准确的把握。

这些问题的存在严重制约了知识产权诊所教学实践基地的运行与发展，制约了学生理论水平的提升和实践能力的提高。通过对法律诊所教学实践基地运行机制的研究，对知识产权法校外实践教育基地进行系统化梳理，找出制约实践基地发展的普遍性问题，并制定相应的措施予以解决，努力为高校知识产权诊所教学实践基地的运行提供一些可以借鉴的模式范本，不断提升知识产权诊所教学实践水平，从而为实现我国的知识产权战略输送更多的专业人才，就更是运行机制研究的深层含义了。

（二）知识产权诊所实践基地运行机制研究要解决的理念问题

（1）公益性。法律要服务于社会，要有社会公益的观念，通过校外实践基地运行机制的建立与完善，让相关机构、学校、学生通过接触社会和各类当事人，形成法律人的责任感和公益服务理念。

（2）适应性。法律的学习既要有丰富准确的法律知识（校内完成），也要有充分的实践体验，有作为的法律人都要在实践中反复磨炼、不断适应。校外实践基地的建立和运行，会使学生全面适应法律从书面到适用的全过程。

（3）互惠性。市场经济条件下，相关机构、学校、学生构成的三对互为资源要素的供求关系在本质上是一种利益关系。相关机构需要学校提供人力资源支持；学生需要成才和就业；学校需要提升教育和科研水平。要使相关机构、学校双方的资源供给真正长期化，必须建立以互惠互利、优势互补为核心的运作机制，从而全面提升法学教育的质量。

四、知识产权诊所教学实践基地运行机制的设想

知识产权法是一门应用性很强的学科，知识产权法教育的根本在于实践，只有坚持理论与实践相结合，知识产权的发展才能保持旺盛的生命力；只有不断地接受社会实践的检验，知识产权法的教学才能得到充分发展。鉴于我国长期缺乏知识产权法律实践训练，实践教学基地就成为一种重要的法律实践途径，而加强实习最有效的方式就是建立长期稳定的知识产权实践基地。知识产权法律诊所的实践教学基地对增强实践教学的实效性，提高学生的实践能力和创新能力具有重要作用。因此，知识产权诊所教学实践基地运行机制的完善不仅是对教学内容的丰富，也是对理论教学的延展。

（一）知识产权诊所教学实践基地运行机制的借鉴

在知识产权诊所教学实践基地运行机制的理解方面，可以借鉴哈佛商学院的案例教学法。哈佛学者斯腾思伯格认为，优秀教师与普通教师存在三大差别特征即知识的差别，就知识而言包括三个层面，即原理性知识、特殊案例的知识、把原理和规则运用到特殊案例中的知识。一个优秀的教师应该具备三个层次的完备的知识体系，而不是只能喋喋不休地向学生进行从概念到概念的演绎。我们知道，人的智力是由内智力和外智力两部分共同构成的，内智力指大脑的思维能力，外智力指人所拥有的知识、经验和技能。内智力是智力的核心，外智力是智力的外壳。随着信息社会的来临，人们发现信息时代的智力竞争更多体现为内智力的较量，传统的以知识积累为中心的教育模式已经无法再适应时代发展的需要，知识追求的目标已经从追求是什么、为什么的知识转化为应用知识的知识以及运用知识的知识，我们迫切需要寻求的是一种能够驾驭

和超越知识的教育模式，否则将无法适应知识体系的迅猛膨胀。在这种情况下，教育的中心必须由知识的系统积累转变为开发学生的智力潜能，尤其是开发其智力的核心——大脑思维能力，从这个意义上说，案例教学法确实是一种致力于提高学生综合素质的面向未来的教学模式。

从类型来说，哈佛案例教学一般分为三类：一是问题评审型，就是给出问题和解决问题的方案，让学生去评价；二是分析决策型，就是没有给出方案，需要学生讨论分析以提出决策方案；三是发展理论型，就是通过案例，发现新的理论生长点，发展并不断完善理论体系。哈佛案例教学法对教师的技能技巧有很高的要求，对学生的要求也同样很高。它调动学生成为积极参与者，而不是消极被动的听众。在案例讨论中，教师要尽量把时间让给学生，鼓励学生更多地提出解决问题的办法。❶知识产权诊所教学实践基地正是实现学生知识系统转化、实现内智力质变的便捷手段。

（二）知识产权诊所教学实践基地运行机制的具体操作

知识产权诊所充分利用社会资源，努力创造自身的优势"品牌"，逐步形成具有特色的人才培养模式和"课堂教学、模拟实训、基地实践、观摩训练"四位一体的贯穿始终的诊所实践教学体系。知识产权诊所实践教学基地的建立，在坚持专业针对性、互惠互利、多点面广、安全便利等原则的前提下，着手进行以下工作。

1. 巩固与完善律师事务所实践基地

知识产权诊所自 2005 年 9 月创设以来，一直与律师事务所合作建立教学实践基地，形成了一套比较完善的实践基地建设与管理制度（包括"中国政法大学知识产权法诊所教学实践基地"合作协议、《知识产权法律诊所教学基地学生实践活动指南》、《知识产权法律诊所教学基地实践业务安排》、《知识产权法律诊所学生值班日志》、《知识产权法诊所实践业务概览表》、《知识产权法诊所总结评估办法》等）。法律诊所的最大特点在于它的实践性，与律师事务所合作设立实践基地一

---

❶ 嘉玛："案例教学及其在国内发展现状"，载《中华读书报》2003 年 8 月 6 日。

直是知识产权诊所的特点之一，使同学们能直接体验法律实务的操作；知识产权诊所还注重打造自身的品牌，通过所训"知行合一学为本，道器两翼用为先"、博客（http：//blog. sina. com/iplawclinic）、电子杂志、实习证书等形式扩大影响、彰显品牌，今后将进一步巩固与完善律师事务所实践基地。

2. 尝试与法院建立互惠式实践机制

知识产权诊所从 2013 年 3 月开始与西城区人民法院合作。教师和学生分别为当事人提供志愿服务。教师在专家窗口进行疑难问题咨询，学生在大学生志愿者服务台进行接待、代书等。该机制把解决纠纷的关口前移，使人民群众解决纠纷多了一种选择。知识产权诊所配合法院提供便民诉讼措施，赢得了广大人民群众的拥护和支持，取得了良好的社会效果。我们的学生现在已进入知识产权庭实践，整理案卷、研习案例、协助法官准备开庭、庭审旁听等工作极大地激发了学生理论联系实际的兴趣，使其真正体验了法院工作的权威来自专业。与法院的合作刚刚开始，尚须建立全方位的互惠式实践机制。

3. 发展与相关机构的紧密合作关系

知识产权诊所先后与国家知识产权局、中国音乐著作权协会、中国摄影著作权协会、北京电视艺术家协会、中国科学技术法学会、中国技术交易所等建立了知识产权实务上的紧密关系，并开展了专题讲座、复审旁听、会员维权、网站维护、会议学习与服务、课题研究等合作。我们将进一步与相关机构拓展合作领域。

4. 加强知识产权保护志愿服务

为了推动校园保护知识产权志愿服务常态化开展、规范化运行、品牌化建设，知识产权诊所经过与北京市知识产权局及保护知识产权举报投诉服务中心（12330）一年多的筹备，与校团委青年志愿者协会共同建立了"首都保护知识产权志愿者中国政法大学服务站"，于 2011 年 11 月成为北京市第二批保护知识产权志愿者校园服务站。我校以知识产权诊所为基础建立了保护知识产权校园志愿者队伍，这不仅有利于发挥我校师生的法学专业优势，而且有助于扩大知识产权法诊所的受众范围。校园服务站开展了一系列丰富多彩、形式多样的保护知识产权宣传活动，提高了教师、学生、知识产权管理人员的知识产权意识，在校园营造了浓厚的知识产权保护氛围，同时也为知识产权人才培养提供了重要的平台和支撑。"首都保护知识产权志愿者活动成效明显"等20个事件曾当选为全国知识产权保护重大事件。

诊所法律教育开展10余年来，中国政法大学知识产权诊所仍然是全国唯一一个专门从事知识产权实务并直接以知识产权诊所命名的专业性诊所。与最初成立知识产权诊所时的状况不同，知识产权诊所实践基地对于加强知识产权公共服务、推进知识产权维权援助工作的作用日益增强。因此，在诊所法律教育10余年后，适时地总结知识产权诊所基地的运行模式、对法律诊所实践基地的运行进行规范化管理和操作已经成为当务之急。尽快地建立和完善法律诊所实践基地运行机制也成为发展和完善诊所法律教育实践环节，加强学生参与保护和运用知识产权能力，从而促进我国和谐社会发展的内在需要。

从2014年年初开始，强调法律援助工作、以法律援助为手段协调社会矛盾和解决社会问题的呼声高涨。2014年2月23日下午，习近平主席在主持中共中央政治局就全面推进依法治国第四次集体学习的时候强调："要坚持司法为民，改进司法工作作风，通过热情服务，切实解决好老百姓打官司难问题，特别是要加大对困难群众维护合法权益的法律援助。"习主席的讲话不仅延续了国家实施知识产权战略的指导精神，也从宏观调控上回应了对《法律援助条例》开展10周年以来工作的肯定。而在行业领导上，知识产权诊所也一贯秉承国家知识产权局《关于开展知识产权维权援助工作的指导意见》的指导精神。在10余年的诊所教育实践中，知识产权诊所的学生在教师的指导下，掌握了相关法律知识和与当事人沟通的方法，并努力向社会尤其是弱势群体提供无偿的公益法律服务，包括提供法律意见、个案代理等法律援助。随着诊所法律教育工作的拓展，法律诊所学生的参与人数和援助范围都得到了极大的提升，更得到了社会的认可。法律诊所开展法律援助工作的实训地点在诊所实践基地，而实践基地的良好组织和管理更会促进高校法律诊所、学生、救援方以及实践基地多方作用的发挥。

因此，进行知识产权诊所教学实践基地的运行机制研究是法学教育研究的重要组成部分，也是培养应用型卓越法律人才、完善我国的法学教育、有效开展实践教学活动的重要保障，更是适时地对自身 10 余年来教学经验的回顾、总结、反省和下一阶段实质性飞跃的思考。总之，在时代要求的法治条件下，在强调务实性和操作性与法理结合的教育理念下，知识产权的诊所法律教育已经成为刚性模式，其教学实践基地运行机制的必需性和管理性的理性思考和逻辑研究正在进行中。

深化劳动法律诊所实践教学的思考

金英杰 *

摘　要：2012 年新修订的《中华人民共和国民事诉讼法》（以下简称《民事讼诉法》）对公民代理进行了 D 严格限定，给劳动法律诊所学生以公民身份代理劳动仲裁和诉讼案件带来了极大困难。近年来，各地政府主导的法律援助体系基本建成，非政府组织在政府资助和国外基金的资助下也承担了部分劳动法律援助案件，由此挤压了劳动法律诊所的生存空间。法律诊所发展多年来，也需要深化教学。本文探讨了如何深化劳动法律诊所教育课程以及诊所教育在法律职业教育方面的路径，认为须适当改变观念，从法律职业角度思考丰富劳动法律诊所教育的课程内容和方法，为劳动法律诊所教育发展提升新的空间。

关键词：劳动法律诊所　公民代理　法律职业

自 20 世纪 90 年代末期法律诊所教育在美国福特基金会的赞助和发起之下登陆我国，经过 10 多年的发展，法律诊所教育已遍地开花，至 2013 年 7 月，我国已有 163 所院校开办了法律诊所，在数量和质量上都有了长足的发展，取得了丰硕的成果。但也不能不看到，这 10 多年来，我国的政治经济发生了很大变化：自胡锦涛同志、温家宝同志当政以来，关注民生，关注社会和谐，提出"发展和谐劳动关系"❶，重视劳动立

---

　* 金英杰，中国政法大学民商经济法学院副教授，中国政法大学劳动法律诊所负责人，主要从事劳动法、社会保障法研究。参见中国诊所教育法律网站（http：//www. cliniclaw. cn/），最后访问日期：2013 年 9 月 9 日。
　❶　参见 2004 年 9 月党的十六届四中全会《中共中央关于构建社会主义和谐社会若干重大问题的决定》。

法；在经济上，虽然经济发展势头有所放缓，但企业为维持竞争优势，劳动用工花样迭出、侵犯劳动者权益现象仍存在，劳动者维权意识增强等因素导致劳动领域出现许多新的问题。政治、经济的变化影响着法律的调整与制度的构建，也必然会对法学教育产生影响，也会对劳动法律诊所这种实践教学产生影响。对于如何适应政治、经济、法律的变化来发展诊所教育，使劳动法律诊所教育成为常青之树，本文试图作一探讨。

一、劳动法律诊所教育课程面临的新困境

（一）《民事诉讼法》的修改导致诊所学生以公民身份代理劳动案件受阻

我国 20 世纪 80 年代、90 年代先后颁布《中华人民共和国刑事诉讼法》、《中华人民共和国行政诉讼法》、《民事诉讼法》确认了公民代理诉讼制度。所谓公民代理诉讼制度，是指非法律职业的普通公民（包括当事人的近亲属、有关的社会团体或者所在单位推荐的人、经人民法院许可的其他公民）担任诉讼当事人的代理人或辩护人，按照法律规定的程序和权利、义务参与诉讼的一种制度。公民代理是我国法制建设之初为弥补法律专业人才极度缺乏状况而设置的一种代理制度，在长达 20 多年的发展中，确曾起到拾遗补缺、满足当事人法律服务需求的作用。

随着法制建设的发展、律师从业制度的日趋完善以及国家对法律职业规范化要求的提高，国家立法对公民代理制度进行了限制。2012 年新修订的《民事诉讼法》第 58 条第 2 款对可担任诉讼代理人的人员范围作出了修改，用列举的方法规定："下列人员可以被委托为诉讼代理人：（一）律师、基层法律服务工作者；（二）当事人的近亲属或者工作人员；（三）当事人所在社区、单位以及有关社会团体推荐的公民。"与修订前的《民事诉讼法》相比，除了当事人的近亲属或单位工作人员外，其他以普通公民身份代理案件的必须经过当事人所在社区、单位以及有关社会团体的推荐。《民事诉讼法》的这一修改，给法律诊所学生以公民身份代理劳动争议仲裁和诉讼案件带来了困境。

法律诊所的学生并非基层法律服务工作者。所谓基层法律服务工作

者，是符合《基层法律服务工作者管理办法》规定的执业条件，经核准登记，领取法律服务工作者执业证，在基层法律服务所中执业，为社会提供法律服务的人员。❶ 基层法律服务工作者依据司法部规定的业务范围和执业要求开展法律服务，维护当事人的合法权益，维护法律的正确实施，促进社会稳定、经济发展和法制建设。

我国的基层法律服务所在各地司法行政部门的管理下于 20 世纪 70 年代末建立，80 年代中期正式产生并推广。2000 年以前，基层法律服务工作者大多依附于司法行政系统下的司法所，在当时律师数量不足的情况下，主要是为基层群众提供法律服务，对我国的社会发展和稳定起到了一定的积极作用。2000 年《基层法律服务工作者管理办法》颁布后，各地司法行政系统为符合单一制司法行政机构的要求，在体制上要求"两所分离"，即把基层法律服务所从司法所名下剥离出来。2001 年以后《中华人民共和国律师法》（以下简称《律师法》）数度修改，国家立法对律师提供法律服务的行为和行业不断规范；同时，随着我国经济发展及法律制度的不断完善，高等院校培养的法律人才增多，律师队伍也不断壮大，专业律师所提供的法律服务明显优于基层法律服务工作者，这极大地挤压了基层法律服务工作者的法律服务空间，其本身的定位和性质尚存严重问题。劳动法律诊所学生为劳工提供无偿法律援助，也是在最基层提供法律服务，但在基层法律服务所定位不明的情况下，劳动法律诊所无法与其建立合作关系，通过其取得代理身份更是不可能，诊所教学这种模式也不适宜纳入基层法律服务所中执业。

按照《民事诉讼法》的规定，"当事人所在社区、单位以及有关社会团体推荐的公民"可以作为诉讼代理人。为解决学生不能以公民身份代理问题，中国政法大学的各个法律诊所在尝试与经社区和法院认可的社会团体推荐而取得代理身份。如，中国政法大学法学院行政法诊所与学校所在的昌平某社区合作、劳动法诊所与某援助中心合作，试图取得代理身份。但这种机制并不稳定，还须取得法院和仲裁机构的认可，随时都有可能随着有关领导、人员的更换而失去这一合作机制。法律诊所以公

---

❶ 司法部《基层法律服务工作者管理办法》第 1 条、第 2 条。

民代理身份提供法律援助的形式处于尴尬的无法可依状态。

（二）发达地区法律援助制度基本健全，与劳动法律诊所的援助相重叠

我国目前法律援助机构大致有四类：一是司法行政部门设立的法律援助机构；二是经司法行政部门批准设立的法律援助机构；三是非政府组织设立的法律援助机构；四是没有纳入司法行政部门管理的高校法律诊所、学生社团等援助机构。

中国的法律援助制度主要规定在《法律援助条例》和《律师法》第六章中。根据《法律援助条例》的规定，我国的法律援助工作由司法行政部门监督管理，直辖市、设区的市或者县级人民政府司法行政部门根据需要确定本行政区域的法律援助机构。《法律援助条例》规定"法律援助是政府的责任，政府为法律援助提供财政支持，保障法律援助事业与经济、社会协调发展"；对法律援助经费"应当专款专用，接受财政、审计部门的监督"。

根据上述规定的法律援助机构大多属于事业单位编制，其人员、经费相对有保障，在提供法律援助服务时，主要是以援助机构出资购买公益律师的服务来实现其法律援助的目的。北京市 2008 年制定了《北京市法律援助条例》，并先后出台了《法律援助补贴办法》等 10 余个规范性文件，形成了以《法律援助条例》为核心的首都法律援助制度体系。北京市在市、区（县）设立了 26 家法律援助中心、462 家法律援助工作站和 3950 余家社区（村）法律援助联络点，形成了市、区（县）、街道（乡镇）、社区（村）四级法律援助网络。❶ 据统计，其 2012 年法律援助接待咨询 259739 人次，承办法律援助案件 17419 件，承办民事法律援助案件 13804 件。❷

---

❶　参见北京市司法局网站（http：//www. bjsf. gov. cn/publish/portal0/tab38/info14909. htm），访问日期：2013 年 9 月 9 日。

❷　参见北京市司法局网站（http：//www. bjsf. gov. cn/publish/portal0/tab38/info14909. htm），访问日期：2013 年 9 月 9 日。数据未单独列劳动法律援助状况，而是统计到民事法律援助案件中。

除司法行政系统设立的法律援助机构外，经司法行政部门批准，各级工会建立了职工法律服务中心，妇联组织也有相应的法律援助中心。以北京市为例，北京市总工会和区一级工会以及产业工会都设立了法律援助中心，为劳动者提供法律援助服务。

北京有非政府组织设立的，其中有些已经获得司法行政部门批准。如，北京市农民工法律援助站于 2005 年成立，已经获得政府的财政支持，有经费保障。

除上述法律援助机构外，还有未纳入司法行政部门管理视野及财政支持的高校法律诊所、学生社团、高校有关机构设立的援助机构等。司法行政部门迄今为止尚无专门管理、推动高校法律援助机构发展的监督、管理部门。《法律援助条例》第 8 条规定："国家支持和鼓励社会团体、事业单位等社会组织利用自身资源为经济困难的公民提供法律援助。"这一规定过于原则，如何支持、鼓励都无下文，更多是宣言式的规定。高校法律援助机构全凭自身发展。

北京是我国的政治、经济、文化中心，作为一国之都，北京稳全国稳，劳工权益维护、劳动关系、和谐稳定是地方政府关注的重点，北京的法律援助机构的种类、服务的范围、获得的资金支持非其他地方可比。法律援助是为弱势群体提供服务，因此，北京众多法律援助机构所提供的法律服务业务中有较大比例是为劳动者提供的，这与高校劳动法律诊所提供的劳动法律援助在业务上是重叠的，影响了高校劳动法律诊所服务空间的拓展。

（三）在发达地区，公民选择代理的渠道较多，影响法律诊所的发展空间

北京市属于经济发达地区，城市化程度较高，相应的法律服务市场较为规范，律师事务所以及律师的人数在全国都位居第一。据北京市司法局统计：截至 2013 年 6 月，北京律师事务所有 1713 家，执业律师人数达到 23102 人，占到全国律师人数的 8.1%。❶ 经济方面，北京 GDP

---

❶ 参见北京市司法局网站（http://www.bjsf.gov.cn/publish/portal0/tab83/info14353.htm），最后访问日期：2014 年 3 月 8 日。

虽不居全国之首，但也属于排位靠前的省市。由北京市统计局、国家统
计局北京调查总队联合发布的北京市经济运行情况显示，北京 GDP 年人
均达 15052 美元。❶ 由于经济发达，法律服务规范，与其他省市相比，
公民选择有偿代理、接受律师事务所规范化服务的相对较多。高校法律
援助的学生毕竟在法律职业能力、实战经验上逊于专业律师，其青涩、
稚嫩在与专业律师的比较上不占任何优势。这也对高校法律诊所的法律
援助空间有所影响，诊所面临案源不充足、学生从事锻炼机会少等问题。

（四）教学内容存在单一性的问题，已不能满足实践教学需要

法律诊所是舶来品，是美国在案例教学法基础上发展的实践课程，
在美国主要侧重于律师职业技能的训练，诊所的运作始终与美国律师公
会有职业上的联系，如，学生在诊所实践的学分会计入实习律师的职业
记录中，与最终取得律师执业执照相联系。而我国高校的法律诊所尚不
能与律师协会取得任何职业上的联系，就人才培养目标而言，不是为了
单一培养律师。现有的法律诊所教学过多地从单一的律师实务角度设置
教学内容，如教学内容中是按律师业务设置接待咨询、谈判、调解、法
庭论辩等，缺乏有针对性的劳动法实务教学内容，已不能满足学生学习
的需要。

（五）缺乏规范性教学标准

目前国内开设法律诊所的已经有 150 多个高校，专门从事劳动法律
诊所教学的也有 10 多所高校，而在教学方法和内容上差异较大，有像我
校劳动法律诊所一样理论与实践结合，既能掌握理论知识，又能通过真
实办案深入法学实践的模式；也有中国劳动关系学院主要以分析真实案
例、通过模拟学习实务的方式；也有只是进行咨询性活动，缺乏丰富教
学内容的模式。从总体来说，缺乏规范性的教学标准影响了劳动法律诊
所的规范化发展。为探讨劳动法实践教学，全国性的劳动法实践教学研
讨会已经召开了 4 次，会议上也力图探讨规范化教学标准，但未达成

---

❶ 参见中国经济网（http://www.ce.cn/xwzx/gnsz/gdxw/201401/23/t20140123_
2192928.shtml），最后访问日期：2014 年 3 月 8 日。

共识。

综上，法律诊所教育在中国登陆 10 多年来，多方面情况的变化均给诊所教育的发展带来了新的挑战。

二、职业化法律教育是法律诊所教育生存与发展的根本

关于法学教育的目的在我国法学教育界始终存在争议，对于是培养精英还是培养通识人才始终争论不休。法律诊所的教育目标是什么？笔者认为，为适应 21 世纪经济全球化、市场化发展的大趋势，从诊所教学的实际出发，不应将培养高端理论人才作为主要培养目标，而应在法学高等教育中摆正法律诊所教育的位置，定位为法律职业教育，认清法律诊所教育作为法学专业教学课程的补充课程，旨在辅助传统法学教育，弥补理论教学的不足，重视法律职业能力的培养，培养学生的法律逻辑思维能力，像法律人一样思考，而非仅仅像律师一样，开启由学生到社会人、由一般人到法律人的转变。只有职业化的法律教育才是法律诊所教育生存与发展的根本。

（一）培养法律人与现代职业教育发展潮流相吻合

2014 年 2 月 26 日，国务院召开常务会议，部署加快发展现代职业教育，李克强总理提出"让职业教育为社会源源不断地创造人才红利"。从政府层面而言，我国已开始重视职业教育，将职业教育提升为人才培养的重要方面。然而在法学领域，在为数不少的高等教育学者眼里，诊所教育与实务挂钩就降格了，法学高等教育应更多地研究法学原理，质疑现有立法、司法存在的问题，而不是将法律实务教育作为教学的重要内容。这致使我国的高等法学教育与法学实践渐行渐远，与人才市场的需求不能对接。可贵的是，从事法律诊所教育的教师们，在法律诊所的教学中在不断摸索，反思我国现行法学教育理念、目标、方法中存在的问题，认为应将法律诊所教育定位为法律职业教育，培养法律职业人才的法律逻辑思维能力、法律技能与法律伦理，并为此不断改革和创新，这已成为法律诊所教育众多学者的共同理念，培养法律人恰与现代职业教育发展潮流相吻合。

（二）劳动法律诊所教育在法律职业教育方面有发展空间，参与社会实践是劳动法律诊所的常青之树

近年来，由于我国政治、经济形势的变化以及改革的不断深化，经济不断发展，社会财富增多，人民生活水平得到提高。然而另一方面，改革也带来很多新的社会问题，劳资冲突激烈。其中，既有经济全球化、中国加入世界产业链却处于低端制造业、劳动成本低廉、工资收入增长慢、贫富分化严重等问题，也有市场经济发展后企业追逐利润最大化与劳动者生存发展权的冲突、国有企业改制发展中牺牲一部分劳动者的利益以及劳动领域遗留的许多"老大难"问题等。自 2008 年全球金融危机发生以来，中国的劳动关系现状和格局有了极大的变化。中央政府为构建中国特色和谐劳动关系，重拳出击，2008 年《中华人民共和国劳动合同法》、《中华人民共和国就业促进法》、《中华人民共和国劳动争议调解仲裁法》颁布，其后配套规章频繁出台，2010 年《中华人民共和国社会保险法》公布，上述法律法规为劳动者权益维护提供了有力的保障，也促使劳动者维权意识得以增强。据官方统计，我国劳动争议案件呈连年上升态势，每年增长 30%。以北京市的劳动争议案件为例，2013 年进入仲裁和诉讼审理的案件已达 6 万多件。近年来，北京市的相关政府部门、劳动争议调解机构、仲裁机构、人民法院为应对急剧增长的劳动争议案件而不断扩编扩充人员，迫切需要既掌握理论又有劳动法律职业技能的人才。

劳动法律诊所教育课程独特的理论与实践相结合的教学模式，通过法律援助提高法律职业能力，提高社会责任感，能够适应社会对劳动法律职业人才的需求，必将在培养法律职业人才方面占有一席之地。

（三）处理好劳动法学学科的完整性与劳动法律知识的实务应用之间的关系、诊所的课堂教学与实务应用之间的关系

近年来，随着劳动立法与实践的发展以及劳动法学者的不懈努力，劳动法学理论研究逐渐丰富和发展，为理论教学提供了丰厚的基础，但实践教学缺憾较大。就我校而言，劳动法学一直未能改变选修课的地位，区区 36 课时满足理论教学尚不充裕，实务教学内容基本被忽视。劳动法

教学缺乏完整性且理论与实践严重脱节已成为我校劳动法教学的一大软肋。

近年来，劳动领域的劳动争议种类繁多，加班工资、年休假、奖金、用工形式、解雇争议、群体性争议、企业规章制度、劳动合同管理等理论与实务问题不仅需要掌握劳动法原理，更需要专业化的解析，而这已远非劳动法学本科教学所能囊括。

一方面是社会上劳动领域事件热点不断，而另一方面劳动法仍为较冷门的学科。这与教学内容缺乏对社会的关注度、缺乏对专门问题的理论与实践解析、缺乏多元化的教学方法有莫大关系。

笔者认为，要提高劳动法的学科地位，不仅要加强传统的理论教学，更应通过劳动法律诊所教育课程弥补理论教学的不足，处理好劳动法学学科的完整性与劳动法律知识的实务应用之间的关系、诊所的课堂教学与实务应用之间的关系。

三、解决路径

（一）通过劳动法律诊所教育课程教学大纲的调整，增加专题内容的理论与实践教学

劳动法律诊所原有的教学大纲内容为：法律诊所教育基本知识；劳动争议案件及其特点；劳动争议法律适用的特点；劳动争议案件的电话咨询；劳动争议案件的接待来访咨询；劳动争议案件的事实调查；劳动争议案件的证据；劳动争议案件的谈判、和解；劳动争议案件开庭前的准备；模拟开庭及评估；结案后对裁判文书的分析；办案中的合作；课程总结与评估。从以上大纲内容来看，基本上都是围绕律师业务技能设置的，没有体现专业化、多元化培养目标。笔者认为，应根据目前劳动争议的种类、劳动领域的现实问题调整现有教学大纲，增加对劳动关系的理论与实践、劳动合同管理制度、解雇保护制度的解读，以及用人单位劳动规章制度的合法性与合理性审查、劳动争议案件举证责任实务等专题，辅助劳动法理论教学从实务角度剖析相关制度，使学生能够在理论学习的基础上掌握实务知识，从而运用于实践。

（二）丰富教学方法，更加侧重于实务、案例教学，拓宽实务教学的深度和广度

法律诊所教学强调的是"真"，脱离了"真"，纸上谈兵，不可能达到教学效果，因此应尤为重视案例教学。随着计算机网络技术的发展、法院裁判文书网络公开化以及北大法宝等法律信息服务平台的不断建设，越来越多的真实案例可以用于教学分析、总结和归纳。在这方面，我校有先天优势。我校与国内多家法院签订了协议，设立案例库供师生公开查阅，并有庭审直播室可以直观案件的审判过程。劳动法律诊所曾要求学生统计我校案例库中的劳动争议案例，现已近百例。案例库中法院审理案件的档案不仅使学生阅读到裁判文书，更有借鉴意义的是案件的办案进程，如双方当事人的文书、证据、辩论意见、代理词等都能够查询到，这对学生法律逻辑思维的培养、实务技能的培训起到极大作用。因此，劳动法律诊所教育课程应充分利用计算机网络等各种法律信息平台和我校的平台，组织学生有计划地选取类型案例、典型案例进行有针对性的实务训练。

在原有的教学方法上，应增加对裁判文书、庭审录像的分析训练，同时，法律诊所也应尝试有真实当事人参与课堂模拟教学等方式，以还原真实场景、真实人物、真实法律氛围，拓宽实务教学的广度和深度。

（三）推动广泛的社会合作，搭建劳动法律职业共同体，打通职业需求通道

法律职业共同体的概念源于美国科学史和科学哲学家托马斯·S. 库恩关于"科学共同体"定义的提出。德国著名学者马克斯·韦伯将法律职业认为是一个"法律职业共同体"。根据他的这一学说，法律职业共同体是基于职业的特定内涵和特定要求而逐步形成的。法律职业共同体的特征具有同质性，职业道德的传承是其重要特征；法律职业共同体虽然附带地以法律职业谋生，但仍不失其公共服务的精神。

法律职业共同体是以法官、检察官、律师、法学家为核心的法律职业人员所组成的特殊的社会群体。在当代中国，依法治国、建设法治国家是中国社会和法律发展的必然，形成法律职业共同体正成为我国法治

社会生活的内在要求，具有深刻而重要的现实意义。

法律职业共同体在我国虽有提出，但并没有包括法学人才培养和法学学生这一群体。笔者认为，法学人才的培养与中国法治国家建设密不可分，要建立法学人才链。因此，学术界应认识到这一重要性，推动法学人才的培养加入到以法官、检察官、律师、法学家为核心的法律职业人员队伍中去。劳动法律诊所在这方面需要作尝试，需要广泛的社会合作，与律师事务所、法律援助机构、法院甚至企业加强合作，解决代理身份问题，解决校内教师实务技能不足的问题，从而也打通职业需求的通道。在这方面，我校劳动法律诊所已经作了些许有益尝试，还需要进一步的推动。

（四）规范化教学的设想

劳动法实践教学已经有诸多高校学者等关注，力争在全国范围内建立统一的教学大纲等，统一实践课程标准，规范化教学，提高实践教学质量。

综上，劳动法律诊所教学需要不断深化，认识到建立法治国家路途上法律人培养的重要意义，在实践教学发展方向上应逐渐取得共识，并能加入到职业共同体中，争取取得社会的认可，在培养法律人的道路上不断迈出坚实的步伐。

刑事司法卷宗教学法研究

赵天红*　徐隽颖**

摘　要： 司法卷宗教学，是在法学实践教学过程中逐渐发展起来的一种更接近于司法实践、更有效提升法科专业学生职业技能的实践教学方法。刑事司法卷宗教学将记载于刑事卷宗中的刑事司法活动完整呈现在教学活动中，可以使学生全方位了解刑事诉讼过程，通过刑事司法卷宗案例教学，可以提升学生在刑法、刑事诉讼法以及法律文书写作等方面的实践能力。

关键词： 实践教学　刑事司法　卷宗教学

我国当前法学教育改革的公认目标就是由过去的通识教育转变为法律职业教育。有效对学生进行法律职业技能训练是法律人才质量工程的关键。因此，越来越多的法科大学注重实践教学，以期培养高技能的法律职业人才。美国法律教授摩根对于对学生职业技能的训练有过如下阐述：“忽略技能训练会给学生带来危害。如果给技能下的定义不是过于狭小，技能应该伴随学生度过他们的整个工作生涯。”❶ 法律教育不仅应为法律职业创造知识性的条件，也应为法律职业技术训练创造条件。由于技能的教与学不同于知识的教与学，它只能通过示范、指导训练式地教，通过观察、模仿、练习、实践的途径来学习，因此，寻找有效的法律技

---

　　* 赵天红，中国政法大学刑事司法学院副教授，刑法博士。

　　** 徐隽颖，中国政法大学刑事司法学院刑法专业硕士研究生。

　　❶ ［美］托马斯·D. 摩根：“为 21 世纪培养法律学生”，李凌燕译，载《法学译丛》1988 年第 3 期。

能训练机制是法学教育实现技能训练目标的关键。❶ 在法学实践教学中，法学教育专家创立了案例教学法、诊所教学法等多种实践教学方法，取得了一定的成效。近年来，在法学实践教学方法中，司法卷宗教学法以其实践性强、收效快、符合法学实践等特点而逐步被高等法学教育采用。

一、刑事司法卷宗教学法的特点

刑事司法卷宗教学法，是指由任课教师从司法机关已经审结的刑事案件中选取适合教学的卷宗材料，组织学生对卷宗进行分析，采用通过案卷了解刑事诉讼程序、用案件事实和证据讲解法律适用、学生模拟诉讼中不同角色等方法展开教学工作，在真实的卷宗教学中提升学生对刑法、刑事诉讼法以及法律文书写作等方面能力的一种教学方法。

为了说明刑事司法卷宗教学法的特点，这里有必要对刑事司法卷宗的特点作一简单介绍。

（一）刑事司法卷宗的特点

刑事司法卷宗是一种信息载体，能反映案件事实及刑事诉讼运作的事实。它由公安司法机关依职权收集、制作而遗留下来，并按严格的形式要求汇集成册，在刑事诉讼中发挥基础性和链接性的作用。刑事司法卷宗的作用主要体现在两个方面：反映案件事实信息；记载刑事诉讼流程信息。❷ 刑事司法卷宗是记录案件诉讼过程的材料，包括刑事诉讼从侦查、审查起诉到审判的全过程，在这个卷宗中既可以看到证明某行为是否构成犯罪的犯罪嫌疑人（被告人）的口供、证人证言、鉴定结论、书证等证据材料，还可以看到一个刑事案件从侦查机关立案侦查到人民法院作出终审判决的诉讼过程中所涉及的程序性文件；刑事司法卷宗还存有各种刑事诉讼法律文书，如司法实践中最常用的起诉书、辩护词、法院的刑事判决书等记载实体内容的司法文书，以及用于记载刑事诉讼

---

❶ 房文翠："法学教育中的法学实践教学原则"，载《中国大学教学》2010 年第 6 期。

❷ 刘少军、蒋鹏飞："关于刑事案件卷宗改革的法律思考"，载《安徽大学学报（哲学社会科学版）》2003 年 3 月第 27 卷第 2 期，第 128～129 页。

进程的各种程序性法律文书。这些司法卷宗的形成记录了侦查机关工作人员、检察机关工作人员、律师以及审判机关工作人员的工作成果，也是刑事诉讼中各种诉讼主体在刑事诉讼各个阶段工作的体现。因此，一个完整的刑事司法卷宗既是刑法和刑事诉讼法的一本教科书，也是刑事诉讼中各种法律文书的展示平台，同时也是公安、检察、律师、法院等诉讼参与人工作成果的体现，成为法学实践教育中不可或缺的生动教材。

正因为刑事司法卷宗具有以上特点，其在法学实践教学中的优势将从各个方面体现出来。

（二）刑事司法卷宗教学法的优势

司法卷宗具有材料全、素材真实、信息量大、法律文书多以及内容生动等优点，相比于我国法学教育惯用的教学方法来说，可以激起学生的学习积极性、主动性，提高对材料的分析能力、识别能力和判断能力，增强对法学及其他学科知识的综合运用，具有明显的优势。

传统的法学教学惯常采用的是以教师课堂授课为主的教学方法，学生被动接受专业知识，其结果是学生对法学知识的学习更偏重于理论，接受了正规的法学教育，却不能在工作中胜任所从事的法律实践工作。

随着法学教育改革的深入，法学教育中开始逐步重视案例教学，将案例引入法学教学中。所谓案例，是对司法实践中真实案件的记载和描述，具体包含真实案件中的人物、地点、情节、法律争点、困境等细节，据此作出事实分析和法律适用判断，最终解决法律纠纷。❶ 具体来说，就是授课教师将实践中的案件经过归纳整理，将整理后的符合教学需要的"案件事实"呈现在学生面前，学生再根据所学的刑法理论对案件进行分析判断，最终得出处理意见。案例教学法在培养学生用事实分析判断法律适用方面有一定的作用，但是，案例教学法的一个弊端就是忽略案例事实本身，而对于案例事实的分析和采用恰恰是司法实践中必须具备的能力，其中包括证据的收集和筛选，事实的认定和推定等环节。对于法律人而言，事实认定和法律适用同样重要，但案例教学法未能对学

---

❶ 康添雄："卷宗教学在知识产权法专业中的运用研究"，载《科技资讯》2012 年第 12 期。

生这方面的能力进行培养。

刑事法学实践教学的另一个重要方法是诊所式教学，诊所式教学从本质上说更像"学徒式"教学方法，在指导教师的引领下，学生直接面对当事人，通过为当事人提供法律帮助，熟悉办案过程。当今的诊所式教育几乎涉足法学实践教学的各个领域，如刑事的、民事的、知识产权的等，除了为当事人提供法律意见之外，一个很重要的实践内容就是担任当事人的代理人进行相关诉讼。但是，根据我国《中华人民共和国律师法》及《中华人民共和国刑事诉讼法》（以下简称《刑事诉讼法》）的规定，只有下列三种人可以担任犯罪嫌疑人、被告人的辩护人：（1）律师；（2）人民团体或者犯罪嫌疑人、被告人所在单位推荐的人；（3）犯罪嫌疑人、被告人的监护人、亲友。因此，作为诊所学生，除非是《刑事诉讼法》所规定的后两种情形而可能担任辩护人外，一般情况下，其因没有律师执业资格而不能作为律师担任犯罪嫌疑人、被告人的辩护人，不能以辩护人的身份进入刑事诉讼中，因此学生对于刑事诉讼没有更直接、更感性地认识。

前述法学教学方法均在不同程度上有一定的不足之处，而刑事司法卷宗教学方法可以综合以上各种教学方法的优势，适应对学生灵活教学的需要，弥补其他教学法的不足，显现出其特有的优势。

1. 可以使学生全方位地感受司法实践中的各种角色

刑事司法卷宗记载了侦查人员、公诉人、辩护人和审判人员的工作记录，从刑事司法卷宗中学生可以看到刑事证据的采集、公诉人如何运用证据提起刑事诉讼、辩护人对于被告人无罪或罪轻的辩护以及审判人员对于案件事实和法律认定的最后确认。学生通过司法卷宗，可以全方位、多角色地感受刑事诉讼整个过程。

2. 提升学生对案件事实的认定和运用能力

案件事实贯穿于刑事诉讼全过程，对于案件事实认定能力的培养是学生实践技能培养的基础。司法卷宗中包含众多案件事实，学生需要对案件事实进行归纳整理，找出案件中对定罪和量刑起决定作用的证据，分析案件事实，以此提高对事实和证据的认定和使用能力。

3. 培养学生对案件的总体解决能力

对一个刑事案件作出有理有据的判决,不仅需要从繁杂的案件事实中找出对定案和量刑有意义的事实,还需要对这些事实进行整合,并结合现行法律规定和司法解释的内容进行综合分析判断。对于一个案件的解决,需要综合刑法、刑事诉讼法、相关司法解释甚至其他部门法中的专业知识才能完成,这个过程是其他教学方法所不能完成的。

4. 在一个卷宗中完成对不同专业课的综合培养

刑事卷宗包含刑法知识、刑事诉讼法知识以及法律文书写作知识,除此之外,在某些案件中涉及特殊领域如计算机知识、知识产权知识等,在经济犯罪案件中还涉及如何看懂账本及司法鉴定报告,要求具备一些会计知识等,这些内容反映在一个司法卷宗中,也是开启学生思路、拓宽知识面的很好方法。

二、刑事司法卷宗教学法的可行性分析

(一) 卷宗的来源

刑事司法卷宗教学法的基础是要有司法机关办理案件的真实卷宗,所以,卷宗的来源非常重要。若没有真实卷宗,则卷宗教学无从展开。一般来讲,卷宗的来源有以下几个途径:第一,司法机关提供;第二,律师提供;第三,学校创办的案例卷宗阅览室提供;第四,其他途径。从现在的教学实践来看,经司法机关同意由司法机关提供给教师专用于教学的比较多。如,笔者所在的中国政法大学现在就已经创建了检察案例卷宗阅览室、审判案例卷宗阅览室和公益法律援助案例卷宗阅览室,之后又新建了司法案例卷宗电子阅览室用于法学实践教学,为司法案例教学提供了充足的卷宗材料。另外,在隐去相关当事人名字之后由律师提供的卷宗也是一个很好的来源。

(二) 师资力量

关于卷宗案例教学的师资力量的选取,为充分发挥司法卷宗的使用效率,为学生提供全方位的指导,应以具有法律实践经验的教师为主。现在有相当数量的法学专业教师同时又是律师事务所的兼职律师,他们

具有丰富的实践经验，是承担卷宗案例教学的中坚力量；法官、检察官是直接参与刑事诉讼且对刑事诉讼的进展起着至关重要作用的角色，他们的指导对于学生非常有意义，随着法学实践教学的日渐深入，法官、检察官走进大学课堂担任兼职教授越来越成为常态。因此，在进行卷宗案例教学的过程中，学校里一方面有专职教师，另一方面有具有律师、法官、检察官身份的人担任指导教师，卷宗案例教学在当今的法学实践教学中完全具有可操作性和很好的发展前途。

（三）学生的参与能力

法学实践教学的大力开展，使法科专业的学生在进入法学学习不久就开始通过各种途径接触司法实践，如旁听法院开庭审理、常态性的案例教学研讨课程、法律诊所课程等。这使学生有大量的机会走入刑事诉讼中，了解刑事诉讼的部分内容，为在学生中开展卷宗案例教学打下了基础。尤其是学生在进入大学三年级，相关课程都已经修毕之后，更有能力在教师的指导下从卷宗材料中获益。

综上，在法科学生中尤其是高年级学生中开展刑事司法卷宗教学具有可行性。

三、刑事司法卷宗教学法的实现途径

刑事司法卷宗教学法的目的在于让学生在刑事司法卷宗中了解刑事诉讼过程、发现案件事实，并在此基础上根据教师所分配的角色进入刑事诉讼中。因此，在该教学法的实施过程中，应以学生为主，以教师为辅，教师在整个教学活动中主要起引领和指导作用，具体到对于事实的归纳整理、证据的采用、司法文书的写作等应由学生自己完成。

（一）司法卷宗的选择

司法卷宗浩如烟海，并不是每一个卷宗都适合作为法学实践教学。合适的卷宗应该具有知识点明确、在罪名的认定或者量刑情节的适用上有一定的争议点、证据内容和形式相对多样、同类证据如经济犯罪中具有同样证明内容的单据不宜过多、案件事实本身不宜过于复杂等特点。这样的卷宗材料一来可以有更多的知识点让学生学习；二来案件事实相对集中，便于在有限的课堂时间组织学生展开讨论。

鉴于刑事司法卷宗均来自司法实践，在利用司法卷宗进行教学工作时应注意：第一，要选择公开审理的案件；第二，对于卷宗中相关当事人的信息要作技术处理，隐去其真实姓名。

（二）授课对象的选择

由于刑事司法卷宗包含刑法、刑事诉讼法、证据法、法律文书写作中的相关内容，所以，对于卷宗的使用，可以因授课对象的不同而有所区别。

对于初次学习刑法、刑事诉讼法、证据法以及法律文书的学生来说，可以进行有针对性的侧重学习。如，选取其中一部分内容，配合课程进程由指导教师进行指导，学生自行完成相关工作。

对于已经全部完成刑法、刑事诉讼法、证据法、司法文书写作学习的学生，可以全面利用司法卷宗，从刑事案件的立案开始，逐步引导学生进入刑事诉讼过程，熟悉从立案侦查开始到审查起诉、审判程序的全过程，在开展教学工作之初，由教师对学生进行分组，并进行角色分配，模拟真实案件中的侦查人员、公诉人、律师、审判员的角色，并由学生自行完成其被分配的角色的任务。

（三）教学工作的开展

教学工作的开展，应根据授课学生对象的不同而有所区别。

1. 对于部分使用卷宗的授课对象

部分使用卷宗的授课对象，是指在学习某一门专业课的过程中，只为就该专业课内容中的某一方面问题进行教授的学生。针对这类学生，应根据授课内容选择主题突出的卷宗材料。如，在学习刑法过程中，卷宗的选择可以考虑一些重要的知识点较明确的卷宗，常见的如自首、正当防卫、共同犯罪等主题。在刑事诉讼法学习过程中，如果仅就刑事诉讼程序利用卷宗，可以选择诉讼程序相对完整、涉及诉讼过程多个内容的卷宗进行教学。

2. 对于全面使用卷宗的授课对象

全面使用卷宗的授课对象，是指已经修完相关法律专业，对刑法、刑事诉讼法、法律文书写作等理论知识有了一定的了解，需要在实践方面加以推进的学生。

（1）了解刑事诉讼程序。

刑事诉讼程序是刑事诉讼进行过程中必须要了解的内容。刑事诉讼程序在刑事司法卷宗中通过相关法律手续和法律文书体现出来，因此，在教学中，让学生将所学刑事诉讼法知识运用于卷宗的分析，可以使学生对于刑事诉讼过程有一个感性的认识。

（2）事实的归纳整理。

事实的归纳整理是法科专业学生的基本功，也是卷宗教学法中一定要完成的一项由学生单独完成的工作。从众多的证据材料中进行归纳整理，简洁但全面地还原案件事实，可以为将来学生参加司法实践工作打下良好的基础，同时也可以避免学生在案例教学中由教师对案件事实进行归纳、学生被动接受案件事实而仅仅进行法律适用判断这种教学方法的不足。

事实的归纳整理可以由不同的学生完成，然后由教师进行点评，指出其中的不足。归纳的过程可以采用两种方式：一是指导学生作案件大事记整理；二是让学生在指定长的时间内口头完成对案件事实的陈述，其他同学针对案件事实进行发问，从而发现问题、解决问题。

（3）证据的审查判断。

证据是刑事诉讼中的关键，没有证据则无从开展刑事诉讼。在卷宗教学中，对于证据的使用可以从多角度进行，由证据所确定的案件事实可以分析案件性质、是否构成犯罪和构成何罪，引导学生作出刑法方面的判断；由证据所载明的有关量刑方面的事实可以引导学生作量刑情节的判断；由证据的关联性可以引导学生作出证据之间是否矛盾、所有证据是否可以形成一个完整的证据链条以达到确实充分的证明标准的判断，等等。所以，证据的审查判断可以从刑法、刑事诉讼法、证据法的角度开展教学。

（4）法律文书写作。

法律文书，是指公安机关、人民检察院、人民法院、司法行政机关、仲裁机构、诉讼参与人等各写作主体依法处理各种诉讼案件和非诉讼事件时所制作的具有法律效力和法律意义的文书。❶ 法律文书在刑事司法卷宗中占据重要地位，各种法律文书引领了刑事诉讼程序有序开展。刑事诉讼文书有的是程序性的，有的是实体性的。程序性诉讼文书如公安机关的报案登记表、拘留证、逮捕证、提请批准延长侦查羁押期限意见书，法院的立案登记表、起诉书送达回证，律师的授权委托书等，这些文书写作比较容易，教师可以向学生介绍这些文书的文本格式和在诉讼中的作用。而实体性诉讼文书在刑事诉讼中起到至关重要的作用，因此，在教学中应选取几种主要诉讼文书由学生根据被分配到的角色要求自行书写。如公诉人起草的起诉书、公诉意见书，辩护人起草的辩护词，法官起草的判决书等。学生通过自己对案件的事实判断，写出形式上符合基本要求、内容上有理有据的文书。法律文书写作要求具有规范性、逻辑性、明确性和准确性原则，在判断学生对案件事实的掌握和证据的分析判断、法律适用问题以及训练学生在写作时的逻辑推理能力和规范性方面很有意义，是学生在阅卷的基础上解决法律实践问题的重要途径，教师可以借此发现学生在处理实践问题时的困惑并加以解决。

（5）法律适用方面的意见和建议的训练。

法律适用方面的训练其实与对事实的整理以及对证据的审查判断是密不可分的，学生在综合案件事实和对证据进行整合的基础上作出法律适用方面的判断，这是卷宗教学的重要组成部分，也是对刑事实体法掌握程度的考量。作为结论性的判断意见，不管是全面利用还是部分利用卷宗进行教学，都具有实践意义。

（6）模拟法庭。

对于有一定法律基础、可以全面利用卷宗材料的学生，组织其进行模拟法庭是使其快速了解刑事诉讼程序、进入诉讼角色的很好方法。一个模拟法庭下来，学生的各种问题往往都会暴露出来，同时其求知的欲望和在实践中解决问题的能力也会得到大幅提升。在组织学生利用现有卷宗参与模拟法庭时，建议所有角色包括公诉人、辩护人、法官、被告人、证人甚至书记员、法警等均由学生担任，在对学生进行分组后，由

---

❶ 刘莹："法律文书的写作要求"，载《司法文书写作》第41页。

学生自行起草相关法律文书，自行了解刑事诉讼过程中的程序性规定，自行担任法官组织庭审过程。在学生准备模拟法庭的过程中，教师只作必要的少量指导，在模拟法庭完成后，针对学生在模拟法庭中出现的各种问题作有针对性的点评，这往往会收到事半功倍的效果。

刑事卷宗教学法是在法科专业教学改革、实践教学逐渐升温的形势下应运而生的符合法学教学规律的一种教学方法，随着对卷宗的利用程度越来越深，卷宗教学法带给学生地越来越多，已经成为法科专业学生职业技能培养的一条不可或缺且行之有效的道路。

调解诊所的构建与探索

郑晓静[*]

摘　要：针对目前我国高等法学教育几乎不提供专门调解技能培训课程的情况，本文介绍了北京理工大学调解诊所设立的宗旨和设计。

关键词：调解　诊所法律教育　法律技能

转型中国，冲突和纠纷频繁发生，并日益呈现多样化、复杂化、扩大化、激烈化等特征，通过适当的途径及时有效地解决纠纷以及预防和控制纠纷已成为国家和社会面临的重大任务。

然而我国多元化纠纷解决机制不发达。民间调解资源因百年以来的革命、建设等基层权力结构的改造而遭受严重破坏。而作为替代的人民调解并不具备足够的纠纷解决权威和能力，作为一种外生型调解和政府控制型调解，其缺乏民间调解制度本应具有的内在活力。调解员、法官几乎没有系统学习过调解技能。法院虽然重视调解，却存在较多违背调解自愿性的情形。

大学几乎不提供专门调解技能培训课程，中国目前几乎没有专业性的调解培训机构，没有实效性的调解技能教程，具有悠久调解传统的东方人居然要到西方学习调解。因此，在法学高等院校开设调解课程与建设调解诊所具有重要意义。

一、调解诊所的探索

2011 年，笔者所在的北京理工大学法学院成功申报了中国诊所教育

---

[*] 郑晓静，北京理工大学法学院讲师，主要研究方向：纠纷解决、调解的理论与实践、诊所法律教育。

委员会以调解为特色的民事综合诊所，成为全国首家开办调解诊所的高校。2012 年 9 月，我院开设"调解与谈判"通识选修课，这是全国首个专门以调解技巧培训为内容的本科生课程。2013 年 4 月 27 日，首届北京调解论坛召开，我院调解诊所成为北京调解联盟的发起单位之一。2013 年 11 月 3 日，受中国法律诊所教育委员会公益法律服务志愿者项目邀请，笔者对第 3 期公益法律服务志愿者进行了调解技能的专题培训。在对于调解技能的教学与研究的探索上，我们一直走在全国前列。

（一）调解诊所设置的宗旨

调解诊所的设置旨在进行调解技能培训，提升纠纷解决能力，促进纠纷解决，实现社会和谐。调解诊所的发展目标：努力成为中国一流的调解服务、培训及研究机构。

调解诊所的主要工作：

（1）对在校学生提供调解技能培训，指导学生参与调解实务；

（2）为民众义务提供调解服务；

（3）开设调解热线，提供纠纷排解及法律咨询服务；

（4）开展调解培训、论坛；

（5）开展调解研究。

调解诊所的人员配备主要有专职人员、法学院学生、兼职人员、实习调解员、志工团队。

（二）调解诊所未来的发展构想

调解诊所未来不断发展，条件成熟时拟成立调解中心；与司法局、法院、律师事务所、行业协会等机构合作，利用小额补贴，充分争取政府购买服务等发展政策，支持调解人员尤其是培训学员。

（1）发展成为专业性调解培训机构，建立半官方机构——"调解中心"、附设于法院的调解机构、行业性调解机构以及律师调解机构等民间调解机构。

（2）开展调解培训、论坛。面向全国尤其是不发达地区，为人民调解员、法院从事调解工作的法官以及其他从事民间调解工作的人员免费提供调解技能培训，提升调解能力，培育调解公益人才；每年两期，持续进行。

（3）开展调解研究。编撰简明实用的调解指南、调解手册、调解案例和调解教程，并向不发达地区的有关机构和人员免费发放；通过调解研究，促进立法和政策的改变。

（4）促进现有调解机构尤其是人民调解组织的民间化。人民调解制度的发展方向应明确定位于社会自治型民间调解，人民调解应当从外生型调解向内生型调解转变，充分保障其自愿性、自发性和自治性，使其真正成为群众自我管理、自我教育、自我约束、自我服务的纠纷解决机制；孵化综合性、专业化的多元化纠纷解决机构（ADR）。

（5）逐步建成一个发挥信息沟通、技能交流、业务合作等职能的非正式的全国民间调解机构网络。

二、调解课程的设计

转型中国迫切需要建立和完善有效的多元化纠纷解决机制，其中调解占据核心地位。调解具有自愿性、自治性、民主性、简易性、灵活性、实用性等特征，有利于和平、彻底地解决纠纷，缓解社会矛盾，维系当事人之间的和谐关系。因此，应立足中国的调解经验，借鉴西方较完备的调解技术，不断完善适合中国实际和需求的调解课程；推动"调解课程"成为法科学生的必修课，促进高校"调解诊所"的发展；吸引法律服务志愿者参与各类调解机构的实习；适当条件下，针对发达地区的调解培训可以收费，以弥补成本，使之具备长远发展的条件；在适当时机推出调解技能证书课程。

（一）课程定位

调解课程旨在立足中国的调解经验，借鉴西方调解的实践技术，传授调解的方法、技能与经验，使培训对象系统掌握调解技能和知识，具备担任调解员的资格。本课程既有助于提升学生的实践能力，促进其妥善处理社会关系，更能够占领具有广阔前景的调解培训市场。

（二）调解培训规划

初期阶段：为学生提供调解培训，考核合格，颁发调解技能培训结业证书。

成熟阶段：与法院、司法局、仲裁委员会合作，为法官、人民调解员、律师、仲裁员提供调解培训；面向社会招生开班，考核合格，颁发调解技能培训结业证书。

（三）调解培训的主要内容

1. 调解的理论与实践

（1）调解技能培训课程简介；

（2）纠纷与纠纷解决机制；

（3）正确对待调解；

（4）法院调解制度及其完善；

（5）人民调解制度及其完善。

2. 调解与调解员

（1）本质；

（2）原则；

（3）调解员伦理道德。

模拟训练：婚姻家庭纠纷调解。

3. 调解阶段与技巧

（1）开始；

（2）序言；

（3）双方陈述；

（4）确定共同点；

（5）议题确立；

（6）谈判与决定；

（7）面对面调解与背靠背调解；

（8）最终决议及纪录决议；

（9）总结陈述。

模拟训练：相邻纠纷调解。

4. 调解中的谈判

（1）竞争型谈判；

（2）合作型谈判；

（3）问题解决型谈判。

模拟训练：损害赔偿纠纷调解。

5. 沟通艺术

（1）倾听；

（2）提问；

（3）复述；

（4）重组。

模拟训练：婚姻家庭纠纷调解。

6. 调解员的风格、调解的类型

（1）评估式调解；

（2）促进式调解。

模拟训练：合同纠纷调解。

7. 课后模拟训练

（1）自行设计案例，四人一组进行训练；

（2）另行组合四人，重新设计案例进行训练，如此反复，不少于五次；

（3）每个人都必须担任过调解员、当事人、观察员的角色，观察员负责点评和打分。

（4）案例应涉及各种类型。

8. 考核

（1）教师根据课堂模拟情况进行考核；

（2）课后模拟训练，参考观察员打分；

（3）最终考核。

伴随纠纷解决机制多元化，调解服务职业化、市场化、产业化日益明显，对此，应培育精良的调解员职业队伍，孵化非官方调解机构，促进纠纷的和平解决，调动民间力量实现治理，节约司法资源和治理成本，发展社会自治，期待调解事业实现"跨越式"发展。

中国控烟运动与法律诊所

董艳锋*

摘　要： 以《烟草控制框架公约》的诞生为标志，国际上的"烟草控制运动"已经由以公共卫生等现代知识为依据的"科学运动"转化成为一种以法律约束力为后盾的"法治运动"。在这场运动中，法律人负有积极参与的社会使命，这是法律人职业共同体建设和职业伦理的必然要求。在法律人参与控烟运动的众多国内外经验中，控烟法律诊所是非常有效也非常值得推广的形式之一。

关键词： 法律诊所　控烟运动　《烟草控制框架公约》（FCTC）

一

在现代社会中，法律人是一个非常独特的职业共同体。他们是法学知识的生产者、传播者和垄断者，在法律的制定、实施和解释中具有充分的话语权，在多数人眼中还往往担当着实现社会正义和公平的角色。正如所有的现代职业一样，法律人也有二重性的特色：一方面，法律对于法律人来说是一种职业，他们需要通过为他人提供法律服务来获取生活所需；另一方面，所有以法律为业的人首先又都是社会人，身处在相互分工而又必然协作的现代社会关系的网格之中，因此必须承担对社会、对他人负责的义务。

而法律人和医生这个职业一样，又和其他一些职业有不同之处。相比于医学这门对人的身体疾患进行诊治的学问而言，法学可以说是一门

　* 董艳锋，法学博士，清华大学法学院卫生法研究中心研究员，主要从事卫生法与民商法研究。

对社会问题进行诊治的学问，这两种职业的内在特征和其应该承担的社会责任是内在契合的。医生实施艺术加之于病人的身体时，必然要求全面尊重病患的身体和人格；法律人在提供法律服务时，除了要求娴熟的技术和审慎的态度，还必须具备正义感和社会良知。当然，套用马克思·韦伯区分政治人的理论，政治人有"为政治"而生的，有"靠政治"而生的❶；法律人中肯定也既有仅仅"靠法律"谋取经济来源的法律工匠，也有"为法律"而生、热爱法律、担当推广正义理念和社会公益等社会责任的真正法律人。

当然，我们并不能空洞地鼓吹"为法律"的法律人就比前者要高尚，因为毕竟"为法律"者首先也是一个依靠法律谋生的人。但是，从尊重自己的职业角色和职业共同体尊严的角度来说，一个合格的法律人必须有社会责任感，必须能够在践行自己职业技能和伦理的时候，不忘自己肩上除了谋生之外还有一份沉甸甸的社会担当。

现代社会是一个公民社会，公民基本道德也要求公民应该积极参与关乎人群利益的事业，法律人作为专家公民，以专业知识服务于公益事业也是其职业范畴内应有的含义。

二

中国当下正在兴起的控烟运动作为一项特殊的公益事业，同样需要有大批热衷于公益、具有社会责任感的法律人参与。这不仅是法律人的社会责任的内在要求，同时也是世界控烟运动发展到今天所具有的时代新特征所决定的。

现代控烟运动的兴起，一直就是一场科学对抗人类既有的生活习惯、文明对抗强大的行业利益的社会运动。

最早宣称吸烟有害健康的科学论文发表于 1795 年。该文作者——德国的赛玛林格（Somnering）认为，吸烟斗的人容易生唇癌。在此之后，特别是到了 20 世纪，诸多吸烟有害健康的研究报告公诸于世，控烟运动

---

❶ ［德］马克斯·韦伯：《学术与政治》，冯克利译，三联书店 1998 年版，第63 页。

便随着这些科学依据的发展和深入而轰轰烈烈地展开了。

1962 年英国皇家内科医学院发表了人类历史上著名的医学报告，该报告在大量临床数据的基础上得出了"吸烟是导致肺癌的主要原因"的科学结论。这一结论举世震惊，两年后美国医政总署根据 6000 多篇科学论文的研究结果向世人宣布，吸烟是一种与疾病和死亡有关的极为重要的因素，需要立即采取措施。自此，现代控烟运动已经形成一股波澜壮阔的历史浪潮。❶

这一阶段控烟运动的主要特征在于，这是一场较为纯粹的社会运动，是建立在"烟草危害"的各种科学实证基础之上的，其得以开展主要是依靠人们的现代科学健康观念和文明意识等"软条件"。

而《烟草控制框架公约》的诞生则标志着控烟运动从"科学时代"步入了"法治时代"。

2003 年 5 月，在第 56 届世界卫生大会上，WHO 的 192 个成员一致通过了第一个限制烟草的全球性公约，即《烟草控制框架公约》（FCTC）。该公约为全球控制烟草危害、维护人类健康提供了一个效力层级很高的法律框架。其法律效力虽然不如国内法强劲，但毕竟为全世界的控烟人士和团体提供了一个一致行动的行为规范，也为在国际范围内推广控烟提供了法律基础。因此，控烟运动在"科学基础"之外更获得了一定的法律上的强制力。今后的控烟运动的开展除了上文所说的"软条件"之外，还必须依靠法律、制度等具有国家强制力因素的"硬手腕"。

因此，可以说《烟草控制框架公约》开创了一个新的控烟时代。正在到来的新的控烟高潮是以现代法治文明理念为背景、以法治社会为平台的公共事业。在我国，这也正与我国建设社会主义法治国家的政治目标相契合。法律将是控烟运动中的终极武器，法律人也必将是这场运动中的急先锋。

《烟草控制框架公约》及其议定书规定了控制烟草的措施，这些措施

---

❶ 周瑞增、程永照编著：《关注全球控烟新浪潮：WHO〈烟草控制框架公约追踪〉》，经济日报出版社 2004 年版，第 2 页。

都是在之前已经被证实行之有效的。世界卫生组织通过《扭转烟草流行系列政策：MPOWER》❶ 一文将其归纳表述如下。

（1）（Protect）保护人们免受烟草烟雾危害；

（2）（Offer）提供戒烟帮助；

（3）（Warn）警示烟草危害；

（4）（Enforce）确保禁止烟草广告、促销和赞助；

（5）（Raise）提高烟税；

（6）（Monitor）检测烟草使用情况。

作为缔约国，随着公约逐步在我国生效，我国政府有义务根据公约的要求制定既适合我国国情又符合公约最低要求的法律法规和政策措施，将这些目标落实到实处。

具体来说，我国应该做好以下工作：

（1）鼓励各城市制定"公共场所禁烟条例"等规章政策，实施公共场所的全面禁烟。

（2）加强卫生系统的公共卫生功能，使戒烟人群能够方便高效而又低成本地获得戒烟帮助，甚至将戒烟配套服务纳入"初级卫生保健"体系和相关法律内容之中。

（3）废除现行《中华人民共和国境内卷烟包装标识的规定》，重新立法以达到公约标准。

（4）检讨我国关于烟草广告的法律法规，借我国《中华人民共和国广告法》修订之际，建立严格禁止烟草企业广告、促销和赞助的制度。

（5）修订烟草税收政策，确保烟草税率的上升速度快于消费者消费能力的提高速度。

（6）建立关于烟草使用情况的检测体系，获取具有全国代表性，以人群为基础，针对青少年和成年人烟草使用关键性指标的周期性数据。

以上种种控烟手段已经不仅仅是公共卫生、流行病学等自然科学的

---

❶ *WHO Report on the Global Tobacco Epidemic*，2008，*The MPOWER package*，World Health Organization，http：//whqlibdoc. who. int/publications/2008/9789245596288_chi. pdf.

研究范畴。面对这些任务，中国的法律人有义务从法学和公共政策的角度一显身手，深入研究这些制度的立法基础，推动相关制度的修改和建立。

三

中国控烟工作在公共卫生领域进行时日已久，法律人的参与却只是最近的事情。对此，除了上述控烟运动性质转变的历史因素之外，中国法律人自身的特点也是重要原因。

一方面，中国法律人特别是法学研究人员通常只关注理论研究，缺乏对现实社会问题的深切关注；长期采用规范分析的方法，对控烟工作中经常运用的实证分析等研究工具比较陌生。❶

另一方面，由于法学教育机制和社会转型期的特定社会环境，中国法律人职业群体中普遍存在社会责任的缺位和法律人特有的人文关怀的缺失，将法律只当成谋生的手段，而忽视对公益事业的积极参与。

自1978年法学教育工作恢复以来，迄今已有三十多年的历史，但更多的法律人更关注抽象理论问题。对于在医药领域、公共卫生法制建设中发生的问题熟视无睹，法学家研究重理论轻实践，让我们不得不反思法律人的使命在哪里。法学不是哲学，更不是文学，法学的任务应该是通过对社会发展脉络及时恰当的捕捉，发现其中存在的问题，通过法律权利、义务的合理配置，促进社会和谐发展，使社会生活更加有秩序、有尊严，使人们的生活更加健康。

首先，前文已述，《烟草控制框架公约》规定的诸多政府的义务都要以法律的形式开展，都应该由法律人积极工作；公约的国内法转化问题、公众选择及其限制、禁烟的法律适用、履约机制的建设等也都离不开法律人的研究成果。

其次，前文已经说明，法律人的职业和社会责任是内在统一的，这就要求有责任感的法律人担当起推动文明健康的生活方式的作用，要以

---

❶ 申卫星："时代发展呼唤'临床法学'——兼谈中国法学教育的三大转变"，载《比较法研究》2008年第3期。

自己的行为、法律技术和服务语言为当事人乃至周边人群传导积极正面、健康文明的信息。法律职业是文明社会的产物，自然应该有符合文明社会的职业伦理。

最后，维护弱势群体，坚守人道主义底线，这是现代法治体系的合法性基础。控烟事业并不是针对烟民开展的，他们其实只是烟草的受害者，他们和二手烟、烟雾暴露的受害者一样，都应是我们关怀的对象。如果他们的合法利益受到损害，法律人有义务使其获得法律上的援助，保障他们的人身和财产权利。国外控烟运动中的烟草诉讼在这方面已经为我们树立了良好的范例。

四

国外法律人所作的控烟尝试中，最值得在中国推广的应该是"控烟法律诊所"的开设。

法律诊所是一种全新的法律教学方法。它与法学教育的职业性相联系，可以在法学教育的职业性方面发挥作用，使学生直接通过实际客户，学会如何与实际的各种社会或诉讼角色打交道，进而锻炼法律技能和培养职业道德观念。❶

在美国，法律诊所的兴起和控烟运动都有着民权运动的背景。❷ 控烟运动是为了争取公民的健康权益而兴起的，法律诊所也是为了保障弱势群体法定权利而生的。当初，美国民权律师发现，联邦政府颁布的保护民权的法律对穷人根本不起作用，其中的原因就是法律服务价格昂贵，穷人无法获得。于是，在福特基金会的帮助下，法学院的学生开始免费为其提供法律援助。这种教育形式不仅可以帮助学生学习法律的操作实务，更主要的是能够培养法律人的职业责任感和社会责任感，培养法律人的精英意识。

---

❶ 王晨光："法学教育的宗旨——兼论案例教学模式和实践性法律教学模式在法学教育中的地位、作用和关系"，载《法制与社会发展》2002 年第 6 期。

❷ Richard J. Wilson, Three Law School Clinics In Chile, 1970—2000: Innovation, Resistance and Conformity in the Global South, Clinical L. Rev. 2002, Spring.

由于公益诉讼的发达，以控烟为主题开设法律诊所课程在美国已有发展。这种教学方式结合控烟事业的具体任务移植入中国的法学院，有着极为重要的现实意义。

（1）控烟法律诊所同其他课程一样，首先是知识信息的传播渠道。其自然能够担当起传播健康知识、推广控烟信息的重任。

（2）控烟诊所能够满足社会弱势群体对诉讼资源的需要，能兴起控烟领域内的公益诉讼，维护烟草受害者的合法权益。

（3）改变我国法学教育的方法和理念，让学生真正接触社会实际问题和法律运作的方式，造就一批懂得控烟运动精神和具体控烟操作规律的技术先锋。

（4）诊所课程培养的是法律人，控烟内容更能培养倡导和引领健康文明生活的法律人；不仅培养学生操作法律的技术，更能培养其社会责任感和职业伦理意识。

五

现代社会中的控烟运动应该有法律人的身影；法律人自身也有诸多有利条件参与这场健康事业。法律人从纸面理论走向生活，关心公共利益，支持控烟事业，切实以人道主义的情怀和丰富的法学知识技能引领社会风气，改造社会弊端，这不仅是塑造一个和谐美满的社会的过程，也是法律人自我塑造、自我发展的过程。

法律检索基本概述

袁　钢[*]

摘　要： 法律检索应该是以现实问题的分析为前提，以解决现实问题为目标，以形成对策研究报告为结果的发现、分析和解决问题的过程，是具有实务性质的一项法律工作。法律检索技能是法科学生的基本技能，而我国的法律检索教育相对比较薄弱。

关键词： 法律检索　法律技能　法律诊所

由于法律学习具有职业训练的特点，也具有很强的实践性，国外大学法学院一般都开设"Legal Research and Writing"课程，这是法学院学生的基本训练指导，也是法律诊所授课中的重要环节。法律检索是一种技巧性的解决问题的活动。（Legal research is a skilled-based, problem solving activities.）对于每个检索的问题，必须首先加以分析，并对可以利用的工具进行估价，以选择最合适的方法。特别是当有两种或更多的具有同等效用的查找工具时，则更需要加以选择，从而取得最有效的结果。在所有检索方法的使用中，技巧的实践和发展起了很大作用，可以帮助检索者作出合理的选择，增强检索的有效性。可以说，法律信息检索是一项专业性较强的技能，是现代法律职业者应该掌握的一种方法。这样才能更有效地获取、利用知识和信息，在竞争中占据优势。❶

　＊ 袁钢，中国政法大学副教授，法学博士，硕士生导师，中国政法大学实践教学教研室主任、法律职业伦理教研室副主任，中国政法大学行政法律诊所负责人。
　❶ 刘丽君、于丽英主编：《漫游虚拟法律图书馆——在线法律资源研究指南》，法律出版社 2004 年版，编者前言。

一、法律检索的概念

法学作为实践性的社会科学，决定了法学教育需要培养创新型和应用型的法律人才，必须使法学人才同时具备核心法学知识、核心法学技能和核心法学道德。传统法学教育重视法律知识的传授，而忽视法律技能和法律道德的培养。学生往往被动接受法学知识，而缺乏对于主动获取知识的职业技能的培训，如法律检索的训练。

法律检索，源于对英文 Legal Research 的翻译。而国内对于 Legal Research 一词有着诸多各异的翻译，最常见的翻译为"法律研究"、"法学研究"、"法治研究"、"法律检索"。❶ 本文之所以将 Legal Research 翻译为"法律检索"，还得从国内外对于 Legal Research 的内涵的不同理解说起。

（一）国内对于 Legal Research 的理解

在国内，自 1989 年第一本关于法律检索的教材❷出版至今，以"法律检索"为主题的出版物（包括著作、编著、影印、翻译，但不包括进口图书、电子图书）共计 35 本。纵观国内出版的这些法律检索教材的书名，通过其主题名可归纳为"法学文献检索"、"法律文献检索"、"法律文献学"、"法律文献目录学"等提法。前者主要集中于专业文献信息的查找方法领域；后者则大多是从学科文献体系上来论述专业文献的资源分布。其他主要教材则大多集中在中外综合法律文献信息的检索技术范围内。

从内容来看，这些出版物的基本内容大都包括三个部分，即文献检索的基础知识（如布尔检索）、检索工具的介绍（包括传统文献的参考工具书和检索工具以及网络资源检索的介绍）和法律文献检索的资源（包括中国法、外国法和国际法法律文献）。简而言之，这些出版物内容包括具有学理性质的如何查找学术论文的资料（即法学研究，Academic Legal Research）和实践性质的如何查找法律法规（即法律研究，Practical Legal Research）。因此，严格来说，这些出版物的主题实际上是法律（法学）文献检索（Legal Document Retrieval）或者法律文献信

❶ 李傲主编：《法律诊所实训教程》，武汉大学出版社 2010 年版，第 72 页。
❷ 郑治发主编：《法学文献检索与利用》，武汉大学出版社 1989 年版。

息学（Legal Literature Information Science），并不是本文中所指的Legal Research，也不是国外法学教育中对于 Legal Research 的理解。

可以说，在中国，对于"法律检索"一词没有统一或者一致的叫法。目前，在国内出版的各类法学工具书如法学（法律）辞典、法学百科全书中，没有"法学检索"或"法律检索"等词汇，没有对这个词的概念解释。这说明，法律检索在中国的法学领域尚未形成概念，专业人士对它的认识也非常有限，远谈不上达成共识。因此，研究、探讨中国的法律检索教育还是一个年轻的命题，其发展还有很长的路程。

（二）国外对于 Legal Research 的理解

诚如前文所言，中国法学院校采用法律诊所教育模式本身就是借鉴了美国法学教育的成功经验。在美国法学院，Legal Research 是法律博士（J. D.）一年级的必修课，是美国法学教育和法学实践非常重要的组成部分。在美国，Legal Research 的概念是 "*Legal research is the process of identifying and retrieving information necessary to support legal decision-making. In its broadest sense, legal research includes each step of a course of action that begins with an analysis of the facts of a problem and concludes with the application and communication of the results of the investigation*"❶，即 "为作出法律决策而进行确认和检索必要信息的过程。从广义上说，它包括从有关问题事实分析到运用和表达调研结果的法律决策的每一步骤"。尤其是英美法系国家适用遵循先例（*Stare Decisis*）的原则，法律人需要从汗牛充栋的判例中寻找本案适用的先例，这就需要接受专门训练。

麦考利特报告（MacCrate Report）要求律师应该具备十项基本法律技能：解决问题、法律分析及推理、法律研究、事实调查、沟通、忠告、谈判、诉讼及另类纠纷解决程序、法律工作的组织与管理、认定和解决道德难题。其中，基本技能之三为 "*In order to conduct legal research*

---

❶ J. Myron Jacobstein and Roy M. Mersky, Fundamentals of Legal Research, 8th ed. , Foundation Press，2002，p. 1，转引自维基百科（http：//www. wikipedia. org/）的Legal Research 词条。

effectively，a lawyer should have a working knowledge of the nature of legal rules and legal institutions，the fundamental tools of legal research，and the process of devising and implementing a coherent and effective research design "❶，即 "为了认定法律问题而进行的具有效率的研究，律师应该对法律规则及机构的性质有知识，对适用法律研究的最基本工作的能力有知识，了解制定及贯彻实施有效的研究设计的程序"❷。

（三）本文对于 Legal Research 的界定

为了区别于国内对于 "法学研究" 和 "法律研究" 的习惯用法，也是借鉴国外对 Legal Research 的理解和运用，本文将法律诊所教育中经常采用的 Legal Research 翻译为 "法律检索"。

广义的法律检索包括两个方面的含义：一是指 "法律信息检索"（即狭义的法律检索），是为解决具体案件中的法律问题，科学、系统地查找和收集相关的法律依据（Authorities）；二是法律研究（或称法律调研），即针对法律问题及与法律相关的问题所作的系统探讨与考察，并形成法律问题的解决方案。

本文介绍的法律检索更多是指狭义法律检索，是以规范的、科学的、系统的方法查找、收集法律资料、信息的过程。它既是一个过程，也是一种方法。而狭义法律检索的最终目的是为了解决实际法律问题，并且，为了这个目标而形成检索策略，决定如何去查询以及查询什么资料，而不是为了查询而去收集资料。

在中国的法律环境中，本文中的法律检索不是指在传统和网络资源中查询和研究相关法学理论或者法学观点，即不是学术性质的；而是以现实问题的分析为前提、以解决现实问题为目标、以形成对策研究报告为结果的发现、分析和解决问题的过程，即是实务性质的。

---

❶ Mac Crate Report：Legal Education and Professional Development，An Educational Continuum Report of The Task Force on Law Schools and the Profession：Narrowing the Gap，JULY 1992. American Bar Association，Section of Legal Education and Admissions to the Bar.

❷ 何美欢：《论当代中国的普通法教育》，中国政法大学出版社 2005 年版，第 203～206 页。这里提及的法律研究的概念和内涵与本文中广义法律检索的相同。

二、法律检索技能

卡·卢埃林曾说过："律师的看家本领就在于技能……在于实用、有效、有说服力、有创造力、能把事情办好的技能。"❶ 正如上文提及的麦考利特报告等，诸多专家学者都曾进行过归纳，又如《完善法学教育》一书中所归纳的："法学院应当帮助学生拥有有效的、负责任律师的素质，这些素质包括自我反思、终生学习的技能、智力及分析的技能、法律的核心知识及理解、职业技能以及职业主义。"❷ 许身健主编的《法律诊所》一书结合法律诊所教学的实践，分别从会见技巧、法律咨询、法律写作、事实调查、法律论辩、法律谈判、法律调解、诉讼技巧等方面进行重点论述与训练。而法律检索技能是法律论辩、文书写作、法律谈判、法律调解等技能的基础。

(一) 法学教育与法律检索

法学院四年所能教授给学生的只有法律核心知识、核心伦理、核心技能，也就是"三个核心"。法科学生不可能把一生中所需要用到的法律知识全部掌握，例如，法学院不太可能引导法科学生在四年法学本科毕业时就掌握诸如房地产业务、知识产权业务、海商事业务、发行上市业务和并购重组等高端非诉讼律师业务的知识。因此，法学教育应该教授法科学生自我学习的技能，其中的典型技能就是法律检索。

法科学生就读期间在准备大量课堂作业和论文时，进行了大量法律文献检索，但是法律实务部门经常会抱怨刚入职的法科毕业生还需要长期的训练。究其原因，一方面，法科学生经常进行的是学术性质的法律检索，很少有实践性质的法律检索；另一方面，法科学生在学校往往把图书馆当作自习室，并没有发现它真正的价值，所以没有去很好地利用它。因此，对于法律检索教育的"教"和"学"来说，都需要重新、正确认识法律检索教育。

---

❶ 迈克尔·努尼：《法律调解之道》，杨利华、于丽英译，法律出版社 2006 年版。

❷ 许身健等：《完善法学教育——发展方向与实现途径》，知识产权出版社 2010 年版，第 7 页。

培养法律专业学生的信息素质能力和研究能力，培养查找法律信息的方法，驾驭、运用法律资源的能力，掌握综合应用文献信息的知识和方法，这不仅是对专业人员的实践性训练，也是一种对于研究思维的训练。❶ 此外，法律检索能力素养更是一种综合性的能力素质，并不是仅通过开设法律检索课或者若干法律检索讲座就能产生效果的。法律检索教育非常符合法律诊所教育的要求和方法，需要多层次、互动性的教学方法。因此，法律检索必须纳入法律诊所教育的整个过程中，融合于法律诊所教育教学安排及各项技能培训中，特别是与会见、法律咨询、法律文书写作的培训相结合，培养学生的创新能力和应用能力并重，通过教学行政管理部门、法学专业教师及图书馆人员等多方面的合作与努力来实现。

（二）法律检索的基础

法律检索能力是在知识与实践的相互作用中获得的，是法律人技能的重要展现，以技能来展现法律知识才能实现法律知识真正的价值。法律检索是一项复杂的技能，不是一蹴而就、一学就会的。作为法科学生，要掌握这项技能，需要具备以下基础。

1. 法律知识

在进行法律检索之前，法科学生必须要熟悉已经掌握的法律领域，掌握最基本的法学知识（包括法律原则/原理、法学理论和法学理念）。法律知识是所有法律技能的基础和前提，也是法律检索的基础和前提。从法律知识到法律技能的飞跃是法律人通往成功的途径，所以，法律知识是必须具备的，法律原则、法律原理和法学理论是需要掌握的。而掌握法律检索的技能还意味着法科学生有能力去自我寻找特定领域的法律，不断更新所学。

2. 法律思维

法律职业特有的思维方式和分析、判断、解决问题的能力也是进行法律检索所必需的要素。没有被运用的知识仅仅是一堆信息，只有由人运用思维把各种信息组织起来，这种信息才能成为真正对人有价值的知

---

❶ 于丽英："中国法律检索教育评析"，载《法律文献信息与研究》2009 年第 1 期，第 32 页。

识。有了法律思维能力，法律人就会具有分析、处理、解决问题的能力。法律人的思维能力具有逻辑性和专业性的特点，在我国多表现为演绎推理的形式。需要清楚的是，法律检索不是一个简单的有输入并有输出的过程，需要法律人进行判断，需要归纳总结，需要发散思维，并且具备做好检索规划的能力，不能"胡子眉毛一把抓"。

3. 法律技巧

法律检索的技巧是指在正确的地方和合适的时间，采用科学便捷的方法，以最小的成本获取所需要的资源。面对同样问题，不同的人进行法律检索，有的人走过很多弯路才找到，但也有人利用技巧提高了法律检索的效率。生活中出现的问题都是千变万化的，很复杂，法律检索高手是在实践基础上运用技巧逐步形成的。下文将重点讲述法律检索的技巧、策略。

三、法律检索教育

（一）国内外法律检索教育现状

自 1981 年秋教育部发布《高等学校图书馆工作条例》将"开展查询文献方法的教育和辅导工作"作为大学图书馆的任务之一开始，当时司法部部属政法院校图书馆的专家作为主体，积极参与和推动了此项工作。1984 年和 1985 年，教育部下发了（84）教高一字 004 号文件《关于在高等学校开设〈文献检索与利用〉课的意见》和（85）教高一司字 065 号文件《关于改进和发展文献课教学的几点意见》，要求在全国各高校普遍开设文献检索与利用课。❶ 之后，在司法部教育司主持、各院校法律图书馆专家的共同协作之下，国内第一部法律文献检索教材问世。

在中国大部分法律院校乃至综合性学校，主要开设的是文献检索课程，并且都是选修课。选修过此课的学生可以了解文献的有关知识，掌握检索的基本技巧和技术，学会对于电子资源的有效利用。但是，以解决问题为核心的检索技能的培训并不是这些课程的核心，学生也并没有

---

❶ 李晓明："我所经历的文献检索课"，载《大学图书馆学报》2004 年第 4 期，第 3 页。

学习、练习检索技能，没有掌握自我解决问题的技能，也没有掌握终身学习的技能。正如前文所述，法学专业学科更需要符合本专业特点、以实务技能培训为核心的法律检索课程。

美国法学院 J. D.（Juris Doctor）法学学位一年级学生有八门必修课，其中一门课程就是法律检索课（"Legal Research"），往往与该课程配合还有一门《法律写作》（"Legal Writing"）课程。J. D. 学位是美国绝大多数执业律师必须具备的基本学历，是美国律师人才资源主体。在这门课程中，要学习学术论文引用注释的规范和查找法律资料的方法，例如如何查找最高法院判例集（West's Supreme Court Reporter）中的案例、什么是规范的"蓝皮书引用规范"（The Bluebook：A Uniform System of Citation）、熟悉和使用"美国最高法院报告"（United States Supreme Court Reports）、"ALR 索引"（ALR Index）等工具书。虽然美国与我国的法律体系不同，但其法律学习的方法是非常值得借鉴的。

虽然美国是案例法国家，但是在美国，成文法（Statue）和判例法（Case Law）是并行的。作为美国律师，接案后首先要查有没有相近的、相似的案例，然后要找相应的成文法规定。美国法学院的学生都知道：如果不懂如何去查找法律，是没有办法深入学习的，将来也是没有办法工作的，所以，学生都非常重视这门课程，而且美国律师协会把法律检索明确地规定在律师的工作规范和职业道德中。因为在工作中，作为律师要先从法律检索入手，迅速准确地查到解决有关问题的法律依据，这是律师的基本技能，关系到适用法律的准确性、严肃性和委托人的利益。日本是大陆法系国家，日本的几乎所有大学都开设法律文献信息收集与利用课，以便法学院的学生能够系统地学习这方面的知识。

（二）国内外法律检索教育比较

关于国内法律检索教育，有学者选取了 4 所校级政法院校图书馆和 9 所综合性大学法学院图书馆为主要调研对象。数据显示，近 90％的大学法学院系的法律检索课尚属空白，普遍采用的形式有定期或不定期地举办图书馆资源和服务的讲座（如新生入馆培训、专题讲座、数据库使用培训等）。法律文献检索课程的主要授课对象是本科生高年级学生（三四年级）和研究生，总体来说，接受专门法律检索教育和训练的学生还非常有限。法律文献检索课程教学课时一般安排 16～36 学时不等，对应 1～2学分；教学内容以电子资源检索为主，以及上网操作练习；讲课方式以讲授和实习相结合，其比例大体为 50％ ～30％；没有专门授课教师，主要是图书馆员兼任；考核方式主要是对出勤率、平时作业、考试成绩进行综合认定。❶

在目前法学教育中的法律检索教育的现状下，我国实习律师职业能力也出现了一面具有基本法律知识能力而另一面缺乏法律检索能力的状况。究其原因有三：其一，我国高校法学教育方法存在缺陷，以书本教育为主，教育方法僵化；其二，法律图书馆的作用未充分发挥，图书馆软硬件不达标，图书馆员专业技能不强；其三，毕业实习流于形式，学生对实习不重视，草草了事。❷

在美国，法学教育非常重视对"获取法律"能力的培养，法学院在教学活动中从课程设置、教学方法到学习环境，都仅仅围绕这个主题来开展：课程设置方面，有专门的实践和法律检索课程；教学方法方面，采用判例教学法（Case Method）；发挥法律图书馆的作用，法律图书馆成为学生法律学习活动的中心，图书馆法律资讯人员具有专业知识和丰富经验；商业性法律信息公司为法学院学生提供免费培训，如美国的 Westlaw 和 Lexis 公司长期在法学院免费提供法律全文数据库检索服务中检索技术的培训。❸

下表是对中国和美国法律检索教育的简单比较：

	中国	美国
• 教材关键词	文献检索	法律检索
• 教学目的	法学研究	法律研究

---

❶ 于丽英："中国法律检索教育评析"，载《法律文献信息与研究》2009 年第 1 期。

❷❸ 柳宪章："律师执业的基本素养：法律检索"，载《法律文献信息与研究》2009 年第 2 期。

续表

	中国	美国
• 教学主管	教育部（曾是司法部）	律师协会（ABA）
• 主管态度	推荐开设	认证标准
• 普及程度	鲜有开设	普遍开始
• 教学侧重	介绍方法	培养技能
• 授课对象	本科生、研究生	研究生
• 授课教师	图书馆员	图书馆员＋律师
• 教学期间	＜0.5学年	＞1学年
• 检索目标	法律文献、法律法规	法律＋判例＋法律评论
• 教学方法	课堂讲授＋上网练习	判例教学＋实案演练
• 教学参与	公益性	商业性
• 教学环节	学术规范	引证规范

（三）对中国法律检索教育的探索

法学是实践性科学，法学教育的人才培养目标应该是培养创新型和应用型法律人才，必须将法律知识、法律职业素养和法律职业技能统一起来，仅单纯具备其中的一种能力是不够的。所以，法学教育不仅要传授法律知识，同时要培养和训练学生的实践能力和操作能力。能力的培养应当提到与知识的传授同等甚至更高的地位。

实际上，我们的法学教育和律师训练还是重知识而轻方法，重论述而轻资料，以论代证。法学院的学生被动地接受知识，缺乏诸如法律检索课之类的职业技能培养和实践训练，追求最新的知识而不重视基础的培训。正是对法律检索教育性质的认识不足，导致对它的重视不够甚至完全忽略它的作用。中国传统法律课程一般欠缺技能培育，原因可能是多方面的，部分原因在于中国人的大师情结以及对工匠的蔑视。原因也可能在于我国长期以来将法律检索研究工作划归图书资料管理而非法律专业的工作领域，导致法律检索未能体现出法律的专业性特点。由于法律的理论研究与法律资料管理的实践相互脱离，对法律资料的收集、归类、整理和运用方法的学术研究一直未引起法学界的充分重视。这也部分导致在司法实践中，当事人或代理人因无法掌握充分的法律资源而败诉，或至少在庭上处于劣势。而法律资源管理体系不完善会导致获取法律信息的机会不平等，也会导致司法不公。

相比之下，一些西方国家的法律体系化程度高，法律编排体系比较科学，接受法律训练的学生获得的法律知识是一致的，法律专业人士对法律的基本理解也是相同的，对律师和法官的职业技术要求也是统一的。同时，现代科学技术不断发展，法律问题更是层出不穷，对于检索技巧和方法的训练就像我们凭借的"慧眼"，指引法律人在浩瀚复杂的法律文献信息中探索路径，学习发现，寻找知识和答案。可见，法律检索教育在法学教育和法律人才培养方面的作用是毋庸置疑、不可忽视的。

笔者相信，随着中国法学教育事业的改革和发展，这些认识和状况会得到改善，法律信息素质教育将被提上日程，法律信息和法律检索对于法学研究及法律实务的作用和意义正在凸显。一方面，必须明确并重视法律检索教育的作用，加强宣传法律信息素质的意义，积极组织教学力量，使每个学生能够接受法律信息教育和检索技能的训练，提高信息素养，培养学生持续学习、终身学习的能力。当然，法律图书馆建设仍有待重视和加强。另一方面，结合法学专业学生的实际情况和需求，具体设计课程的教学方案，以达到对学生的培养目标。

四、法律检索资源

（一）法律检索资源的分类

法律检索是对各种法律文献资源的利用。法律文献资源是多种多样、纷繁复杂的，而且是杂乱无序的，为了便于检索的利用，专门编制了系统的检索工具，检索工具是将大量分散无序的文献资料经过加工整理，按照一定的规则和方法编制起来，用来报道、存储和查找文献的工具，是附有检索标识的某一范围文献条目的集合。而检索策略的实质是在分析情报的基础上，确定使用合适的检索工具，正确选择检索词，科学地运用逻辑运算符，确定合理的检索原则和方法。❶ 查全率和查准率是检

---

❶ 董晓春、徐静、邹育理：《法学信息资源与文献检索》，法律出版社 2001 年版，第 246 页。

索希望达到的主要目标。❶

法律文献信息是指记录一切与法律有关的知识和信息的载体。最常见的分类是原始资料（Primary Authority，又称一次资源）和派生资料（Secondary Authority，又称二次资源）、纸质资料和电子资料。

按照法律文献信息的内容，可以分为原始资料和派生资料。

原始资料是指国家强制执行而被记载下来的有关行为规范，如立法机构制定的成文法、法院的判例和执行令、行政机构的条例和规定。❷派生资料是指法律方面的参考资料和检索工具，如法学专著、教材、法律期刊、法学百科、年鉴、业务手册、法律评论、法律报告等。❸

按照法律信息的物理载体，可以分为纸质资料和电子资料。

纸介质（印刷品）出版物是传统法律信息源，也是目前仍在使用、无法替代的信息来源。纸介质出版物的特点是：第一，数量巨大，出版周期长。如，法规集、案例集都是长期连续出版物，如《中华人民共和国法规汇编》（1956年至1990年，国务院秘书厅/法制局编，法律出版社出版；1991年至今，国务院法制局/法制办公室编，中国法制出版社出版）。第二，内容全面、翔实，凡是有立法权限的机构所制定的法律、法规、条例都会囊括其中，也包括释义和说明等。第三，具有权威性，由机构长期出版，因此使得纸介质出版物广为接受和认可。

电子版（包括光盘版、网络版）的法律信息是伴随电子计算机与网络通讯技术的迅猛发展，这也体现在图书馆资源类型的变化，印刷型资源逐步减少，电子资源在数量上所占比重越来越大。这类现代化信息源的出现为我们检索法律带来意想不到的方便和快捷。这类信息不仅出版速度快、更新快，而且具有很强的互动性、保存性。越来越多的专业人士更加依赖电子数据库来查询法律法规、司法解释、案例等资源。

---

❶　查全率和查准率的介绍参见本章第四节。

❷　美国的原始资源包括 the Law，Cases，Statutes，Constitutions，Regulations，Rules.

❸　关于一次资源和二次资源的介绍，参见于丽英、罗伟：《法律文献检索教程》，清华大学出版社2008年版，见45～47页。

（二）主要法律出版物

1. 公报类

根据《中华人民共和国立法法》规定，法律、行政法规、部门规章签署公布后，分别在《全国人民代表大会常务委员会公报》、《中华人民共和国国务院公报》、各部门公报以及在全国范围内发行的报纸上刊登，在公报上刊登的法律、法规、规章文本为标准文本；地方性法规、自治区自治条例和单行条例、地方政府规章签署公布后，在本级人民政府公报和在行政区域范围内发行的报纸上刊登，在公报上刊登的法规、条例、规章文本为标准文本。

此类公报具有官方权威性，还包括《最高人民法院公报》、《最高人民检察院公报》、《中国国家税务总局公报》、《中华人民共和国公安部公报》、《国家财政部文告》、《中国人民银行文告》、《中华人民共和国建设部文告》、《中华人民共和国卫生部公报》、《中华人民共和国教育部公报》、《中华人民共和国农业部公报》、《国家版权局公报》、《中国银行业监督管理委员会公报》、《中国证券监督管理委员会公告》等。此类出版物在2003年之后已经改为免费赠阅，部分改为电子版在部门网站上发布。

2. 工具书

工具书（Reference Book），即专供查找知识信息的文献，是系统汇集某方面的资料，按特定方法加以编排，以供需要时查用的文献。工具书总是按某种特定体例编辑，以体现其工具书性、易检性。从内容而言，其广泛吸收已有研究成果，所提供的知识、信息比较成熟可靠，叙述简明扼要，概括性强。工具书包括字典、词典、百科全书、手册、类书等。

（1）百科全书（Encyclopedia）是指一种大型参考书，采用词典的形式编排，收录各科专门名词、术语，分列条目，详细解说，比较完备地介绍文化科学知识。常见的中文法律百科全书有《中国大百科全书·法学》、《中华人民共和国法律大百科全书》、《北京大学法学百科全书》等。

（2）年鉴（Yearbook，Almanac，Annuals）是以全面、系统、准确地记述上年度事物运动、发展状况为主要内容的资料性工具书，具有时限性、资料性、可靠性和连续性等特点，为掌握资料的发展历程和趋势提供了一种重要途径。常见的中文法律年鉴包括《中国法律年鉴》、《人民法院年鉴》、《中国检察年鉴》、《中国律师年鉴》、《中国司法行政年鉴》、《中国法学研究年鉴》、《中国社会综合治理年鉴》、《中国法律援助年鉴》、《中国知识产权年鉴》、《中国青少年犯罪研究年鉴》等。

（3）皮书（Leather Book）由一系列权威研究报告组成，在每年的岁末年初对每一年度有关中国与世界的经济、社会等各个领域的现状和发展态势进行分析和预测。皮书按颜色划分，有蓝皮书、绿皮书、黄皮书、白皮书等。白皮书一般特指政府文告；蓝皮书通常代表的是学者的观点或者研究团队的学术观点；绿皮书是针对所观察研究的对象，带有可持续的意思，与农业、旅游、环境等有关；黄皮书主要同世界经济、国际问题研究有关。常见的中文法律蓝皮书有《中国法治发展报告》和《中国法律报告》。

（4）法律词典（Legal Dictionary）一般包括专业名词术语及学术概念、原理、人物、著作、流派、机构等，可分为综合性词典和专门性词典。中文法律词典有《法律辞典》、《法学辞源》、《中文法学工具书辞典》、《WTO法律大辞典》、《中国法学家辞典》、《当代中国法学名家》等。

3. 参考案例资料

尽管我国不是判例法国家，但是案例特别是最高人民法院发布的指导性质的案例对于案例办理具有较大意义。比较常见的案例出版物有《人民法院案例选》、《人民法院裁判文书选》、《中国审判案例要览》、审判业务指导丛书❶以及各地律师协会编制的律师手册等。❷

（三）主要网络资源

随着互联网的日益普及，其超大的信息量、快捷的信息供给使越来越多的人更愿意采用网络方式来查找信息。网络对信息传播的重要作用日益凸显，互联网是获取信息最常用的一种来源和途径，法科学生更应

---

❶　参考资料目录参见本章第四节。

❷　法律参考资料参见渠涛主编：《中文法律文献资源及其利用》，法律出版社2006年版，第52～70页。

将互联网作为重要的法律工具。根据中国互联网网络信息中心发布的《第 30 次中国互联网络发展状况调查统计报告》显示，截至 2012 年 6 月底，中国网民规模达到 5.38 亿，其中手机网民规模达到 3.88 亿，互联网普及率较上年同期提升 39.9%，增长速度更加趋于平稳。2012 年上半年，中国网民人均每周上网时长增至 19.9 小时。截至 2012 年 6 月底，中国域名总数为 873 万个，其中，CN 域名总数为 398 万个，网站总数升至 250 万个。❶ 根据 2004 年 7 月第 14 次《中国互联网络发展状况统计报告》统计，经常查询法律、法规、政策信息的网民占 10.3%。

在我国，主要网络法律资源可以分为法律数据库网站、政府机构网站、法律学术网站和法律媒体网站四大类。

1. 法律数据库网站

早在 1985 年，美国的 Westlaw 公司（现隶属于汤森路透集团）就已经最早实现电脑检索法律条文。1995 年创立的北大法律信息网是中国最早的法律信息网站之一，其创办的"北大法宝"（vip. chinalawinfo. com）及其英文版（www. lawinfochina. com）法律数据库产品就是典型的专业法律数据库。"北大法宝"收录了 1949 年至今的法律、行政法规、部门规章、司法解释；全国 31 个省、自治区、直辖市的地方性法规、政府规章；最高人民法院和最高人民检察院公报案例、各地裁判文书、案例评析、仲裁裁决、中外条约、合同范本、法律文书、法学教程、法学文献、法律释义、实务指南、立法背景资料及 WTO 文件等信息。北大信息网的英文版提供中英文对照在线数据库。"北大法宝"数据库的最大特点是法条联想功能，能将法律法规和司法解释及其条款与相关的法律法规、司法解释、案例、裁判文书、法学论文、修订沿革、条文释义、实务指南等全方位法律信息相链接。

此外，北大法意（www. lawyee. com）、国信中国法律网（www. ceilaw. com. cn）、中国法律资源网（www. lawbase. com. cn）、中华法律网（www. isinolaw. com）等都是国内比较流行的法律数据库。其中，国

---

❶ 参见中国互联网络信息中心（CNNIC）发布的《第 30 次中国互联网络发展状况统计报告》（2012 年 7 月）。

信中国法律网是由国家信息中心信息开发部法规信息处创办的，权威性较强。

此外、我国香港、澳门和台湾地区都有相关的法律数据库和法律在线法律服务网站。香港地区常见的法律数据库包括律政司（www. info. gov. hk/justice/）、双语法判例资料系统（www. legislation. gov. hk）、香港司法机构网（www. judiciary. gov. hk）、香港立法会（www. legco. gov. hk）等；澳门地区常见的法律数据库包括澳门特别行政区政府网（www. macau. gov. mo）、澳门特别行政区法院网（www. court. gov. mo）、澳门法律网（www. macaolaw. gov. mo）、澳门法例资料查询系统（www. legismac. informac. gov. mo）等；台湾地区常见的"法律"数据库包括"立法院"全球资讯网（www. ly. gov. tw）、"政府"出版数据网（open. nat. gov. tw）、"司法院"网站（www. judicial. gov. tw）、台湾地区"法律"网（www. lawtw. com）、月旦法学知识库（www. lawdata. com. tw）等。❶

2. 政府机构网站

随着电子政务信息化的推行，国家立法机构、国家机关、司法机构的网站也日益丰富起来，在宣传法律、提高公众法律意识方面起到很好的效果，这类网站提供的信息权威性较强。这类政府机构网站可以提供相关办事指南、办事流程、文件下载，有的政府网站还可以实现网上申报、网络预约、网络传送等无纸化办公功能。

比较重要的政府机构网站有：中国政府网（www. gov. cn）是中华人民共和国中央人民政府门户网站，是国务院和国务院各部门以及各省、自治区、直辖市人民政府发布政府信息和提供在线服务的综合平台；中国人大网（www. npc. gov. cn）是全国人大常委会办公厅主办的全国人大常委会门户网站，主要发布最新的立法动态；全国政协网（www. cppcc. gov. cn）是全国政协的门户网站；国务院法制办主办的中国政府法制信息网（www. chinalaw. gov. cn）；此外还有中国普法网（www. legalinfo. gov. cn）、公安部网（www. mps. gov. cn）、最高人民检察院网（www. spp. gov. cn）、最高人民法院网（www. court. gov. cn）、

---

❶　柳宪章："律师执业的基本素养"，载《法律文献信息与研究》2009 年第 2 期。

中国律师网（www. acla. org. cn）等。

这类网站的最大特点是提供的法律信息具有权威性和专业性。这类网站几乎都会设置专门法律法规检索频道或者专栏，特别是国务院各部门网站，可以分别从立法位阶、立法内容来提供与该部门职责相关的法律法规、部门规章、法规性文件。

3. 法律学术类

此类网站旨在对法学中的专门学科进行研究，主要是公益性网站，通常是由高校的法律学术机构建设，利用自身学术资源，将所研究领域的最新信息和学术动态进行交流。业内比较有影响的法律学术类网站有北大法律信息网（www. chinalawinfo. com 或 www. pkulaw. cn）、中国法学网（www. iolaw. org. cn）、中国法学会网（www. chinalawsociety. org. cn）、中国民商法律网（www. civillaw. com. cn）、中国宪政网（www. calaw. cn）、法律思想网（www. law-thinker. com）、中国刑事法律网（www. criminllaw. com. cn）、中国诉讼法网（www. procedurallaw. cn）、中国理论法学研究信息网（www. legaltheory. com. cn）、经济法网（www. cel. cn）、中国证据法网（www. evidencelaw. net）、法律图书馆（www. law-lib. com）等。

4. 法律媒体网站

在我国，新闻门户网站都有法律相关栏目，如新华网（www. xinhuanet. com）被授权发布法律文件；人民网（www. people. com. cn）有专门的法治新闻频道，并且提供免费的官方数据——"人民数据"（data. people. com. cn）；等等。同时，许多传统法制媒体都在网络上建立了平台，这类网站都是一些法律报刊、杂志社等媒体设立的，主要提供的还是一些法律新闻和信息。如检察日报主办的正义网（www. jcrb. com）、法制日报主办的法制网（www. legaldaily. com. cn）以及民主与法制（www. mzyfz. com）、人民法院报网站（rmfyb. chinacourt. org）等，从中可以很方便地查询报纸内容。

此外，还有一类是随着法律主流网站迅速发展起来的法律论坛、法律博客、法律微博，如正义网主办的法律博客（www. fyfz. cn）、中国法院网法律博客（blog. chinacourt. org）等。

回归法律诊所教育的期望效果

——以中国企业对外直接投资过程中北京律所与外国律所的竞争分析为视角❶

程　滔* 　王开平**

摘　要：随着国内企业的不断发展壮大，其"走出去"的一举一动给中国法律从业者带来了契机，也带来了挑战。本文对北京律所与外国律所的法律服务方式、工作时长以及收费占比等方面的数据进行量化区分，通过剖析国内外律师事务所在中国企业境外投资环节的执业现状差异，发现背后的原因。国内律师行业竞争力的提升离不开律师自身素质的提升，同样也离不开我国法学教育的革新与完善。诊所教育作为训练法律人才实践能力的主要方式之一，还需要得到更多的重视和关注。

关键词：法律诊所　对外直接投资　竞争力

改革开放 30 多年来，伴随着中国特色社会主义市场经济的不断完善，中国本土企业不断发展壮大。在国家"走出去"战略的指引下，中国企业纷纷走出国门，到海外投资兴业。律师作为市场经济中的重要一环，理当成为"走出去"这一战略潮流的重要组成部分。同时，中国的

---

❶　本文采取实证研究方法对 2010～2012 年度北京律师事务所参与服务中国企业"走出去"战略的情况进行了考察，本次调研活动主要针对 2012 年北京业务收入前 100 名的律所展开。本次调研活动共收回律师事务所问卷 59 份，包括上述前 100 名律所问卷 53 份，其他律所问卷 6 份。所发问卷的内容主要涉及对国内外律所向中国企业境外投资提供法律服务的具体内容、工作时长占比及收费占比等方面的现状的调研，以此为所述观点提供实证基础。

* 　程滔，中国政法大学法学院教授，硕士生导师。

** 　王开平，北京铁路运输中级法院法官助理。

法律服务业日益国际化，中国律师事务所开始向客户提供全球性服务，和外国同行同场竞争已不可避免。

在国内外律所激烈的执业竞争背后，二者的执业现状值得我们进一步探析。本文通过对中国企业对外直接投资过程中国内外律所各自承担的角色关系的梳理，找寻二者间现存差异的成因，从而针对我国律师服务业进一步加强资源配置、提升专业素质提出一些建议。我国律师职业素质的提升，一方面来自律师执业期间的历练，另一方面也离不开早在法律教育阶段培养和强化实践能力的法律诊所教育。

一、北京律师提供的对外直接投资法律服务内容

企业对外直接投资包括对外新建投资和对外并购投资。对外新建投资就是在国外目标市场通过直接投资创建新企业或新厂，形成新的生产经营单位或生产能力。而对外并购是指一国企业基于某种目的，通过取得另一国企业的全部或部分资产（或股份），对另一国企业的经营管理实施一定的或完全控制的直接投资行为。由此可见，中国企业进入东道国直接投资的两种主要方式即新建投资与并购。海外直接投资虽然能够给企业带来诸如扩大企业规模、扩张市场、获取新的生产技术与经营模式等益处，但也不可避免地会伴随许多政治和法律风险，这就对专业的法律服务提出了要求。

（一）北京律师提供的对外新建项目法律服务的内容

数据显示，目前中国律师为中国企业对外投资项目提供法律服务的内容包括法律咨询、尽职调查、合规合法性审查、谈判协商、准备法律文件项目结构设计等。根据调研数据可知，37%的律所是以法律咨询作为首要法律服务内容，其次是尽职调查、准备法律文件项目结构设计、谈判协商，分别占30%、11%、7%，如图1所示。

（二）北京律师提供的对外并购项目法律服务的内容

数据显示，在这次调查的59家北京律所中排名第一的对外并购项目法律服务内容中，按照律师工作时长，排前4位的内容依次是法律咨询、尽职调查、准备法律文件项目结构设计、谈判协商，分别占到41%、41%、14%、4%，如图2所示。

服务于中国企业对外新建项目的法律服务内容中排名第一的法律服务方式
（按照律师工作时长计算）

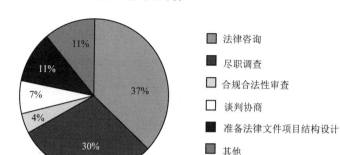

图1　北京律师提供的对外新建项目法律服务排名第一的服务内容

服务于中国企业对外并购项目的法律服务内容中排名第一的法律服务方式
（按照律师工作时长计算）

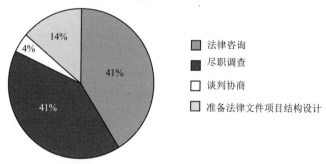

图2　北京律师提供的对外并购项目法律服务内容

此外，根据个别访谈的回复，多位从事对外直接投资法律服务的律师认为，中国律师参与此类业务的理想定位和角色应当是作为中国企业的智囊团和护航者，一方面站在中国企业的角度出谋划策，帮助企业实现既定或更优的投资目的；另一方面站在法律的角度避免企业面对法律风险或陷入法律陷阱，保护企业的合法权益。

二、国内外律师提供法律服务的现状差异

海外投资是中国企业在经济全球化过程中扩大规模、拓展市场与利用国外各种资源不可避免的选择，而律师为其在对外并购的过程中提供

法律服务是其合理规避各项法律风险的保证。而从事对外直接投资法律服务，对于律师而言必须具备优秀的外语沟通能力和法律功底。若要成为对外直接投资中的牵头律师，则要求更为苛刻：不仅要有语言能力和专业功底、熟悉相关行业、与客户保持畅通交流，还需要丰富的资历以保证国内外律师协同工作。不过，基于法律服务成本和国内外律师职业水准差异的考量，走出去的企业在选择国内外律师服务时都有一番自己的取舍。

（一）北京律师提供的法律服务方式

针对实际情况，本文区分三种情形进行初步调研并得出相关数据结果如下。

1. 北京律师牵头国内外律所完成业务

数据显示，在参与本次调查的 59 家从事对外直接投资法律服务的律所中，只有 32 家律所表示曾牵头国内外律所完成对外直接投资法律服务。其中，有 20 家律所担任法律顾问牵头国内外律所完成的业务数量占该所全部对外直接投资业务数量的 20% 以下，有 5 家律所担任法律顾问牵头国内外律所完成的业务数量占该所全部对外直接投资业务数量的 20%～50%；有 2 家律所担任法律顾问牵头国内外律所完成的业务数量占该所全部对外直接投资业务数量的 50%～80%，有 5 家律所担任法律顾问牵头国内外律所完成的业务数量占该所全部对外直接投资业务数量的 80% 以上，如图 3 所示。这说明，只有少部分律所的主体对外直接投资业务是担任法律顾问牵头国内外律所来完成的，只有极少数的律所主要是以担任法律顾问牵头国内外律所来完成对外直接投资法律服务。

2. 北京律师接受中国企业委托独立完成业务

数据显示，在参与本次调查的 59 家从事对外直接投资法律服务的律所中，只有 32 家律所表示曾接受中国企业委托独立完成对外直接投资法律服务。其中，有 24 家律所接受中国企业委托独立完成的业务数量占该所全部对外直接投资业务数量的 20% 以下，有 6 家律所接受中国企业委托独立完成的业务数量占该所全部对外直接投资业务数量的 20%～50%，有 2 家律所接受中国企业委托独立完成的业务数量占该所全部对

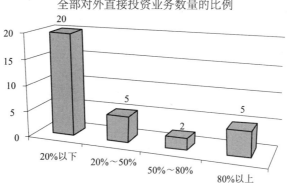

担任法律顾问牵头国内外律所完成的业务数量占本所全部对外直接投资业务数量的比例

图 3 北京律师牵头国内外律所完成的业务数量占本所全部业务数量的比例

外直接投资业务数量的 80% 以上，如图 4 所示。这说明，大部分律所接受中国企业委托独立完成的业务数量所占比例都是比较小的，只有个别律所的绝大部分对外直接投资法律服务是接受中国企业委托独立完成的。

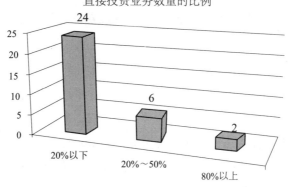

接受中国企业委托独立完成的业务数量占本所全部对外直接投资业务数量的比例

图 4 北京律师接受中国企业委托独立完成的业务数量占本所全部业务数量比例

3. 北京律师受聘于外国律所为中国企业就中国法律事项提供服务

数据显示，在参与本次调查的 59 家从事对外直接投资法律服务的律所中，只有 28 家律所表示曾受聘于外国律所为中国企业就中国法律事项提供的服务。其中，有 27 家律所受聘于外国律所为中国企业就中国法律事项提供的服务占该所全部对外直接投资业务数量的 20% 以下，有 1 家律所受聘于外国律所为中国企业就中国法律事项提供的服务占该所全部对外直接投资业务数量的 20%～50%，如图 5 所示。这说明，国内律所受聘于外国律所就中国法律事项提供服务的数量占其境外服务的比例都处于较低的水平。

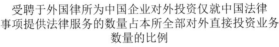

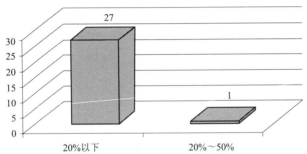

图 5　北京律师受聘于外国律所为中国企业就
中国法律事项提供的服务占全部业务数量的比例

（二）与外国律师合作项目中中国律师收费占总收费的比例

1. 与外国律师合作项目中中国律师收费总额

数据显示，在参与本次调查的 59 家从事对外直接投资法律服务的律所中，有 26 家律所就外国律师合作参与对外直接投资项目中外国律师收费情况作出了有效回答。其中，42% 即 11 家律所与外国律师合作项目中中国律师收费总额在 100 万元以下；38% 即 10 家律所收费总额为 100 万～500 万元；8% 即 2 家律所收费总额为 500 万～1000 万元；12% 即 3 家律所收费总额在 1000 万元以上，如图 6 所示。

2. 与外国律师合作项目中中国律师收费占总收费的比例

数据显示，在参与本次调查的 59 家从事对外直接投资法律服务的律所中，有 26 家律所就外国律师合作参与对外直接投资项目中中国律师收费占总收费的比例情况作出了有效回答。其中，有 11 家律所的中国律师收费额占总收费额的比例在 20% 以下；有 8 家律所的中国律师收费额占总收费额的比例为 20%～50%；有 6 家律所的中国律师收费额占总收费

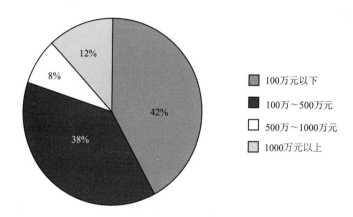

图6　中国律师收费总额

额的比例为50%～80%；只有1家律所在80%以上，如图7所示。这说明，中国律师收费比例是整体偏低的，大部分中国律师的收费占与外国律师合作项目的总收费额的比例都在50%以下，其中又以在20%以下的最多。

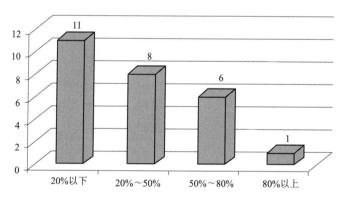

图7　中国律师收费额占总收费额的比例

（三）与外国律师合作项目中中国律师工作时长占总时长的比例

数据显示，在参与本次调查的59家从事对外直接投资法律服务的律所中，有26家律所就外国律师合作参与对外直接投资项目中中国律师工作时长占总工作时长的比例情况作出了有效回答。其中，有10家律所的中国律师工作时长占总工作时长的比例在20%以下；有6家律所的中国律师工作时长占总工作时长的比例为 20%～50%；有 9 家律所的中国律师工作时长占总工作时长的比例为 50%～80%；有 1 家律所的中国律师工作时长占总工作时长的比例在 80% 以上，如图 8 所示。这说明，中国律师在合作项目中的工作时长整体来说少于外国律师，但是有个别律所律师在与外国律师合作项目中的工作时长比例是特别高的。

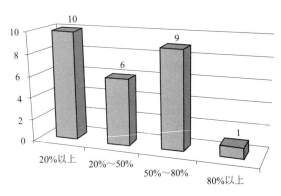

图 8　中国律师工作时长占总工作时长的比例

三、国内外律师执业差异现状及其成因

通过调研发现，国内外律师事务所执业现状存在诸多差异，基于直接投资过程中独立抑或共同合作提供法律服务，其无论在法律服务方式上，还是服务收费总额及其占比与律师工作时长上，都有较明显区别。这一现象的成因多种多样，虽然不可否认本文的调研结果存在一定程度的偏差，但是个中问题仍然值得我们认真反思：这种看似正常的差异，内部是否存在可以完善之处？本文试图通过以下几个方面来大致解读国内外律师执业差异现状的主要成因。

（一）中国企业境外投资的选择倾向

此即中国企业在进行境外投资时如何选取理想的律所来为自己提供法律服务，合理规避投资过程中可能发生的法律风险，妥善解决已经发生的各项法律纠纷。对此，投资企业通常面临两方面考虑：一方面是自身的预算情况；另一方面是如何衡量律所的真实实力情况。从彼此间了解来看，国内律所从事中国企业对外投资具有明显优势，根植于本土法律业务，国内律所能较顺利地将积累的人脉、客户资源与专业技能结合起来。另外，国外律所对于工作的收益率、工作时长甚至工作方式都有严格的规定，这些特点不一定适合灵活多变的国内企业需求，这是国内律所在竞争中具备的优势。然而实际上我们发现，中国企业在法律服务成本方面预算与国外企业相比差距较大，部分企业有时缺乏对律师服务的了解，轻视国内律师的作用，不愿意提供合理的律师费用。许多中国企业对国外律师事务所盲目信任，在预算充足的情况下，宁愿选择主动与国外进行合作而放弃国内所的参与。

随着国内企业生产经营的飞速发展，我国越来越多的企业对外投资从单纯的购买技术、购买资源转换发展成为一种产业转移式的国外市场整体布局态势。在国内企业"走出去"面临不同处境的同时，作为本国律所同样需要及时适应此类法律服务新变化的趋势。2013 年 12 月，国务院办公厅发布了《政府核准的投资项目目录（2013 年本）》，并就相关事项作出通知："中方投资 10 亿美元及以上项目，涉及敏感国家和地区、敏感行业的项目，由国务院投资主管部门核准。前款规定之外的中央管理企业投资项目和地方企业投资 3 亿美元及以上项目报国务院投资主管部门备案。国内企业在境外投资开办企业（金融企业除外）事项，涉及敏感国家和地区、敏感行业的，由商务部核准；其他情形的，中央管理企业报商务部备案，地方企业报省级政府备案。"❶ 当前国内外律所虽然收费接近，但是服务优势还有差距，在这种审批政策环节明显减少的叠加效应下，国内企业境外投资对国内律师的依赖性亦同步变小。应该说，境外投资的审批环节属于国内律所争取业务的一个重要节点，在这一政策的弱化下，国外律所的竞争力毋庸置疑能够得到提升。

（二）国内外律师的投入产出比

提供境外投资法律服务对律师的要求是比较高的，其要能够进行流利的外语交流并具有扎实的法律功底，了解相关行业的基本情况，熟悉客户可能遇到的困惑。这就要求执业律师具备突出的个人能力与丰富的

---

❶ http://www.gov.cn/xxgk/pub/govpublic/mrlm/201312/t20131213_66569.html，最后访问日期：2014 年 9 月 29 日。

资历，一般情况下这些律师早已是资深或者合伙人级别。相比于海外投资而言，合伙人带领自己的团队就国内业务投入大量精力，可以起到业务放大的效果，真实收益可能远不是某一两个境外项目能够实现的。大部分律师虽然都对海外投资业务的远景有着非常高的期待，但是短期之内似乎都没有太高的热情去从事这项工作。

国内律所在"走出去"的过程中不可能在每一个项目上都挣得盆满钵满，一味地低价倾销只会造成同行俱损的局面。目前中国律师对外投资业务部分的利润率并不高，同样的情况也曾经在亚洲其他地区出现过。之所以包括日本和我国香港地区的本地律所都未能够在国际市场上获得较受认可的地位，很大程度上就是因为其未能够坚持下来，在企业走向世界的同时，本地律师却知难而退。陪着中国企业一起走出去，尽管目前这个阶段还很艰难，但唯有如此才能在国际市场上逐渐占有一席之地，如果很短视而知难而退，将来就不可能在国际市场上站稳脚跟。

总之，"走出去"业务的含金量毋庸置疑，对中国律师群体来说，这块业务决不能轻易弃之。此类业务对于律师而言要求十分苛刻，除了业务水平与语言能力之外，还要求丰富的人际沟通和处理突发事项的经验。既然如此，保持对此类业务的重视与参与，自然能够促使年轻的执业律师发现自身不足，积极应对，积累境外事务的经验，对日后进一步拓展业务范围有益无害。例如，境外投资市场可以细分为两大类：一类是外资所实力超强的区域，包括欧美市场；另一类就是剩下的其他市场，包括日韩与其他亚非拉地区，与此类地区的律所相比较，国内律所无论就市场经验还是团队能力而言都不落下风，因此客户的依赖程度也比较高。这一现象很好地说明了海外投资市场的蛋糕也可以做广做大，深度放大内部效益。

（三）律师的职业水准——人才争夺

在律所执业的市场中，竞争的焦点主要是人力资源的争夺，缺乏人才的律所势必被市场淘汰。每个律师事务所都希望高端人才在本所执业，不仅能够吸引更多人才，还尽可能促使将现有的执业律师培养成人才。人才是多方面能力的综合体，执业律师无时无刻不处在有形或无形的竞争之中。无论是单兵较量还是团队对抗，律师的工作能力都可以在实践中得到检验。

外国律师事务所要进入中国法律服务市场，首先就是要大量吸收优秀的法律人才，依托自身品牌优势，立足国际市场的高端平台，帮助律师通过长期涉外案件的沉淀迅速提高业务水平，从而形成优势富集效应。相比较而言，虽然国内律师的发展竞争也在加速专业化、规模化与国际化，但是应该看到目前国内律师的服务重点多数还集中在以诉讼为主的较低端法律服务市场中。究其原因，无外乎是外国律所凭借其国际化优势与专业服务经验，逐步从高端市场的非诉讼业务扩展到含金量高的国内法律服务市场。高薪发掘并吸引有潜力的法律人才，提供高层次的工作平台，丰富对律师的执业辅导，并给予其海外深造的培训机会，这些都是国际性律师事务所能够安身立命于国内并值得国内其他优秀律所重视和学习的地方。

总体来讲，国内外律所的合作也十分常见，甚至可能合作多于竞争。外国律师事务所在处理中国法律业务尤其是起草中国法律文书方面逊色于中国律师，在与中国企业以及地方政府的关系方面又不如中国律所，但是他们的优势是在国际融资与跨国公司并购等方面有丰富经验和机构支持，这就夯实了国内外律所合作的基础。在一些国际化程度较高的企业看来，他们的项目基本不需要国内律师来承担牵头协调责任；往往是新近走出去的企业在许多时候需要国内律师起到牵头的角色，他们更愿意由国内律所直接和国外所打交道，由前者对后者的工作质量和风险承担责任。正是国内外律所这种利益共享、风险共担、执业能力互补的特点，迫使我们更加清晰地认识自身水平，查漏补缺，在中国企业海外投资蓬勃发展的将来，赢得属于自己的应有位置。

四、国内律师竞争力的提升

律师事务所的核心竞争力在于法律人才的吸引与培养。国内律所的从业人员普遍接受过国内的法学教育，少数人员具备海外留学经历，而后归国从事法律服务工作。法律人才的培养来自多方面的因素，除了律师在执业过程中逐渐收获的团队协助组织能力、对实际问题的分析解决能力以及沟通理解客户需求等综合能力之外，优秀律师在法律教育期间的基本功是否扎实、法律职业素养的引导是否健全，在很大程度上还是依赖法学教育期间所接收的专业知识。

（一）发展与推广法律诊所教育

我国目前的法学教育模式仍然是应试教育，虽然为法律职业服务，但灌输式教育迫使学生被动接受知识，缺乏对实践能力的培养。这种传统的法学教育模式导致科班学生自走出校门那一刻起就"先天"地面临实践经验缺失的困境。与此同时，以美国为代表的诊所式法律教育却以学生为主角，采用多边教学互动的方式，培养学生的职业技能、法律实践能力、职业道德和社会责任感，能够很好地实现理论和实践的对接。

法律职业的核心在于发现、处理并解决实际法律问题。单纯依靠应试教育，致使我们的应届法律毕业生理论与实践衔接不畅，在执业初期容易束手无策。这种职业综合能力的缺失，造成国内法律职业者落后在"起跑线"上。笔者认为，如果能够较好地引进西方的诊所教育方式，提供给学生各式各样的实践机会，帮助他们开拓思维，灵活运用所学知识应对实践中可能遇到的问题，那么经过这种训练，学生们在走出校门以前就已经能够积累到丰富的"职业"经验，拓展自己的知识面，从而为将来从事律师行业奠定坚实的理论与实务基础。

（二）营造良好的职业成长环境

接受专业的法学教育是进入法律职业的开端，我们还应该看到，年轻律师的成长需要社会环境和人力资源的支撑，需要及时有效的指导和教导。没有富饶的成长土壤，即便拥有再出色的法律天分，也无法成为优秀的专业律师。青年律师的成长离不开复杂问题的挑战，离不开挑剔客户的要求，离不开良师益友的谆谆教诲。

任何一家有志于出类拔萃的律师事务所都应该意识到这一点，努力营造合适的环境，促使律所与律师之间相互成长、相互促进；否则奢谈优秀人才培养，无异于画饼充饥。乐于培育法律人才，合理对待法律人才，为优秀人才提供成长的空间与条件，才有可能塑造出成熟且稳定的律师团队。律师事务所的发展壮大离不开律师的苦心经营，现在我国律所正处于一个关键时期，迅速与国际接轨不可避免地要带来阵痛。在中国企业"走出去"的过程中，坚持律所自身的定位，切实提升自身竞争力，逐渐引领律师发展成长，那么真正属于国内律师事务所的春天就一定不会太遥远。

部分院校法律诊所教学情况调查

2014年6月14～15日，由中国政法大学教务处主办，法学院实践教学教研室承办的"成就与挑战：中国法律诊所教育与法律伦理"国际学术研讨会暨师资培训在中国政法大学召开。2000年发轫于美国法学教育模式——法律诊所教育被引入中国并生根发芽。十余年来，中国法律诊所教育在提高法科学生实践能力方面颇具成就，但是面对包括卓越法律人才培养计划等法学教育改革，我们也能看到其挑战，期待改革。2004年，中国政法大学正式开始法律诊所课程，并于2014年被中国法学教育研究会诊所法律教育专业委员会确定为法律诊所资源基地。中国政法大学法律诊所资源基地为履行接待来访师生、接受诊所课程教学观摩、分享教学资料与管理制度、承办区域培训的义务，深入加强区域法律诊所教学的理论研究和经验交流，特此举办该次大型学术研讨会暨师资培训，来自全国30所院校、60余名以及中国政法大学从事第一线法律诊所教育专家、教师参加该次会议。为了便于与会专家交流，该次会议收集整理了17所院校，25个法律诊所教学情况的资料，收录于本辑论丛，供法律诊所教学研究之用。

2014年6月15日上午，中国政法大学法学院实践教学教研室主任袁钢副教授主持了开幕式，中国政法大学教务处处长于志刚教授代表中国政法大学欢迎来自全国的法律诊所教师，介绍了中国政法大学在师资建设、职称评定、教学资源、经费支持、制度建设等方面在法律诊所建设方面取得的初步成就。诊所法律教育专业委员会副主任、中国政法大学法学院副院长许身健教授，诊所法律教育专业委员会副主任常委、北京大学纪委副书记龚文东教授致辞，回顾了诊所法律诊所教育的发展，并充分肯定了中国政法大学法律诊所教育的建设，赞赏了中国政法大学对于法律诊所教育的重视与投入。

北京航空航天大学法学院分党委副书记陈巍副教授主持了15日上午

的"常委圆桌会议"，诊所法律教育专业委员会五位常委许身健教授（中国政法大学法学院）、龚文东教授（北京大学法学院）、黄新华教授（清华大学法学院）、韩桂君教授（中南财经政法大学）、李秀华教授（扬州大学法学院）围绕"什么是中国法律诊所教育"展开讨论。各位专家认为，中国法律诊所教育已经从依赖于外部援助的初创时期，进入了探索自身内生发展的新时期；不仅是一种教学方法的进入，更是一种全新的教学理念的推广；教学内容不再限于法律基本技能的教授与训练，更拓展到利用法律诊所教学来进行法律职业伦理教育。

16 日上午的会议主题是"中国法律诊所教育的若干问题"，由长春师范大学政法学院院长崔燕教授主持。中国政法大学法学院袁钢副教授采用实证研究方法，介绍了中国法学实践教学发展状况；兰州商学院法学院毛清芳副教授分析了法律诊所教育中的困境与危机；中国政法大学劳动法律诊所李娟副教授介绍了劳动法律诊所的运行情况，北京航空航天大学法学院陈巍副教授发表了主题为"诊所法律教育的能与不能"的发言，即法律诊所教育应该利用自身优势有所为，有所不为；外交学院李红勃副教授结合自身经验，分析了非主流法学院校开展法律诊所教育的困境与对策；河北北方学院田希国副教授更是敏锐地指出，应警惕诊所法律教学沦落为案例教学。

16 日下午的会议第一个主题是"法律诊所教育与法律职业伦理"，由沈阳师范大学法学院陈凤贵教授主持。中国政法大学法律职业伦理教研室主任刘晓兵副教授、中国政法大学法学教育评估中心刘坤轮副教授分别阐释了我国法律职业伦理教学情况以及我国法律职业伦理教学的紧迫性。北京理工大学法学院郑晓静老师、河北科技大学杨莉英副教授、兰州理工大学人文学院原新利副教授、洛阳师范学院陈洪娇老师，分别介绍了各校法律诊所建设的成绩、出现的问题。在随后的自由讨论过程中，专家建议新设的法律诊所可以结合本校自身优势开展法律诊所教学，也为解决法律诊所筹资、学生代理身份问题、保证案件质量等方面提出建议。

会议的第二个主题是"行动中的中国法律诊所教育"，中国政法大学知识产权法研究所副教授郑璇玉、黑龙江大学法学院王佳慧副教授、中国政法大学环境资源法研究所马燕副教授、新疆师范大学赵立副教授、中国政法大学刑事司法学院赵天红副教授、甘肃政法学院民商经济法学院苏婷婷老师分别介绍了各法律诊所的运作经验。专家学者各具千秋的发言、热烈深入的自由讨论、精炼的点评和总结给人留下了深刻的印象。李秀华教授总结到，中国法律诊所教育的发展已经初具宽度、高度和温度。

17日，该次会议进入"师资培训"环节。郑晓静老师围绕"调解的理念和技巧"进行培训，特别强调在法律诊所教学中要非常重视调解的理论。袁钢副教授结合中国政法大学法律诊所的实际经验，利用视频向各位老师展示了"案件研讨"的教学方法，指出应当重视案件研讨，法律诊所教师应该掌握基本的案件研讨技巧。此后，许身健教授、刘晓兵副教授联席向参会教师演示了法律职业伦理的教学方法。此次师资培训为国内法学院校法律诊所的高校教师丰富教学手段、提升教学质量提供了难得机会，也为为期两天的会议划上了圆满句号。

该次会议圆满落幕，参会专家、教师分享了各自的法律诊所教育经验，听取了彼此建议，借鉴优秀教学方法，探索法律诊所教育的问题解决之道。该次会议内容充实丰富、主题鲜明、研讨深入，这是国内首次将法律职业伦理作为法律诊所学术研讨会重要主题的学术会议，为中国法律诊所的发展和教学水平的提升提供了重要契机，也是中国政法大学法律诊所资源基地的重要环节。本卷论丛收录了该次会议中的研讨论文，希冀可以推动法律诊所教学科研发展。

下附部分院校法律诊所教学情况调查表。

附表 1 中国政法大学诊所法律教育教学情况表

学校名称	中国政法大学	
共有几个诊所	6 个	
诊所的方向（有多个诊所的，请分别列明）	环境法法律诊所：环境法 行政法法律诊所：含行政法、农村与农民、控烟、军事法、刑事、老年人权益保护 劳动法法律诊所：劳动法 知识产权法法律诊所：知识产权法 少年越轨法律诊所：少年越轨 刑事法与刑事科学法律诊所：刑事法	
诊所成立时间（有多个诊所的，请分别列明）	环境法法律诊所：2004 年 行政法法律诊所：2004 年 劳动法法律诊所：2005 年 知识产权法法律诊所：2005 年 少年越轨法律诊所：2006 年 刑事法与刑事科学法律诊所：2010 年	
诊所与法学院的关系（是一门课程还是实体组织？有多个诊所的，请分别列明）	课程	
诊所教师人数（目前总计）	49 人	法学院/系教师	29 人
		专职律师	9 人
		法官	6 人
		检察官	1 人
		其他人员（请列明）	仲裁员 1 人、工作人员 3 人

本期诊所开课教师人数	54 人	法学院/系教师	26 人
		专职律师	14 人
		法官	5 人
		检察官	2 人
		其他人员（请列明）	协会法务人员 1 人、仲裁员 2 人、校外专家教授 3 人、工作人员 1 人
参加过委员会诊所教师培训与交流活动的教师人数（目前总计）		30 人	
法学院现在校学生人数	7998 人	本科	3477 人
		法律硕士	1319 人
		法学硕士	3202 人
		博士	
		大专	0
		其他	0
自诊所成立以来，从诊所毕业的学生总数（有多个诊所的，请分别列明，法学本科、法律硕士、法学硕士、博士、大专生、其他请分别列明）	2136 人	本科	2136 人
		法律硕士	0
		法学硕士	0
		博士	0
		大专	0
		其他	0
现诊所在学的学生人数	310 人	本科	310 人
		法律硕士	0
		法学硕士	0
		博士	0
		大专	0
		其他	0

续表

报名选修诊所课程的学生总数（目前总计）	11246 人	本科	11138 人
		法律硕士	78
		法学硕士	0
		博士	0
		大专	0
		其他	知识产权法律诊所：30 人（外国研究生）
本学期报名选修诊所课程的人数	829 人	本科	829 人
		法律硕士	0
		法学硕士	0
		博士	0
		大专	0
		其他	0
诊所课程学分（若多个诊所学分不同的，请分别列明，并请说明是哪门课程的学分）		诊所课独立学分	
		用实习学分	5 学分
		用实践学分	
		用实务课学分	
		其他（请列明）	
诊所教师课时数		周课时数	32 课时
		总教学课时数	540 课时
		讲授花费课时数	182 课时
		诊所教师人均课时数	90 课时
所在院校是否承认诊所教师工作量（请列明学校承认的课时数量与工作量多少）		给予课时费，并计入工作量	是
		给予课时费，但不计入工作量	
		计入工作量，但不给予课时费	

所在院校是否承认诊所教师工作量（请列明学校承认的课时数量与工作量多少）	没有课时费，并不计入工作量	
	其他（请列明）	
诊所接办案件情况	自诊所开办以来接办案件的总数（有多个诊所的，请分别列明）	环境法法律诊所：100 个 行政法法律诊所：4500 个 劳动法法律诊所：200 个 知识产权法法律诊所：102 个 少年越轨法律诊所：0 刑事法与刑事科学法律诊所：16 个
	本期诊所接办案件数	34 个
	自诊所开办以来已结案件总数	1500 个
	自诊所开办以来未结案件总数	3418 个
主要案源和获取途径	电话咨询、当事人会见、校内其他法律援助中心介绍、指导教师接手的案件及项目、法院指定、诊所间相互移送	
每案有几个学生办理	4 个	
案件数/学生	0.2	

续表

学生以什么身份办案	公民代理、法律援助人员、律师助理/代理人	
提供法律咨询的数量（人/次）	自诊所开办以来接办案件的总数（有多个诊所的，请分别列明）	8782 个
	本期诊所接办案件数	251 个
提供法律文书的数量	自诊所开办以来接办案件的总数（有多个诊所的，请分别列明）	3001 个
	本期诊所接办案件数	353 个
典型个案（至少 2 起，列举/描述）	西直门宾馆附近居民噪声污染案；天通苑小区噪声污染案；摄影侵权案：寻找和整理摄影作品著作权侵权的证据，起草诉讼文书、立案、出庭代理等诉讼流程的体验；在 EAC 系统中进行专利申请信息的录入，将专利申报的材料汇总到一个系统里，让学生感受知识产权的专业化、规范化操作规程和模式，通过不断录入，用实践的方式熟悉一项专利的申报流程、申报材料和要求等各个方面，直至专利获得批准；接受国家知识产权局知识产权维权援助的评分工作，让学生对目前中国知识产权维权工作的开展情况有基本了解，以及学习课上、网上都学不到的知识，锻炼学生的课题研究能力	
重大活动与讯息（列举/描述）		
合作单位与合作方式（若本学期与以往有不同的，请特别说明）	污染受害者法律帮助中心、北京市卫之平律师事务所、中国摄影家著作权协会、昌平区法院、海淀区法院、朝凤庵村村委会；学生到这些单位实习或者举行普法活动	

续表

诊所配置设施	信息化教室、办公室	
资金来源与构成比例（若本学期与以往有不同的，请特别说明）	委员会资助费用、学校学生实习经费	
诊所学生毕业去向与人数统计	司法部门	
	律师	
	教师	
	继续求学	
	社会团体与非政府组织	
	其他（请列明）	
课程效果述评	高校课程评价（若有获奖，请列明奖项，并请提交证书复印件）	北京市教育先锋先进集体称号、校改革成果三等奖
	社会评价	良好
	学生评价	良好
	其他评价	
诊所教师与学生根据诊所工作所取得的科研成果与获奖情况		
其他		

填写日期：2012 年 11 月 30 日

附表2 中国传媒大学法律诊所教学基本情况

学校名称	中国传媒大学		
诊所名称	法律诊所		
诊所成立时间	2005 年		
是否正式开设课程（列入教学计划）	是，作为实践必修课，共 4 学分，两学期		
诊所教师人数（目前总计）	共 6 人	法学院/系教师	3 人
		专职律师	3 人
		法官	0
		检察官	0
		其他人员（请列明）	0
本期诊所开课教师人数	共 6 人	法学院/系教师	3 人
		专职律师	3 人
		法官	0
		检察官	0
		其他人员（请列明）	0
参加过委员会诊所教师培训与交流活动的教师人数（目前总计）	3 人		
法学院现在校学生人数	135 人	本科	90 人
		法律硕士	0
		法学硕士	45 人
		博士	0
		大专	0
		其他	0

续表

		本科	30 人
本学期法律诊所学生人数	30 人	法律硕士	0
		法学硕士	0
		博士	0
		大专	0
		其他	0
诊所课程学分		诊所课独立学分	4 学分
		用实习学分	
		用实践学分	
		用实务课学分	
		其他（请列明）	
诊所教师课时数		周课时数	2 课内学时，4 课外学时
		总教学课时数	74 课内学时，98 课外学时
		讲授花费课时数	74 课时
		诊所教师人均课时数	74 课时（课外不计）
所在院校是否承认诊所教师工作量（请列明学校承认的课时数量与工作量多少）		给予课时费，并计入工作量	每位教师每学年计 74 课时工作量
		给予课时费，但不计入工作量	
		计入工作量，但不给予课时费	
		没有课时费，并不计入工作量	
		其他（请列明）	

续表

诊所接办案件情况	自诊所开办以来接办案件的总数（有多个诊所的，请分别列明）	约 150 个
	本期诊所接办案件数	约 10 个
	自诊所开办以来已结案件总数	约百余个
	自诊所开办以来未结案件总数	10 余个
主要案源和获取途径	广告宣传上	
每案有几个学生办理	2 个	
案件数/学生	至少 1 个	
学生以什么身份办案	公民代理	
提供法律咨询的数量（人/次）	本期诊所接办案件数	每人至少 1 次
提供法律文书的数量	本期诊所接办案件数	4 个
典型个案（至少 2 起，列举/描述）	（1）著作权纠纷案，双方没有书面合同，只有口头约定，取证困难；（2）加盟被骗案，最后在警方的协助下要回部分被骗的款项	
重大活动与讯息（列举/描述）	模拟法庭、传媒法治进行时系列活动（包括法治电影展播、讲座、辩论、普法咨询）	
合作单位与合作方式	安博律师事务所；一位律师指导两名学生参与办案	
诊所配置设施	独立办公室及配套办公设备	
资金来源与构成比例	学校与委员会资助；2∶1	
课程效果述评	高校课程评价	良好
	社会评价	良好
	其他评价	良好

续表

诊所教师与学生根据诊所工作所取得的科研成果与获奖情况	诊所教育改革获校级教改项目一等奖；周凯老师法学实践教学研究获校级教改项目
其他	

填写日期：<u>2014</u> 年 <u>5</u> 月 <u>30</u> 日

附表 3　北京科技大学老年人权益法律诊所教学基本情况

学校名称		北京科技大学	
诊所名称		老年人权益法律诊所	
诊所成立时间		2009 年	
是否正式开设课程（列入教学计划）		是	
诊所教师人数（目前总计）	共 4 人	法学院/系教师	2 人
		专职律师	2 人
		法官	0
		检察官	0
		其他人员（请列明）	0
本期诊所开课教师人数	共 2 人	法学院/系教师	2 人
		专职律师	0
		法官	0
		检察官	0
		其他人员（请列明）	0

续表

参加过委员会诊所教师培训与交流活动的教师人数（目前总计）	1 人		
法学院现在校学生人数	106 人	本科	61 人
		法律硕士	23 人
		法学硕士	22 人
		博士	0
		大专	0
		其他	0
本学期法律诊所学生人数	23 人	本科	0
		法律硕士	23 人
		法学硕士	0
		博士	0
		大专	0
		其他	0
诊所课程学分		诊所课独立学分	2 学分
		用实习学分	
		用实践学分	
		用实务课学分	
		其他（请列明）	
诊所教师课时数		周课时数	3 课时
		总教学课时数	32 课时
		讲授花费课时数	16 课时
		诊所教师人均课时数	32 课时
所在院校是否承认诊所教师工作量（请列明学校承认的课时数量与工作量多少）		给予课时费，并计入工作量	是
		给予课时费，但不计入工作量	
		计入工作量，但不给予课时费	

续表

所在院校是否承认诊所教师工作量（请列明学校承认的课时数量与工作量多少）	没有课时费，并不计入工作量	
	其他（请列明）	
诊所接办案件情况	自诊所开办以来接办案件的总数（有多个诊所的，请分别列明）	3 个
	本期诊所接办案件数	1 个
	自诊所开办以来已结案件总数	2 个
	自诊所开办以来未结案件总数	1 个
主要案源和获取途径	朝阳区法律援助中心、社区	
每案有几个学生办理	4 个	
案件数/学生		
学生以什么身份办案	以诊所学生身份提供法律援助	
提供法律咨询的数量（人/次）	本期诊所接办案件数	
提供法律文书的数量	本期诊所接办案件数	
典型个案（至少 2 起，列举/描述）	老人追索赡养费案，胜诉；老人遗嘱处分财产、安置其外孙案，提供法律帮助，已解决	
重大活动与讯息（列举/描述）		
合作单位与合作方式	学校附近的 3 个社区，以定期开展咨询活动的方式合作；朝阳区法律援助中心，为诊所提供案源	
诊所配置设施	教室、访谈室	
资金来源与构成比例	无	
课程效果述评	高校课程评价	好
	社会评价	好
	其他评价	

续表

诊所教师与学生根据诊所工作所取得的科研成果与获奖情况	教师在 CSSCI 上发表论文 1 篇，无获奖
其他	

填写日期：<u>2014</u> 年 <u>5</u> 月 <u>30</u> 日

附表 4　中华女子学院大学妇女儿童维权法律诊所教学基本情况

学校名称	中华女子学院		
诊所名称	妇女儿童法律服务与研究中心		
诊所成立时间	2005 年		
是否正式开设课程（列入教学计划）	是		
诊所教师人数（目前总计）	共 12 人	法学院/系教师	6 人
		专职律师	3 人
		法官	2 人
		检察官	1 人
		其他人员（请列明）	0
本期诊所开课教师人数	共　人	法学院/系教师	未开课
		专职律师	
		法官	
		检察官	
		其他人员（请列明）	

续表

参加过委员会诊所教师培训与交流活动的教师人数（目前总计）	8 人		
法学院现在校学生人数	300 人	本科	300 人
		法律硕士	0
		法学硕士	0
		博士	0
		大专	0
		其他	0
本学期法律诊所学生人数	人	本科	未开课
		法律硕士	
		法学硕士	
		博士	
		大专	
		其他	
诊所课程学分		诊所课独立学分	3 学分
		用实习学分	0
		用实践学分	0
		用实务课学分	0
		其他（请列明）	0
诊所教师课时数		周课时数	3 课时
		总教学课时数	48 课时
		讲授花费课时数	36 课时
		诊所教师人均课时数	3 课时
所在院校是否承认诊所教师工作量（请列明学校承认的课时数量与工作量多少）		给予课时费，并计入工作量	是
		给予课时费，但不计入工作量	
		计入工作量，但不给予课时费	

续表

主讲教师双倍课时费及工作量，辅助教师单倍课时及工作量	没有课时费，并不计入工作量	
	其他（请列明）	
诊所接办案件情况	自诊所开办以来接办案件的总数（有多个诊所的，请分别列明）	57 个
	本期诊所接办案件数	0
	自诊所开办以来已结案件总数	55 个
	自诊所开办以来未结案件总数	2 个
主要案源和获取途径	社区宣传；与公益律所合作	
每案有几个学生办理	2～4 个	
案件数/学生	1 个/2 个	
学生以什么身份办案	2012 年前公民代理，2012 年后律师助理	
提供法律咨询的数量（人/次）（与致诚公益律师事务所合作的部分没能及时统计）	本期诊所接办案件数	0
提供法律文书的数量（与致诚公益律师事务所合作的部分没能及时统计）	本期诊所接办案件数	0
典型个案（至少 2 起，列举/描述）	刘万顺追索劳动报酬案；梁焕雨交通事故索赔案	
重大活动与讯息（列举/描述）	2012 年由原来的妇女儿童法律服务中心更名为妇女儿童法律服务与研究中心；2013 年中澳合作国家级"家庭暴力危机与干预中心"进驻	

续表

合作单位与合作方式	北京致诚公益律师事务所	
诊所配置设施	电脑、电话、传真、打印机、办公桌椅、文件柜等	
资金来源与构成比例	诊所专业委员会支持与学校配套；90% 与10%	
课程效果述评	高校课程评价	选课人数众多、热情高
	社会评价	良好，受到附近社区的好评
	其他评价	
诊所教师与学生根据诊所工作所取得的科研成果与获奖情况	(1) 诊所专职教师汤轶群论文成果： ① 2008年于《白城师范学院学报》（总第69期）发表《浅析诊所法律教育与法学课堂教学的对接》一文； ② 2008年于《中华女子学院学报》（总第92期）发表《诊所法律教育中教师角色及引导学生提供法律服务的方法》一文；	
诊所教师与学生根据诊所工作所取得的科研成果与获奖情况	③ 2009年于《中华女子学院山东分院学报》（总第86期）发表《诊所法律教育与进城务工女性的维权》一文； ④ 2009年于《中华女子学院学报》（总第95期）发表《中华女子学院法律诊所课程的建设与实践》一文； ⑤ 2010年于《中华女子学院学报》（总第104期）发表《诊所法律教育课程的开设成效与改进——以中华女子学院诊所法律教育课程为例》一文； (2) 中华女子学院诊所教师合著：《诊所法律教育教学案例》，中国政法大学出版社2010年10月第1版。	

续表

其他	

填写日期：<u>2014</u> 年 <u>5</u> 月 <u>30</u> 日

附表 5　北京物资学院劳法学院法律诊所教学基本情况

学校名称	北京物资学院		
诊所名称	流通、物流法律诊所		
诊所成立时间	2006 年		
是否正式开设课程（列入教学计划）	是		
诊所教师人数（目前总计）	共 23 人	法学院/系教师	13 人
		专职律师	6 人
		法官	2 人
		检察官	2 人
		其他人员（请列明）	0
本期诊所开课教师人数	共 7 人	法学院/系教师	5 人
		专职律师	2 人
		法官	0
		检察官	0
		其他人员（请列明）	0

续表

参加过委员会诊所教师培训与交流活动的教师人数（目前总计）	1 人		
法学院现在校学生人数	200 人	本科	200 人
		法律硕士	0
		法学硕士	0
		博士	0
		大专	0
		其他	0
本学期法律诊所学生人数	50 人	本科	50 人
		法律硕士	0
		法学硕士	0
		博士	0
		大专	0
		其他	0
诊所课程学分		诊所课独立学分	4 学分
		用实习学分	
		用实践学分	是
		用实务课学分	
		其他（请列明）	
诊所教师课时数		周课时数	3 课时
		总教学课时数	70 课时
		讲授花费课时数	54 课时
		诊所教师人均课时数	
所在院校是否承认诊所教师工作量（请列明学校承认的课时数量与工作量多少）		给予课时费，并计入工作量	是
		给予课时费，但不计入工作量	
		计入工作量，但不给课时费	
		没有课时费，并不计入工作量	

续表

所在院校是否承认诊所教师工作量（请列明学校承认的课时数量与工作量多少）	其他（请列明）		
诊所接办案件情况	自诊所开办以来接办案件的总数（多个诊所的，请分别列明）	8个	
	本期诊所接办案件数	1个	
	自诊所开办以来已结案件总数		
	自诊所开办以来未结案件总数		
主要案源和获取途径	司法局		
每案有几个学生办理			
案件数/学生			
学生以什么身份办案			
提供法律咨询的数量（人/次）	本期诊所接办案件数	1个	
提供法律文书的数量	本期诊所接办案件数	2个	
典型个案（至少2起，列举/描述）			
重大活动与讯息（列举/描述）	每年参与市司法局的普法活动；参与市司法局"普法微课堂"活动		
合作单位与合作方式	与法院、律所、社区建立实践基地		
诊所配置设施			
资金来源与构成比例			
课程效果述评	高校课程评价	良好	
	社会评价	获得市司法局表彰	
	其他评价		

续表

诊所教师与学生根据诊所工作所取得的科研成果与获奖情况	2011 年《立体化实践法学教学体系》获得北京物资学院校级教学成果二等奖
其他	

填写日期：<u>2014</u> 年 <u>5</u> 月 <u>30</u> 日

附表 6　兰州商学院刑事法律诊所教学基本情况

学校名称	兰州商学院		
诊所名称	刑事法律诊所		
诊所成立时间	2009 年		
是否正式开设课程（列入教学计划）	是		
诊所教师人数（目前总计）	共 8 人	法学院/系教师	6 人
		专职律师	0
		法官	1 人
		检察官	1 人
		其他人员（请列明）	0
本期诊所开课教师人数	本学期未开设	法学院/系教师	0
		专职律师	0
		法官	0
		检察官	0
		其他人员（请列明）	0

续表

参加过委员会诊所教师培训与交流活动的教师人数（目前总计）	5 人		
法学院现在校学生人数	727 人	本科	689 人
		法律硕士	0
		法学硕士	38 人
		博士	0
		大专	0
		其他	0
本学期法律诊所学生人数	人	本科	0
		法律硕士	0
		法学硕士	0
		博士	0
		大专	0
		其他	0
诊所课程学分		诊所课独立学分	3 学分
		用实习学分	0
		用实践学分	0
		用实务课学分	0
		其他（请列明）	0
诊所教师课时数		周课时数	3 课时
		总教学课时数	51 课时
		讲授花费课时数	102 课时
		诊所教师人均课时数	2 人同时上，每人各 51 课时
所在院校是否承认诊所教师工作量（请列明学校承认的课时数量与工作量多少）		给予课时费，并计入工作量	51 课时
		给予课时费，但不计入工作量	

续表

所在院校是否承认诊所教师工作量（请列明学校承认的课时数量与工作量多少）	计入工作量，但不给予课时费	
	没有课时费，并不计入工作量	
	其他（请列明）	
诊所接办案件情况	自诊所开办以来接办案件的总数（有多个诊所的，请分别列明）	5个
	本期诊所接办案件数	0
	自诊所开办以来已结案件总数	5个
	自诊所开办以来未结案件总数	0
主要案源和获取途径	法律援助中心与法院提供	
每案有几个学生办理	所有诊所学生参与，其中2人出庭进行辩护	
案件数/学生		
学生以什么身份办案	律师助理	
提供法律咨询的数量（人/次）	本期诊所接办案件数	0
提供法律文书的数量	本期诊所接办案件数	0
典型个案（至少2起，列举/描述）	马国忠抢劫案；张燕扒窃案	
重大活动与讯息（列举/描述）	12·4法制宣传周；甘肃高校举办的模拟法庭大赛；校级模拟法庭大赛	
合作单位与合作方式	兰州市城关区人民法院等5家实习基地单位，签订合作协议	
诊所配置设施	电脑、模拟法庭	
资金来源与构成比例	法律诊所委员会项目资金、学校课酬	

续表

课程效果述评	高校课程评价	良好
	社会评价	法律诊所教育委员会项目完成优秀刑事诊所之一
	其他评价	学生评价较高
诊所教师与学生根据诊所工作所取得的科研成果与获奖情况		甘肃高校举办的第一届模拟法庭大赛团体二等奖，个人获优秀公诉人称号；完成有关诊所教学研讨校级课题1项；发表有关论文10多篇
其他		无

填写日期：2014 年 5 月 30 日

附表7 兰州商学院民商事法律诊所教学基本情况

学校名称		兰州商学院	
诊所名称		民商事法律诊所	
诊所成立时间		2013 年 9 月	
是否正式开设课程（列入教学计划）		是	
诊所教师人数（目前总计）	共 7 人	法学院/系教师	6 人
		专职律师	1 人
		法官	0
		检察官	0
		其他人员（请列明）	0
本期诊所开课教师人数	共 4 人	法学院/系教师	2 人
		专职律师	1 人
		法官	1 人
		检察官	0
		其他人员（请列明）	0

续表

参加过委员会诊所教师培训与交流活动的教师人数（目前总计）	2 人		
法学院现在校学生人数	727 人	本科	689 人
		法律硕士	0
		法学硕士	38 人
		博士	0
		大专	0
		其他	0
本学期法律诊所学生人数	35 人	本科	35 人
		法律硕士	0
		法学硕士	0
		博士	0
		大专	0
		其他	0
诊所课程学分		诊所课独立学分	3 学分
		用实习学分	0
		用实践学分	0
		用实务课学分	0
		其他（请列明）	0
诊所教师课时数		周课时数	3 课时
		总教学课时数	51 课时
		讲授花费课时数	
		诊所教师人均课时数	2 人同时上，每人各 51 课时
所在院校是否承认诊所教师工作量（请列明学校承认的课时数量与工作量多少）		给予课时费，并计入工作量	51 课时

续表

所在院校是否承认诊所教师工作量（请列明学校承认的课时数量与工作量多少）	给予课时费，但不计入工作量	
	计入工作量，但不予给课时费	
	没有课时费，并不计入工作量	
	其他（请列明）	
诊所接办案件情况	自诊所开办以来接办案件的总数（有多个诊所的，请分别列明）	2个
	本期诊所接办案件数	1个
	自诊所开办以来已结案件总数	1个
	自诊所开办以来未结案件总数	1个
主要案源和获取途径	兼职律师提供	
每案有几个学生办理	所有诊所学生参与，其中2人出庭进行代理	
案件数/学生		
学生以什么身份办案	律师助理	
提供法律咨询的数量（人/次）	本期诊所接办案件数	0
提供法律文书的数量	本期诊所接办案件数	0
典型个案（至少2起，列举/描述）	兰州大众凉皮股东会议决议撤销案；张效堂场地租赁案	
重大活动与讯息（列举/描述）	12·4法制宣传周；校级模拟法庭大赛	
合作单位与合作方式	兰州市城关区人民法院等5家实习基地单位，签订合作协议	

续表

诊所配置设施	电脑、模拟法庭	
资金来源与构成比例	法律诊所委员会项目资金、学校课酬	
课程效果述评	高校课程评价	良好
	社会评价	实习单位肯定
	其他评价	学生评价较高
诊所教师与学生根据诊所工作所取得的科研成果与获奖情况	校级法律诊所与创新人才培养课题正在进行；完成有关诊所教学研讨校级课题 1 项；发表有关民商事论文 2 篇	
其他		

填写日期：<u>2014</u> 年 <u>5</u> 月 <u>30</u> 日

附表 8　兰州商学院婚姻家庭法律诊所教学基本情况

学校名称	兰州商学院		
诊所名称	婚姻家庭法律诊所		
诊所成立时间	2013 年 9 月		
是否正式开设课程（列入教学计划）	是		
诊所教师人数（目前总计）	共 2 人	法学院/系教师	2 人
		专职律师	0
		法官	0
		检察官	0
		其他人员（请列明）	0

续表

本期诊所开课教师人数	共 2 人	法学院/系教师	2 人
		专职律师	0
		法官	0
		检察官	0
		其他人员（请列明）	0
参加过委员会诊所教师培训与交流活动的教师人数（目前总计）		1 人	
法学院现在校学生人数	727 人	本科	689 人
		法律硕士	0
		法学硕士	38 人
		博士	0
		大专	0
		其他	0
本学期法律诊所学生人数	38 人	本科	38 人
		法律硕士	0
		法学硕士	0
		博士	0
		大专	0
		其他	0
诊所课程学分		诊所课独立学分	3 人
		用实习学分	0
		用实践学分	0
		用实务课学分	0
		其他（请列明）	0
诊所教师课时数		周课时数	3 课时
		总教学课时数	51 课时

续表

诊所教师课时数	讲授花费课时数	102 课时
	诊所教师人均课时数	2 人同时上，每人 51 课时
所在院校是否承认诊所教师工作量（请列明学校承认的课时数量与工作量多少）	给予课时费，并计入工作量	51 课时
	给予课时费，但不计入工作量	
	计入工作量，但不给予课时费	
	没有课时费，并不计入工作量	
	其他（请列明）	
诊所接办案件情况	自诊所开办以来接办案件的总数（有多个诊所的，请分别列明）	0
	本期诊所接办案件数	0
	自诊所开办以来已结案件总数	0
	自诊所开办以来未结案件总数	0
主要案源和获取途径	兼职律师提供	
每案有几个学生办理	所有诊所学生参与	
案件数/学生	0	
学生以什么身份办案	公民	
提供法律咨询的数量（人/次）	本期诊所接办案件数	0
提供法律文书的数量	本期诊所接办案件数	0
典型个案（至少 2 起，列举/描述）		
重大活动与讯息（列举/描述）	12·4 法制宣传周；校级模拟法庭大赛	
合作单位与合作方式	兰州市城关区人民法院等 5 家实习基地单位；签订合作协议	

续表

诊所配置设施	电脑、模拟法庭	
资金来源与构成比例	法律诊所委员会项目资金、学校课酬	
课程效果述评	高校课程评价	良好
	社会评价	实习单位肯定
	其他评价	学生评价较高
诊所教师与学生根据诊所工作所取得的科研成果与获奖情况		
其他		

填写日期：2014 年 5 月 30 日

附表 9   兰州理工大学民事法律诊所教学基本情况

学校名称	兰州理工大学		
诊所名称	民事法律诊所		
诊所成立时间			
是否正式开设课程（列入教学计划）	是		
诊所教师人数（目前总计）	共 4 人	法学院/系教师	2 人
		专职律师	2 人
		法官	0
		检察官	0
		其他人员（请列明）	0

续表

本期诊所开课教师人数	共　人	法学院/系教师	
		专职律师	
		法官	
		检察官	
		其他人员（请列明）	
参加过委员会诊所教师培训与交流活动的教师人数（目前总计）		人	
法学院现在校学生人数	80 人	本科	80 人
		法律硕士	0
		法学硕士	0
		博士	0
		大专	0
		其他	0
本学期法律诊所学生人数	80 人	本科	80 人
		法律硕士	0
		法学硕士	0
		博士	0
		大专	0
		其他	0
诊所课程学分		诊所课独立学分	2 学分
		用实习学分	
		用实践学分	
		用实务课学分	
		其他（请列明）	0
诊所教师课时数		周课时数	
		总教学课时数	2 课时

续表

诊所教师课时数	讲授花费课时数	
	诊所教师人均课时数	
所在院校是否承认诊所教师工作量（请列明学校承认的课时数量与工作量多少）	给予课时费，并计入工作量	
	给予课时费，但不计入工作量	
所在院校是否承认诊所教师工作量（请列明学校承认的课时数量与工作量多少）	计入工作量，但不给予课时费	
	没有课时费，并不计入工作量	
	其他（请列明）	
诊所接办案件情况	自诊所开办以来接办案件的总数（有多个诊所的，请分别列明）	
	本期诊所接办案件数	
	自诊所开办以来已结案件总数	
	自诊所开办以来未结案件总数	
主要案源和获取途径	律师介绍	
每案有几个学生办理		
案件数/学生		
学生以什么身份办案		
提供法律咨询的数量（人/次）	本期诊所接办案件数	
提供法律文书的数量	本期诊所接办案件数	
典型个案（至少2起，列举/描述）		
重大活动与讯息（列举/描述）		
合作单位与合作方式	法院	

续表

诊所配置设施		
资金来源与构成比例		
课程效果述评	高校课程评价	
	社会评价	
	其他评价	
诊所教师与学生根据诊所工作所取得的科研成果与获奖情况		
其他		

填写日期：<u>2014</u> 年 <u>5</u> 月 <u>30</u> 日

附表 10　兰州理工大学刑事法律诊所教学基本情况

学校名称	兰州理工大学		
诊所名称	刑事法律诊所		
诊所成立时间			
是否正式开设课程（列入教学计划）	是		
诊所教师人数（目前总计）	共 4 人	法学院/系教师	2 人
		专职律师	2 人
		法官	0
		检察官	0
		其他人员（请列明）	0

续表

本期诊所开课教师人数	共 人	法学院/系教师	
		专职律师	
		法官	
		检察官	
		其他人员（请列明）	
参加过委员会诊所教师培训与交流活动的教师人数（目前总计）	人		
法学院现在校学生人数	80 人	本科	80 人
		法律硕士	0
		法学硕士	0
		博士	0
		大专	0
		其他	0
本学期法律诊所学生人数	80 人	本科	80 人
		法律硕士	0
		法学硕士	0
		博士	0
		大专	0
		其他	0
诊所课程学分		诊所课独立学分	2 学分
		用实习学分	
		用实践学分	
		用实务课学分	
		其他（请列明）	0
诊所教师课时数		周课时数	
		总教学课时数	2 课时

续表

诊所教师课时数	讲授花费课时数	
	诊所教师人均课时数	
所在院校是否承认诊所教师工作量（请列明学校承认的课时数量与工作量多少）	给予课时费，并计入工作量	
	给予课时费，但不计入工作量	
	计入工作量，但不予给课时费	
	没有课时费，并不计入工作量	
	其他（请列明）	
诊所接办案件情况	自诊所开办以来接办案件的总数（有多个诊所的，请分别列明）	
	本期诊所接办案件数	
	自诊所开办以来已结案件总数	
	自诊所开办以来未结案件总数	
主要案源和获取途径	律师介绍	
每案有几个学生办理		
案件数/学生		
学生以什么身份办案		
提供法律咨询的数量（人/次）	本期诊所接办案件数	
提供法律文书的数量	本期诊所接办案件数	
典型个案（至少 2 起，列举/描述）		
重大活动与讯息（列举/描述）		
合作单位与合作方式	法院	

续表

诊所配置设施		
资金来源与构成比例		
课程效果述评	高校课程评价	
	社会评价	
	其他评价	
诊所教师与学生根据诊所工作所取得的科研成果与获奖情况		
其他		

填写日期：<u>2014</u> 年 <u>5</u> 月 <u>30</u> 日

附表 11　华北科技学院法律诊所教学基本情况

学校名称		华北科技学院	
诊所名称			
诊所成立时间			
是否正式开设课程（列入教学计划）		是	
诊所教师人数（目前总计）	共 3 人	法学院/系教师	3 人
		专职律师	0
		法官	0
		检察官	0
		其他人员（请列明）	0

续表

		法学院/系教师	1人
本期诊所开课教师人数	共1人	专职律师	0
		法官	0
		检察官	0
		其他人员（请列明）	0
参加过委员会诊所教师培训与交流活动的教师人数（目前总计）	2人		
法学院现在校学生人数	280人	本科	280人
		法律硕士	0
		法学硕士	0
		博士	0
		大专	0
		其他	0
本学期法律诊所学生人数	74人	本科	74人
		法律硕士	0
		法学硕士	0
		博士	0
		大专	0
		其他	0
诊所课程学分		诊所课独立学分	2学分
		用实习学分	
		用实践学分	
		用实务课学分	
		其他（请列明）	
诊所教师课时数		周课时数	2课时
		总教学课时数	32课时

续表

诊所教师课时数	讲授花费课时数	8课时
	诊所教师人均课时数	32课时
所在院校是否承认诊所教师工作量（请列明学校承认的课时数量与工作量多少）	给予课时费，并计入工作量	
	给予课时费，但不计入工作量	
	计入工作量，但不给予课时费	
	没有课时费，并不计入工作量	
	其他（请列明）	
诊所接办案件情况	自诊所开办以来接办案件的总数（有多个诊所的，请分别列明）	
	本期诊所接办案件数	
	自诊所开办以来已结案总数	
	自诊所开办以来未结案总数	
主要案源和获取途径		
每案有几个学生办理		
案件数/学生		
学生以什么身份办案		
提供法律咨询的数量（人/次）	本期诊所接办案件数	
提供法律文书的数量	本期诊所接办案件数	
典型个案（至少2起，列举/描述）		
重大活动与讯息（列举/描述）		
合作单位与合作方式		

续表

诊所配置设施	办公室、电脑、电话	
资金来源与构成比例		
课程效果述评	高校课程评价	
	社会评价	
	其他评价	
诊所教师与学生根据诊所工作所取得的科研成果与获奖情况		
其他		

填写日期：<u>2014</u>年<u>5</u>月<u>30</u>日

附表 12　河北北方学院法律诊所教学基本情况

学校名称	河北北方学院		
诊所名称	河北北方学院法律诊所		
诊所成立时间	2007 年		
是否正式开设课程（列入教学计划）	作为考试课列入教学计划		
诊所教师人数（目前总计）	共 5 人	法学院/系教师	2 人
		专职律师	1 人
		法官	2 人
		检察官	0
		其他人员（请列明）	0

续表

		法学院/ 系教师	2人
本期诊所开课教师人数	共5人	专职律师	1人
		法官	2人
		检察官	0
		其他人员 （请列明）	0
参加过委员会诊所教师培训与交流活动的教师人数（目前总计）	2人		
		本科	0
		法律硕士	0
法学院现在校学生人数	110人	法学硕士	0
		博士	0
		大专	110人
		其他	0
		本科	0
		法律硕士	0
本学期法律诊所学生人数	33人	法学硕士	0
		博士	0
		大专	33人
		其他	0
		诊所课独立学分	4学分
		用实习学分	
诊所课程学分		用实践学分	
		用实务课学分	2学分
		其他（请列明）	
		周课时数	4课时
诊所教师课时数		总教学课时数	72课时
		讲授花费课时数	12课时

续表

诊所教师课时数	诊所教师人均课时数	36 课时
所在院校是否承认诊所教师工作量（请列明学校承认的课时数量与工作量多少）	给予课时费，并计入工作量	是
	给予课时费，但不计入工作量	
	计入工作量，但不给予课时费	
	没有课时费，并不计入工作量	
	其他（请列明）	
诊所接办案件情况	自诊所开办以来接办案件的总数（有多个诊所的，请分别列明）	26 个
	本期诊所接办案件数	2 个
	自诊所开办以来已结案件总数	25 个
	自诊所开办以来未结案件总数	1 个
主要案源和获取途径	社区工作站接受，市区法律援助中心提供	
每案有几个学生办理	4～6 人	
案件数/学生	2 个/33 个	
学生以什么身份办案	法律援助志愿者或律师助理	
提供法律咨询的数量（人/次）	本期诊所接办案件数	21 个
提供法律文书的数量	本期诊所接办案件数	7 个
典型个案（至少 2 起，列举/描述）	（1）来自内蒙古的务工农民肖某遭遇工伤，用人单位拒绝配合工伤认定，其向诊所求助，通过仲裁确认了劳动关系；（2）李某婚后怀孕，丈夫以其隐瞒婚前精神病史为由起诉撤销婚姻，诊所接受案件后向法院申请中止审理，获得准许	

续表

重大活动与讯息（列举/描述）	制作法律诊所服务卡向社区居民发放	
合作单位与合作方式	与社区合作设立志愿者工作站	
诊所配置设施	模拟法庭、社区工作站	
资金来源与构成比例		
课程效果述评	高校课程评价	良好
	社会评价	良好
	其他评价	
诊所教师与学生根据诊所工作所取得的科研成果与获奖情况	暂无	
其他		

填写日期：2014 年 5 月 30 日

附表 13　河北工程大学民事法律诊所教学基本情况

学校名称	河北工程大学		
诊所名称	民事法律诊所		
诊所成立时间	2006 年		
是否正式开设课程（列入教学计划）	是		
诊所教师人数（目前总计）	共 15 人	法学院/系教师	6 人
		专职律师	5 人
		法官	3 人
		检察官	1 人
		其他人员（请列明）	0

续表

本期诊所开课教师人数	共5人	法学院/系教师	2人
		专职律师	2人
		法官	1人
		检察官	0
		其他人员（请列明）	0
参加过委员会诊所教师培训与交流活动的教师人数（目前总计）		8人	
法学院现在校学生人数	400人	本科	400人
		法律硕士	0
		法学硕士	0
		博士	0
		大专	0
		其他	0
本学期法律诊所学生人数	30人	本科	30人
		法律硕士	0
		法学硕士	0
		博士	0
		大专	0
		其他	0
诊所课程学分		诊所课独立学分	2.5学分
		用实习学分	2学分
		用实践学分	1.5学分
		用实务课学分	
		其他（请列明）	
诊所教师课时数		周课时数	3课时
		总教学课时数	40课时

续表

诊所教师课时数	讲授花费课时数	20 课时
	诊所教师人均课时数	20 课时
所在院校是否承认诊所教师工作量（请列明学校承认的课时数量与工作量多少）	给予课时费，并计入工作量	是
	给予课时费，但不计入工作量	
	计入工作量，但不予给课时费	
	没有课时费，并不计入工作量	
	其他（请列明）	
诊所接办案件情况	自诊所开办以来接办案件的总数（有多个诊所的，请分别列明）	40 个
	本期诊所接办案件数	5 个
	自诊所开办以来已结案总数	28 个
	自诊所开办以来未结案总数	12 个
主要案源和获取途径	司法局法律援助中心；企事业行业；学生、老师及亲属	
每案有几个学生办理	3～5 个	
案件数/学生		
学生以什么身份办案	法律诊所学生	
提供法律咨询的数量（人/次）	本期诊所接办案件数	8 个
提供法律文书的数量	本期诊所接办案件数	12 个
典型个案（至少 2 起，列举/描述）	(1) 劳动争议案件（经劳动仲裁及法院一审、二审结案）；(2) 轻微伤害案（经法院调解结案，为当事人争取到相关赔偿费用）	

续表

重大活动与讯息（列举/描述）	参加学校组织的企业百家行活动，与企业对接，提供法律服务；组织诊所学生到社区参加法律宣传、咨询活动	
合作单位与合作方式	邯郸市司法局、企业单位；提供案源、法律服务	
诊所配置设施	法律诊所办公室及必备设施（电脑、电话等）	
资金来源与构成比例	诊所实习经费、办案经费；7∶3	
课程效果述评	高校课程评价	优秀
	社会评价	良好
	其他评价	
诊所教师与学生根据诊所工作所取得的科研成果与获奖情况	以诊所教学为特色的民法学课程获得河北省精品课；获得河北省优秀教学成果三等奖；编写了法律诊所教材	
其他		

填写日期：2014 年 5 月 30 日

附表 14　河北科技大学法律诊所教学基本情况

学校名称	河北科技大学
诊所名称	法律诊所（综合）
诊所成立时间	2010 年
是否正式开设课程（列入教学计划）	是

续表

		法学院/系教师	6 人
诊所教师人数（目前总计）	共 6 人	专职律师	0
		法官	0
		检察官	0
		其他人员（请列明）	0
		法学院/系教师	4 人
本期诊所开课教师人数	共 4 人	专职律师	0
		法官	0
		检察官	0
		其他人员（请列明）	0
参加过委员会诊所教师培训与交流活动的教师人数（目前总计）		5 人	
		本科	650 人
法学院现在校学生人数	650 人	法律硕士	0
		法学硕士	0
		博士	0
		大专	0
		其他	0
		本科	180 人
本学期法律诊所学生人数	180 人	法律硕士	0
		法学硕士	0
		博士	0
		大专	0
		其他	0

续表

诊所课程学分	诊所课独立学分	4 学分
	用实习学分	
	用实践学分	
	用实务课学分	
	其他（请列明）	
诊所教师课时数	周课时数	2 课时
	总教学课时数	64 课时
	讲授花费课时数	32 课时
	诊所教师人均课时数	16 课时
所在院校是否承认诊所教师工作量（请列明学校承认的课时数量与工作量多少）	给予课时费，并计入工作量	是
	给予课时费，但不计入工作量	
	计入工作量，但不给课时费	
	没有课时费，并不计入工作量	
	其他（请列明）	
诊所接办案件情况	自诊所开办以来接办案件的总数（有多个诊所的，请分别列明）	12 个
	本期诊所接办案件数	2 个
	自诊所开办以来已结案件总数	12 个
	自诊所开办以来未结案件总数	2 个
主要案源和获取途径	教师接案	
每案有几个学生办理	2~4 人	
案件数/学生	14 个/50 个	
学生以什么身份办案	单位推荐的人	

续表

提供法律咨询的数量（人/次）	本期诊所接办案件数	30/10
提供法律文书的数量	本期诊所接办案件数	3 个
典型个案（至少 2 起，列举/描述）	离婚纠纷（夫妻均为再婚）：女方撤诉，双方就财产问题达成协议；交通事故赔偿与继承纠纷：调解结案	
重大活动与讯息（列举/描述）		
合作单位与合作方式	律师事务所、法院；实习协议	
诊所配置设施	法律实践教学综合用室	
资金来源与构成比例	教师教学课时费及学生实践费用，无固定比例	
课程效果述评	高校课程评价	良好
	社会评价	
	其他评价	学生认为法律诊所是接触法律实务的重要途径
诊所教师与学生根据诊所工作所取得的科研成果与获奖情况	获河北省社科基金支持项目 1 项	
其他		

填写日期：2014 年 5 月 30 日

附表 15　东北农业大学刑事法律诊所教学基本情况

学校名称	东北农业大学
诊所名称	刑事法律诊所
诊所成立时间	2009 年

续表

是否正式开设课程（列入教学计划）		正式列入教学计划	
诊所教师人数（目前总计）	共4人	法学院/系教师	2人
		专职律师	2人
		法官	0
		检察官	0
		其他人员（请列明）	0
本期诊所开课教师人数	共2人	法学院/系教师	2人
		专职律师	0
		法官	0
		检察官	0
		其他人员（请列明）	0
参加过委员会诊所教师培训与交流活动的教师人数（目前总计）		6人	
法学院现在校学生人数	60人	本科	60人
		法律硕士	0
		法学硕士	0
		博士	0
		大专	0
		其他	0
本学期法律诊所学生人数	20人	本科	20人
		法律硕士	0
		法学硕士	0
		博士	0
		大专	0
		其他	0

续表

	诊所课独立学分	2学分
诊所课程学分	用实习学分	1学分
	用实践学分	
	用实务课学分	
	其他（请列明）	
诊所教师课时数	周课时数	4课时
	总教学课时数	32课时＋40课时
	讲授花费课时数	16课时
	诊所教师人均课时数	36课时
所在院校是否承认诊所教师工作量（请列明学校承认的课时数量与工作量多少）	给予课时费，并计入工作量	是
	给予课时费，但不计入工作量	是
	计入工作量，但不给予课时费	是
	没有课时费，并不计入工作量	
	其他（请列明）	
诊所接办案件情况	自诊所开办以来接办案件的总数（有多个诊所的，请分别列明）	24个
	本期诊所接办案件数	3个
	自诊所开办以来已结案件总数	23个
	自诊所开办以来未结案件总数	0
主要案源和获取途径	法律援助案件	
每案有几个学生办理	4个	

续表

案件数/学生	4 个学生共同参与办理一个案件	
学生以什么身份办案	法律援助志愿者	
提供法律咨询的数量（人/次）	本期诊所接办案件数	10 个
提供法律文书的数量	本期诊所接办案件数	3 个
典型个案（至少 2 起，列举/描述）	郭长贵故意杀人案；张晓琼贩卖毒品案	
重大活动与讯息（列举/描述）	每年 3·15、12·4 等街头与校园法制宣传	
合作单位与合作方式	哈尔滨市法律援助中心、黑龙江省法律援助中心，黑龙江龙电律师事务所	
诊所配置设施	基本办公设备与档案柜等	
资金来源与构成比例		
课程效果述评	高校课程评价	较好，学生收获非常大，后期发展较好
	社会评价	较好，哈尔滨市司法局法律援助先进集体
	其他评价	
诊所教师与学生根据诊所工作所取得的科研成果与获奖情况	诊所教师获得哈尔滨市司法局法律援助先进个人；刑事法律诊所获得哈尔滨市司法局法律援助先进集体等	
其他		

填写日期：2014 年 5 月 30 日

附表 16 贵州大学法律诊所教学基本情况

学校名称	贵州大学法学院		
诊所名称	法律诊所		
诊所成立时间	2013 年 2 月		
是否正式开设课程（列入教学计划）	否		
诊所教师人数（目前总计）	共 15 人	法学院/系教师	5 人
		专职律师	4 人
		法官	3 人
		检察官	3 人
		其他人员（请列明）	0
本期诊所开课教师人数	共 人	法学院/系教师	
		专职律师	
		法官	
		检察官	
		其他人员（请列明）	
参加过委员会诊所教师培训与交流活动的教师人数（目前总计）	3 人		
法学院现在校学生人数	1227 人	本科	355 人
		法律硕士	663 人
		法学硕士	209 人
		博士	0
		大专	0
		其他	0

续表

		本科	
本学期法律诊所学生人数	人	法律硕士	
		法学硕士	
		博士	
		大专	
		其他	
诊所课程学分		诊所课独立学分	
		用实习学分	
		用实践学分	
		用实务课学分	
		其他（请列明）	
诊所教师课时数		周课时数	2 课时
		总教学课时数	32 课时
		讲授花费课时数	18 课时
		诊所教师人均课时数	8 课时
所在院校是否承认诊所教师工作量（请列明学校承认的课时数量与工作量多少）		给予课时费，并计入工作量	
		给予课时费，但不计入工作量	是
		计入工作量，但不给予课时费	
		没有课时费，并不计入工作量	
		其他（请列明）	
诊所接办案件情况		自诊所开办以来接办案件的总数（有多个诊所的，请分别列明）	
		本期诊所接办案件数	
		自诊所开办以来已结案件总数	

续表

诊所接办案件情况	自诊所开办以来未结案件总数	
主要案源和获取途径		
每案有几个学生办理		
案件数/学生		
学生以什么身份办案		
提供法律咨询的数量（人/次）	本期诊所接办案件数	
提供法律文书的数量	本期诊所接办案件数	
典型个案（至少 2 起，列举/描述）		
重大活动与讯息（列举/描述）		
合作单位与合作方式		
诊所配置设施		
资金来源与构成比例		
课程效果述评	高校课程评价	
	社会评价	
	其他评价	
诊所教师与学生根据诊所工作所取得的科研成果与获奖情况		
其他		

填写日期：<u>2014</u> 年 <u>5</u> 月 <u>30</u> 日

附表 17　沈阳师范大学社区法律诊所教学基本情况

学校名称			沈阳师范大学
诊所名称			社区法律诊所
诊所成立时间			2014 年 3 月 28 日
是否正式开设课程（列入教学计划）			是
诊所教师人数（目前总计）	共 6 人	法学院/系教师	4 人
		专职律师	2 人
		法官	0
		检察官	0
		其他人员（请列明）	0
本期诊所开课教师人数	共 4 人	法学院/系教师	4 人
		专职律师	0
		法官	0
		检察官	0
		其他人员（请列明）	0
参加过委员会诊所教师培训与交流活动的教师人数（目前总计）			6 人
法学院现在校学生人数	871 人	本科	556 人
		法律硕士	166 人
		法学硕士	149 人
		博士	0
		大专	0
		其他	0

续表

本学期法律诊所学生人数	57 人	本科	40 人
		法律硕士	17 人
		法学硕士	0
		博士	0
		大专	0
		其他	0
诊所课程学分		诊所课独立学分	2 学分
		用实习学分	
		用实践学分	
		用实务课学分	
		其他（请列明）	
诊所教师课时数		周课时数	4 课时
		总教学课时数	72 课时
		讲授花费课时数	36 课时
		诊所教师人均课时数	36 课时
所在院校是否承认诊所教师工作量（请列明学校承认的课时数量与工作量多少）		给予课时费，并计入工作量	是
		给予课时费，但不计入工作量	
		计入工作量，但不给予课时费	
		没有课时费，并不计入工作量	
		其他（请列明）	
诊所接办案件情况		自诊所开办以来接办案件的总数（有多个诊所的，请分别列明）	1 个
		本期诊所接办案件数	1 个
		自诊所开办以来已结案件总数	

续表

诊所接办案件情况	自诊所开办以来未结案件总数	1个
主要案源和获取途径	社区咨询值班	
每案有几个学生办理	5个	
案件数/学生		
学生以什么身份办案	社区推荐公民代理	
提供法律咨询的数量（人/次）	本期诊所接办案件数	9个
提供法律文书的数量	本期诊所接办案件数	1个
典型个案（至少2起，列举/描述）	（1）沈阳工业大学退休教师袁某因楼上邻居家漏水致她家屋顶、家具、煤气管道等损坏，并给自身生活带来诸多不便，多次找楼上住户协商解决未果，准备起诉至法院，咨询需要准备哪些证据，并请诊所学生代写起诉状。诊所学生耐心解答并为其撰写了起诉状；（2）外地来沈务工人员陈某倾其所有购置一辆装载车，2012年6月口头与朋友张某达成出租或出售协议，约定将装载车交由朋友的采沙场使用，月租金2万元，或出售给该朋友，价款24万元。朋友使用12个月，因非法采砂被公安机关扣押了该装载车达8个月，使用人张某一直未缴纳罚款及办理取车手续，后陈某缴纳8000元存车费取回车辆并出售。因张某使用该车一年并致车被扣押8个月，未支付约定租金也未购买，致使陈某一家无生活来源，生活陷于困顿，请求诊所法律援助。诊所在经指导老师集体讨论后决定接受代理	

续表

重大活动与讯息（列举/描述）	（1）3月28日，沈阳师范大学法学院与沈阳市大东区洮昌街道办事处在北海社区举行诊所启动仪式，两单位将在北海社区、如意社区合作共建社区法律诊所； （2）5月6日，北海社区法律诊所开始第一次值班咨询，当天接待咨询9人，同意代理案件1起，代写法律文书1件	
合作单位与合作方式	合作单位：沈阳市大东区洮昌街道办事处； 合作方式：校地共建	
诊所配置设施	校外社区实践基地2个，校内法律诊所专用教室1间，面积20平方米，文件柜2个，案例库1个（案卷232件）	
资金来源与构成比例	校级项目，学校投入	
课程效果述评	高校课程评价	社区诊所采取指定班级自愿报名的形式，报名学生非常踊跃，学生认为诊所课程能让他们直接接触当事人，面对面解答法律咨询，真实代理案件，有效锻炼培养了法律实践能力和应用能力。该诊所课程采取校内课堂和校外诊所并行、集体指导与个案指导相结合的方式，有效提升了学生的法学实践能力
	社会评价	诊所刚刚开设，值班咨询一次，但受到社会民众的肯定和好评，对学生的解答表示满意，当事人表示诊所学生的耐心和认真更胜于专职律师
	其他评价	

续表

诊所教师与学生根据诊所工作所取得的科研成果与获奖情况	2014 年 6 月部分诊所学生主持的《社区法律诊所的实践与研究》获批沈阳师范大学大学生创新创业项目
其他	

填写日期：<u>2014</u> 年 <u>5</u> 月 <u>30</u> 日

附表 18 长春师范大学社区法律诊所教学基本情况

学校名称		长春师范大学	
诊所名称		社区法律诊所	
诊所成立时间		2013 年 3 月	
是否正式开设课程（列入教学计划）		已开课	
诊所教师人数（目前总计）	共 7 人	法学院/系教师	5 人
		专职律师	2 人
		法官	0
		检察官	0
		其他人员（请列明）	0
本期诊所开课教师人数	共 7 人	法学院/系教师	3 人
		专职律师	2 人
		法官	0
		检察官	0
		其他人员（请列明）	社工、心理咨询师各 1 人

续表

参加过委员会诊所教师培训与交流活动的教师人数（目前总计）	4 人		
法学院现在校学生人数	234 人	本科	234 人
		法律硕士	0
		法学硕士	0
		博士	0
		大专	0
		其他	0
本学期法律诊所学生人数	20 人	本科	20 人
		法律硕士	0
		法学硕士	0
		博士	0
		大专	0
		其他	0
诊所课程学分		诊所课独立学分	3 学分
		用实习学分	
		用实践学分	3 学分
		用实务课学分	
		其他（请列明）	
诊所教师课时数		周课时数	3 课时
		总教学课时数	54 课时
		讲授花费课时数	30 课时
		诊所教师人均课时数	8 课时
所在院校是否承认诊所教师工作量（请列明学校承认的课时数量与工作量多少）		给予课时费，并计入工作量	是
		给予课时费，但不计入工作量	
		计入工作量，但不给予课时费	

续表

所在院校是否承认诊所教师工作量（请列明学校承认的课时数量与工作量多少）	没有课时费，并不计入工作量	
	其他（请列明）	
诊所接办案件情况	自诊所开办以来接办案件的总数（有多个诊所的，请分别列明）	1个
	本期诊所接办案件数	
	自诊所开办以来已结案件总数	1个
	自诊所开办以来未结案件总数	
主要案源和获取途径	合作律所提供	
每案有几个学生办理	5个	
案件数/学生		
学生以什么身份办案	律师助理	
提供法律咨询的数量（人/次）	本期诊所接办案件数	
提供法律文书的数量	本期诊所接办案件数	
典型个案（至少2起，列举/描述）	大学生故意伤害案；拆迁补偿案	
重大活动与讯息（列举/描述）		
合作单位与合作方式	北京盈科（长春）律师事务所；合作教学、实习办案	
诊所配置设施	办公室和各种办公设施	
资金来源与构成比例	学校提供	
课程效果述评	高校课程评价	
	社会评价	
	其他评价	
诊所教师与学生根据诊所工作所取得的科研成果与获奖情况	获批省教育科学研究项目和共青团省委项目各1项	

续表

其他	

填写日期：<u>2014</u> 年 <u>6</u> 月 <u>9</u> 日

附表 19　黑龙江大学刑法诊所教学基本情况

学校名称	黑龙江大学		
诊所名称	法学院刑法诊所		
诊所成立时间	2008 年		
是否正式开设课程（列入教学计划）	是		
诊所教师人数（目前总计）	共 6 人	法学院/系教师	3 人
		专职律师	1 人
		法官	2 人
		检察官	0
		其他人员（请列明）	0
本期诊所开课教师人数	共 3 人	法学院/系教师	3 人
		专职律师	0
		法官	0
		检察官	0
		其他人员（请列明）	0
参加过委员会诊所教师培训与交流活动的教师人数（目前总计）	1 人		

续表

法学院现在校学生人数	约 3500 人	本科	约 1800 人
		法律硕士	约 1100 人
		法学硕士	约 600 人
		博士	15 人
		大专	0
		其他	0
本学期法律诊所学生人数	约 40～50 人	本科	36 人
		法律硕士	自愿
		法学硕士	自愿
		博士	0
		大专	0
		其他	0
诊所课程学分	诊所课独立学分		3 学分
	用实习学分		
	用实践学分		
	用实务课学分		
	其他（请列明）		
诊所教师课时数	周课时数		5 课时（理论 2 课时，实践 3 课时）
	总教学课时数		90 课时
	讲授花费课时数		36 课时
	诊所教师人均课时数		12 课时
所在院校是否承认诊所教师工作量（请列明学校承认的课时数量与工作量多少）	给予课时费，并计入工作量		是
所在院校是否承认诊所教师工作量（请列明学校承认的课时数量与工作量多少）	给予课时费，但不计入工作量		
	计入工作量，但不给予课时费		

续表

所在院校是否承认诊所教师工作量（请列明学校承认的课时数量与工作量多少）	没有课时费，并不计入工作量	
	其他（请列明）	
诊所接办案件情况	自诊所开办以来接办案件的总数（有多个诊所的，请分别列明）	12个
	本期诊所接办案件数	2个
	自诊所开办以来已结案总数	9个
	自诊所开办以来未结案总数	3个
主要案源和获取途径	社区诊所，法律援助中心，电话咨询	
每案有几个学生办理	2人以上采取自愿原则	
案件数/学生	1个	
学生以什么身份办案	法律援助工作者	
提供法律咨询的数量（人/次）	本期诊所接办案件数	2个
提供法律文书的数量	本期诊所接办案件数	2个
典型个案（至少2起，列举/描述）		
重大活动与讯息（列举/描述）		
合作单位与合作方式	哈尔滨市中院、省高院；以校外导师的身份	
诊所配置设施	办公室2间，教室1间，以及电脑、打印机、传真机	
资金来源与构成比例	无校外资金支持，教师和校外导师讲课由学校按比例支付讲课费	
课程效果述评	高校课程评价	
	社会评价	
	其他评价	

续表

诊所教师与学生根据诊所工作所取得的科研成果与获奖情况	获本校教学改革优秀成果奖一等奖 1 项
其他	

填写日期：<u>2014</u> 年 <u>5</u> 月 <u>30</u> 日

附表 20　黑龙江大学劳动法诊所教学基本情况

学校名称	黑龙江大学		
诊所名称	法学院劳动法诊所		
诊所成立时间	2013 年		
是否正式开设课程（列入教学计划）	是（列入 2014 年 9 月教学计划）		
诊所教师人数（目前总计）	共 6 人	法学院/系教师	3 人
		专职律师	1 人
		法官	2 人
		检察官	0
		其他人员（请列明）	0
本期诊所开课教师人数	0 人	法学院/系教师	
		专职律师	
		法官	
		检察官	
		其他人员（请列明）	本学期无劳动法课程

续表

参加过委员会诊所教师培训与交流活动的教师人数（目前总计）	1 人		
法学院现在校学生人数	约 3500 人	本科	约 1800 人
		法律硕士	约 1100 人
		法学硕士	约 600 人
		博士	15
		大专	0
		其他	0
本学期法律诊所学生人数	0 人	本科	
		法律硕士	
		法学硕士	
		博士	
		大专	
		其他	尚未开课
诊所课程学分		诊所课独立学分	3 学分
		用实习学分	
		用实践学分	
		用实务课学分	
		其他（请列明）	
诊所教师课时数		周课时数	5 课时（理论 2 课时，实践 3 课时）
		总教学课时数	90 课时
		讲授花费课时数	36 课时
		诊所教师人均课时数	12 课时
所在院校是否承认诊所教师工作量（请列明学校承认的课时数量与工作量多少）	给予课时费，并计入工作量	是	

所在院校是否承认诊所教师工作量（请列明学校承认的课时数量与工作量多少）	给予课时费，但不计入工作量	
	计入工作量，但不给予课时费	
	没有课时费，并不计入工作量	
	其他（请列明）	
诊所接办案件情况	自诊所开办以来接办案件的总数（有多个诊所的，请分别列明）	
	本期诊所接办案件数	
	自诊所开办以来已结案件总数	
	自诊所开办以来未结案件总数	
主要案源和获取途径	社区诊所，法律援助中心，电话咨询	
每案有几个学生办理	2人以上采取自愿原则	
案件数/学生		
学生以什么身份办案	法律援助工作者	
提供法律咨询的数量（人/次）	本期诊所接办案件数	2个
提供法律文书的数量	本期诊所接办案件数	2个
典型个案（至少2起，列举/描述）		
重大活动与讯息（列举/描述）		
合作单位与合作方式	哈尔滨市中院、省高院；以校外导师的身份	
诊所配置设施	办公室2间，教室1间，以及电脑、打印机、传真机	
资金来源与构成比例	无校外资金支持，教师和校外导师讲课由学校按比例支付讲课费	

续表

课程效果述评	高校课程评价	暂无
	社会评价	暂无
	其他评价	
诊所教师与学生根据诊所工作所取得的科研成果与获奖情况	校级教学改革课题1项，已结题	
其他		

填写日期：<u>2014</u> 年 <u>5</u> 月 <u>30</u> 日

《实践性法学教育论丛（第五卷）》征稿启事

　　《实践性法学教育论丛》是国内首份专门以实践性法学教育为研究领域的法学类学术刊物，由中国政法大学主管，中国政法大学法学院主办，中国政法大学法学院法律实践教研室主编，旨在为中国法学实践教育工作者提供一个发表洞见、探讨方法、交流经验的园地。自 2010 年开始，截至目前，《实践性法学教育论丛》已经出版四卷。

　　本刊的宗旨是：以马克思主义为指导，立足现实国情，借鉴先进经验，研究法学实践教育，服务国家法治建设，推进中国的法学教育改革。

　　同时，本刊尽管致力于法学实践教育研究，但也坚信这样一个基本理念：理论没有实践就没有生命，实践没有理论就没有灵魂。中国法学教育的发展，必然是一个理论与实践紧密结合、相辅相成的过程。因此，本刊不仅是一个法学实践教育研究的园地，也是一座架设于理论与实践之间的桥梁。《实践性法学教育论丛》愿与学界同仁一起，为中国法学教育的繁荣发展而努力。欢迎海内外学者惠赐佳稿！

　　投稿办法及稿件要求：

　　一、观点鲜明，重在实践。

　　二、文责自负，引注规范。

　　三、来稿请采用以下格式（A4 纸打印稿或电子稿）：

　　（一）内容摘要，200 字以内。

　　（二）关键词，3～5 个。

　　（三）正文采用以下格式：小四号宋体，单倍行距。

　　（四）正文之后是英文标题、摘要和关键词。

　　（五）英文标题、摘要和关键词之后列出作者简介（作者姓名，工作单位及具体部门及职务职称，主要从事何种研究）。例：［作者简介］张＊＊，法学博士，西北大学法学院副教授，主要从事经济法研究。

　　（六）引文注释或参考文献的格式：以《中国社会科学》注释体系为

准。论文一律采取脚注（每页重新编号，采用①②③编号形式）。

（七）如发送电子稿，请以附件方式发送，尽量在"主题"处注明姓名和文题。

四、来稿请注明作者的姓名、学历、职称或职务、工作单位、联系方式。

五、稿件一经采用，寄送样刊两本。由于经费匮乏，尚不能支付稿酬，敬请理解与包涵。

截稿日期：2015 年 9 月 30 日。

联系地址：北京市昌平区府学路 27 号中国政法大学逸夫楼 4009 办公室，邮编：102249。

联系人：袁钢

投稿邮箱：clinic_cupl@126.com

联系电话：010－58909309

论丛网址：http：//www.flzs.org（诊所动态——实践论丛）